1000 Freizeittipps

BREMEN UND UMZU

Ausflugsziele • Sehenswürdigkeiten
Sport • Kultur • Veranstaltungen

Bernd F. Gruschwitz

Wartberg Verlag

Anmerkung des Verlages
Die im nachfolgenden Text verwendeten Symbole haben folgende Bedeutung:
☏ = Telefon, ✉ = E-Mail-Adresse, 🌐 = Internet-Adresse,
☺ = Attraktionen für Kinder und Junggebliebene
Alle Angaben wurden gewissenhaft geprüft, trotzdem können Autor und Verlag keine Gewähr für die Richtigkeit übernehmen. Anregungen, Berichtigungen und Ergänzungsvorschläge senden Sie bitte an den Wartberg Verlag, Gudensberg-Gleichen.

Bildnachweis
Alle Fotos stammen vom Autor.

Karte
© SIMPLYMAPS.de

Für Nicole

1. Auflage 2020

Layout und Karte: Gerald Halstenberg, Klixbüll
Druck und Bindung: Druck- und Verlagshaus Thiele & Schwarz GmbH, Kassel

34281 Gudensberg-Gleichen, Im Wiesental 1
Telefon (0 56 03) 9 30 50
wartberg-verlag.de
ISBN: 978-3-8313-2839-0

Einladung zur Entdeckungsreise

Liebe Leserin, lieber Leser,
die Städte Bremen, Oldenburg, Delmenhorst und Bremerhaven und die Region darum herum sind nicht nur wunderschön (das müssen Sie mir erst mal einfach so abnehmen), sondern auch reich an Unbekanntem, an Sehenswürdigkeiten, Rätseln, Schätzen, Kuriositäten und jeder Menge von Gelegenheiten, sich zu erfreuen und Spannendes zu erleben. Beginnen wir mit Bremen, dessen Marktplatz und Dom, Goethe-Theater, Überseemuseum, Kunsthalle und Universum zu den weit über die Region hinaus strahlenden Glanzpunkten zählen. Oldenburg lockt mit einer verkehrsberuhigten Innenstadt zum genüsslichen Einkaufsbummel, hat Museen der Extraklasse und ein weit gefächertes, hochklassiges Unterhaltungsangebot. Bremerhaven hat sich mit seinen kühn ans Wasser gesetzten „Havenwelten" zu einer attraktiven Seestadt gemausert. Auch das Stadttheater brilliert immer wieder mit mitreißenden Aufführungen seines exzellenten Ensembles. Mit der „Nordwolle" weist Delmenhorst einen sehenswerten Gebäudekomplex der besonderen Art auf. Im Grunde wurde an jeder noch so kleinen Örtlichkeit etwas bewahrt, eingeführt oder eingerichtet und es lohnt sich, einmal oder öfter vorbeizuschauen. Bei dieser Vielzahl unterschiedlichster Highlights war es notwendig auszuwählen. Nehmen Sie dieses Buch als den Beginn (oder die Fortsetzung) einer abwechslungsreichen Entdeckungsreise durch die Region und freuen Sie sich auf eine Welt um uns herum, die bunter und vielgestaltiger ist, als je ein Buch sie zu beschreiben vermag, auch wenn es, wie Sie sehen, durchaus versucht wird.

Bernd F. Gruschwitz

Achim

(Landkreis Verden/Niedersachsen)

Mit über 30 000 Einwohnern ist Achim die größte Stadt im Landkreis Verden. Zuzug hat es nach dem Zweiten Weltkrieg vor allem durch Flüchtlinge aus dem Osten, Gastarbeiter und Bremer erhalten, die alle die gute Anbindung durch die Autobahn A27 und die Eisenbahn zu schätzen wissen. Die eigenständige Gemeinde liegt in einer idyllischen Aue rechts der Weser. Bis zur Mitte des 19. Jahrhunderts war Achim eine reine Agrarkommune. Im wirtschaftlichen Geschehen wirft ganz aktuell die bevorstehende Ansiedlung von Amazon in Achim ihre Schatten voraus. Ein Zigarrenmacher-Denkmal des Künstlers Christian Huber vor dem Rathaus erinnert an die einstige, mittlerweile verblichene Blüte dieser speziellen Industrie in der Stadt.

Tourist-Information Achim
Mittelweser-Touristik GmbH
Obernstr. 38
28832 Achim
04202/2949
info@achim-tourismus.de
achim.de
mitelweser-touristik.de

Sehenswertes

Die St. Laurentius-Kirche

Die Kirche ist das älteste Bauwerk der Stadt und erkennbare Teile seiner Grundmauern aus Feldstein gehen zurück auf eine Zeit vor der Mitte des 13. Jahrhunderts, als die Kirche erstmals urkundlich erwähnt wurde. 1091 könnte, einer schwer entzifferbaren Inschrift zufolge, mit dem Bau begonnen worden sein. Spätere Umbauten des romanischen Gotteshauses ersetzten das ursprüngliche Flachdach durch ein spätgotisches Wulstrippengewölbe. 1750 erhielt die Kirche einen barocken Altar, der von Arend Meyer, einem Steinmetz aus Verden, geschaffen wurde. Relativ neu hingegen ist die Orgel. Sie wurde 1960 von der Firma Hillebrand aus Altwarmbüchen hergestellt. Die 1695 bis 1699 installierte Schnitger-Orgel war 1888 durch einen Beschluss des Gemeinderats abgebaut worden. Die Bänke der Kirche sind nie ganz leer. Zwei Figuren sitzen Tag und Nacht in ihrer jeweiligen Reihe am Rand.

Kontakt: Kleine Kirchenstr. 5, 28832 Achim

Die Achimer Windmühle

Ab 1761 und über 200 Jahre lang wurde in der 29 Meter hohen Galerie-Holländer-Windmühle Getreide gemahlen. Im Laufe der Zeit mit einer Windrose und einem Elektromotor modernisiert, fiel sie dennoch dem

Das Zigarrenmacher-Denkmal.

Fortschritt im Zeichen der wirtschaftlichen Rentabilität zum Opfer. Um das Wahrzeichen Achims der Nachwelt zu erhalten, wird die Mühle seit 1965 von einem Verein betreut und kann z. B. am Mühlentag (in der Regel ist es der Pfingstmontag) besichtigt werden. Wer sich in der Mühle vermählen lassen will und schon weiß, mit wem – einfach anrufen.
Kontakt: Mühlenstr. 53, 28832 Achim, 04202/9160568

Das Achimer Glockenspiel

In der Achimer Fußgängerzone kann man sich seit dem 6. Dezember 1997 beliebte und bekannte Melodien eines aus 24 Glocken bestehenden „Carillons" anhören. Das Repertoire reicht von „Greensleeves" und „Sur le Pont d'Avignon" über die lettische und polnische Nationalhymne bis zu „O du fröhliche". Es erklingt tägl. um 10, 12, 15, 17 und 19 für bis zu 10 Minuten, am Sa zusätzlich um 11 Uhr.
Kontakt: Bibliotheksplatz, 28832 Achim.

Theater und Unterhaltung

Das KASCH – Kulturhaus Alter Schützenhof

Bis weit nach Bremen und ins Land hinein ist das KASCH für seine reichhaltige Palette an Veranstaltungen bekannt. Ob a capella gesungen, musikalisch untermalt gelesen oder gleich Theater gespielt wird, im KASCH ist vieles möglich. Auch Partynächte ohne Ende. Selbst das Kommunale Kino hat hier seinen Platz.
Kontakt: Bergstr. 2, 28832 Achim, 04202/511 88 30, kasch-achim.de

Freizeit und Natur

Schwimmbäder

Das **Freibad Achim** liegt in der Nähe des Autobahnanschlusses Achim Nord. Es verfügt über ein 25-Meter-Schwimmerbecken, ein Nichtschwimmerbecken, einen Dreimeterturm, eine Superrutsche, ein Beachvolleyballfeld und Tischtennisplatten.
Kontakt: Am Freibad 8, 28832 Achim, 04202/84 913, achimer-baeder.de

Die St.-Laurentius-Kirche.

Das **Achimer Hallenbad** ist im Sommer von etwa Mitte Mai bis Anfang/Mitte September für den öffentlichen Badebetrieb geschlossen, weil dafür das vorgenannte Freibad geöffnet ist. Es gibt ein geheiztes 25-Meter-Schwimmerbecken mit 28 Grad warmem Wasser. Das Nichtschwimmerbecken ist sogar auf 30 Grad erwärmt. Außerdem gibt es einen Dreimetersprungturm.
Kontakt: Bergstr. 26, 28832 Achim, 04202/8990, achimer-baeder.de

▸ Boule/Pétanque
Hinter dem Rathauspark auf der Seite zum Friedhof hin sind mehrere Boulebahnen eingerichtet, die professionellen Ansprüchen genügen können. Wer in Gemeinschaft mit Achimer Park-Boulern spielen möchte, findet sich in der Regel, wenn das Wetter nicht allzu biestig ist, jeweils Di und Do gegen 13 Uhr ein.
Kontakt: Am Rathauspark, 28823 Achim, petanqueachim.123webseite.de

Es ist nicht alles Gold …

▸ Fitness
Der Rathauspark eignet sich auch für ein individuelles Fitnessprogramm. An acht Edelstahlgeräten, denen Übungsvorschläge beigegeben sind, kann man etwas für seine körperliche Kräftigung, Kondition und Koordination tun. Ansonsten gibt es in der als Mehrgenerationenpark bezeichneten Anlage ebenfalls Spielmöglichkeiten für Kinder, zum Beispiel eine Rutsche.

Veranstaltungen und Feste (eine Auswahl)

Mitte Juni wird in der Regel drei Tage lang das **Achimer Stadtfest** in der Fußgängerzone gefeiert, wobei die Geschäfte auch am Sonntag geöffnet sind. Neben einer Schlemmermeile ist für musikalische Unterhaltung gesorgt (achimer-stadtfest.de). Beim **Wein- und Winzerfest** im August (eher gegen Ende des Monats) auf dem Bibliotheksplatz treten neben der Weinkönigin eher volkstümliche Kapellen auf. Der Sonntag ist verkaufsoffen. Der Achimer **Weihnachtsmarkt** an der nämlichen Örtlichkeit dauert rund zehn Tage und geht üblicherweise einen Tag vor Heiligabend zu Ende.

Bad Bederkesa

(Ortschaft der Stadt Geestland im Landkreis Cuxhaven/Niedersachsen)

Der Ort ist Moorheilbad und Luftkurort zugleich. Vor der Haustür liegt ein See und dahinter Naturschutzgebiete. Einen Kurpark gibt es auch. Viel gesünder geht kaum. Angenehm, dass man die Burg, eine der wenigen im Nordwesten, erhalten und einer sinnvollen Nutzung zugeführt hat. Außer dem See gibt es eine Wasserstraße, die Bad Bederkesa mit Bremerhaven an Geeste und Weser und Otterndorf an der Elbe verbindet. Sie besteht aus der Geeste, dem Bederkesa-Geeste-Kanal, der unmittelbar am See vorbeiführt, und dem Hadelner Kanal. Schon aus Gründen des Hochwasserschutzes wird der Wasserweg regelmäßig gewartet und dennoch sind auf den Kanälen hauptsächlich Sportboote unterwegs. Ahoi!

Fremdenverkehrsamt Bederkesa
Berghorn 13
27624 Geestland
04745/9433-5
touristik@geestland.eu
geestland.eu

Der kleine Roland.

Sehenswertes

▸ Die Burg Bederkesa

Zwischen Ortskern und See erhebt sich eine Burg, die eine mehr als 600-jährige Baugeschichte hinter sich hat. Man weiß, dass es bereits im 12. Jahrhundert hölzerne Vorläufergebäude gab, und vermutet aufgrund einer Inschrift, dass der steinerne Südflügel der Burg um 1460 vollendet wurde. Ein Nordflügel von 1536 wurde 1579 durch einen Mittelflügel mit dem Südflügel verbunden. Um diese Zeit war der Gebäudekomplex von einem Wassergraben umgeben und es wurde kurz darauf ein Treppenturm errichtet. Nach Bremer Vorbild stellte man einen eher schmächtigen Roland auf.

Im Laufe der nächsten zwei Jahrhunderte wurden die Wälle und Vorwerke geschleift, Teile des Nordflügels abgerissen und einige Umbauten in Fachwerkbauweise vorgenommen. Nach einer Nutzung als Gasthaus und Hotel in privater Hand ab 1881 begann im 20. Jahrhundert ihr Verfall. 1975 erbarmten sich lokale Behörden, kauften die Ruine auf und restaurierten sie in einer Weise, dass die Burg äußerlich ungefähr das Aussehen hat wie vor 1745, als man anfing, Teile des Nordflügels und den Turm niederzulegen. Als der Wiederaufbau beendet war, stand schon die Entscheidung fest, in den Räumlichkeiten ein archäologisches und kulturhistorisches Museum einzurichten (s. u.).

▸ Die Holländer-Windmühle

Mancher kommt zur Mühle, die in 31 m Höhe auf einem Geestrücken steht, weil er von dort aus einen herrlichen Blick auf die Umgebung und den See hat. Ein Fernstecher oder wenigstens ein Opernglas wären sehr nützlich, denn die Entfernungen sind groß. Wer sich für die Mühle und das Mühlenwesen selbst interessiert, wird ebenfalls nicht enttäuscht: zum einen, weil sie voll funktionsfähig ist, und zum andern, weil man an drei maßstabsgetreuen Modellen studieren kann, welche anderen technischen Möglichkeiten beim Mühlenbau ausgeschöpft wurden.

Die Holländer-Windmühle.

Beerster Mühlenweg, 27624 Geestland, windmuehle-bederkesa.de

Museen

Das Museum Burg Bederkesa

Das Museum ist in erster Linie ein archäologisches Museum mit drei Schwerpunkten, die besondere Fundstellen in der Region betreffen. Das sind eine Wurtensiedlung aus dem 1. bis 5. Jahrhundert mit wertvollen Holzfunden (Tisch, Hocker etc.), ein altsächsisches Gräberfeld aus dem 4. und 5. Jahrhundert mit dem „Thron aus der Marsch" und eine jungsteinzeitliche Siedlungskammer. Insgesamt jedoch umfassen die Exponate Funde aus bis zu 10 000 Fundstellen und einen Zeitraum von sechs Jahrtausenden. Dazu gehören eine Schiffsbestattung und frühmittelalterliches Mobiliar, alles wunderbar aufbereitet. Zudem gibt es eine Reihe von Sonderveranstaltungen, die sich nicht unbedingt auf archäologische Themen beziehen müssen.

Kontakt: Amtsstr. 17, 27624 Geestland, 04745/9539-0, burg-bederkesa.de

Das Handwerksmuseum

Ein nicht mehr genutztes Gaswerk wurde zur Heimstätte für ein Museum, das eine über hundertjährige Entwicklung von mehr als zwei Dutzend Handwerksberufen und ihre Techniken und Gerätschaften anschaulich macht. Ein Vorläufermuseum, das dem Schusterberuf gewidmet war, wurde integriert, sodass eine komplette Schuhmacherwerkstatt besichtigt werden kann; außerdem sind eine analoge Druckerei und ein Friseursalon für Damen und Herren vorhanden. In einer Sonderabteilung werden in einer umfangreichen Sammlung alle Arten von Bügeleisen vorgestellt.

Kontakt: Heubruchsweg 8, 27624 Bad Bederkesa, 04745/1819, handwerksmuseum-bederkesa.de

Freizeit und Natur

Der Bederkesaer See

Der See ist ein Moorsee und nur etwa 1,5 m tief, weshalb er einerseits von Verlandung bedroht ist, aber andererseits auch ein Brutgebiet für zahlreiche Vögel darstellt. Man darf ihn im Sommer mit Tret- und Ruderbooten, nie mit Motorbooten, befahren und im Winter, falls er zufriert, auch zum Schlittschuhlaufen betreten. Außerdem ist er ein beliebtes Angelrevier. Teile des Sees, markiert durch eine Bojenkette, stehen unter Naturschutz. Für Schwimmer gibt es keine Rettungsstation.

Der Abenteuerspielplatz

„Einmal Piratin oder Pirat sein" ist das nicht explizit ausgesprochene, aber gut vorstellbare Motto eines Abenteuerspielplatzes für Kinder bis zu 14 Jahren, der sich zwischen Burg und See befindet. Damit sich die Eltern oder die Begleitung nicht langweilen, haben sie die Qual der Wahl zwischen einer Reihe von Fitnessgeräten ganz in der Nähe, ein paar Bänken und Tischen zum Erholen am Platz selbst oder dem bewirtschafteten Außenbereich eines Bikertreffs, der in der kühleren Jahreszeit allerdings geschlossen hat.

Die Moor-Therme

Das Wellnessbad mit Sauna verfügt über insgesamt dreizehn angenehm warme Becken, darunter ein Sportbecken mit drei 25-Meter-Bahnen und einem Drei-Meter-Sprungbrett. Das Erlebnisbecken hat einen Außenbereich, der von April bis Oktober genutzt werden kann. Ein Kinderspielgarten hält die eine oder andere Überraschung bereit, wasserscheu sollte man nicht sein. Freitags nach 21 Uhr ist textilfreies Baden angesagt. Der Saunabereich verfügt über ein römisches Dampfbad, eine Keltensauna, eine finnische Blocksauna mit 95 °C und

noch zwei Saunen mehr, dazu ein Solarium, Ruhezonen und sogar eine Bibliothek. Wenn das nicht überzeugt!
Kontakt: Berghorn 13, 27624 Geestland, 04745/9433-0, moor-therme.de

Der Bootsverleih
Das Restaurant „Dobbendeel" vermittelt den Verleih von Kanus, Tret- und Ruderbooten. Da es genau zwischen dem Elbe-Weser-Schifffahrtsweg und dem See liegt, ergeben sich relativ unkomplizierte Lösungen, um auf beiden Gewässern unterwegs zu sein.
Kontakt: Dobbendeel 1, 27624 Geestland, 04745/488, dobbendeel.de

Die Holzurburg
Es handelt sich hierbei um ein Naturschutzgebiet nordöstlich von Bad Bederkesa. In seinem südlichen Teil befindet sich ein vier Kilometer langer Waldlehrpfad. Zwei Aussichtstürme erlauben einen guten Blick auf das wasserreiche Wald- und Moorgebiet.

Veranstaltungen und Feste

Der Beerster Geestmarkt
Der dreitägige Beerster Geestmarkt (Anfang Juni) soll den seit 200 Jahren gefeierten Beerster Herbstmarkt ablösen, was aber noch nicht ganz entschieden ist, denn im Oktober 2019 kam es doch noch zu einem Herbstmarkt mit 20 Ausstellern. In jedem Fall ist im Sommer mit Autoscootern, Krake und Karussells für Trubel gesorgt. Der Festanstich findet im großen Bierzelt statt, wo am Abend der Beerster Bär zu mitreißender Musik steppt (mehr unter cuxland.de und nord24.de).
Ebenfalls im Sommer (Anfang August) wird vom Museum Burg Bederkesa ein **mittelalterliches Burgfest** veranstaltet. Ein Kunsthandwerkermarkt gehört ebenso dazu wie eine Feuershow im Burghof. Mitte August findet an verschiedenen Plätzen in der Stadt das zweitägige **Seefest** mit Drachenbootrennen, Fischerstechen, Flohmarkt und Feuerwerk statt. Sportliche Wettbewerbe gehören genauso dazu wie Musikveranstaltungen und Imbissbuden.

Bad Zwischenahn

(Landkreis Ammerland/Niedersachsen)

Bei der Anfahrt von Oldenburg fällt auf, dass man vermutlich eine derartige Vielzahl von Baumschulen nirgendwo in Deutschland in dieser Häufung antreffen kann. Kilometerlang folgt Baumreihe auf Baumreihe in allen Formaten und Arten, zu kunstvollen Gebilden zurecht beschnitten, mal enger, mal großzügiger angepflanzt. Die feuchte Erde und die umgebenden Moore scheinen der passende Nährboden zu sein. Zehn Prozent der deutschen Baumschulfläche bündeln sich hier. Als Nächstes kann auffallen, dass eine Bahnlinie den Ort am See quert und ihn in Nord und Süd aufspaltet.
Bad Zwischenahn besteht insgesamt aus 18 Ortsteilen und Bauernschaften und hat knapp unter 29 000 Einwohner. Seit 1919 darf es sich offiziell Bad nennen und wurde als mittlerweile staatlich anerkanntes Moorheilbad im Jahre 2007 unter 158 Heilbädern und Kurorten aus sieben Bundesländern auf den ersten Rang in Niedersachsen gesetzt, insgesamt von allen auf Rang 2, was eine schöne Anerkennung für den gepflegten Umgang mit der eigenen Klientel ist. Im Übrigen ist das Herzstück der Stadt, da wird kein Geheimnis verraten, der See. Er kann immer gefallen, auch wenn gerade kein Sommer ist.

Tourist-Information Bad Zwischenahn
Auf dem Hohen Ufer 24
26160 Bad Zwischenahn
04403/619159
info@bad-zwischenahn-touristik.de
bad-zwischenahn-touristik.de
Öffnungszeiten: Mo–Fr 10–13 und 14–17, Mitte April–Mitte Oktober zusätzlich Sa 10–14 Uhr.

Gästeführungen
Bad Zwischenahn offeriert ein umfassendes Programm an Gästeführungen. Thematische Stadtführungen zu Fuß gibt es ebenso wie Rundfahrten mit der Emma-Bahn, einem Touristenzug ohne Gleise, per Rad, per Bus oder per Segway. Man umrundet den See oder fährt ins Moor. Man besichtigt eine Kirche oder sucht Speisetempel auf und lässt sich kleine Kostproben schmecken. Alles das erfährt man unter der Webseite bad-zwischenahn-touristik.de oder spezieller unter so-schmeckt-bad-zwischenahn.de

Sehenswürdigkeiten

Das alte Kurhaus

Im Jahre 1874 wird ein erstes Kurhaus am Ort errichtet. Es ist von einem 16 400 m² großen Park umgeben, der bis zum See reicht, und steht heute unter Denkmalschutz. Im Laufe seiner Geschichte wird es einmal als Sanatorium, einmal als Lazarett, einmal als britische Militärbehörde, dann wieder als Krankenhaus und heute als Bibliothek und von den Behörden der Sozialverwaltung genutzt. Aber nicht nur das. Der große, prächtige Spiegelsaal ist für Veranstaltungen aller Art wie geschaffen, für Konzerte, Vorträge, Tagungen, Seminare, Ausstellungen und auch mal für einen Bücherflohmarkt. Private Feiern für Vereine und Hochzeitsgesellschaften kommen hinzu. Im Rondell in der Mitte des Kurhauses lädt ein Restaurant, das Oscar's, zum Dinieren und Genießen ein. Immer mit Blick auf den See.
Kontakt: Auf dem Hohen Ufer 20, 26160 Bad Zwischenahn, Tel. der Bibliothek: 04430/604 460, ihre **Öffnungszeiten:** Di/Do/Fr 14–18, Mi 10–18 und Sa 10–14 Uhr.

Die St.-Johannes-Kirche und der Glockenturm

Das älteste Wahrzeichen der Gemeinde ist vor allem in der Innenausstattung ein echtes Kleinod. Das Gotteshaus wurde 1124 gebaut und zehn Jahre später zu Ehren Johannes des Täufers geweiht. Der massive Westturm wurde um 1200 errichtet. Schießscharten weisen darauf hin, dass er als Rückzugsmöglichkeit und zur Verteidigung genutzt werden konnte. In der Mitte des 15. Jahrhunderts wurde die romanische Kirche nach Osten hin mit gotischen Kreuzrippengewölben um rund zehn Meter auf über 28 m erweitert. Im Innern wurden ab 1662 barocke Emporen eingefügt, die rund 80 Jahre später mit über 30 Szenen aus der Bibel ausgemalt wurden. Dem Barock entstammt auch die Kanzel aus dem Jahre 1653. Ihr Aufgang ist reichlich bemalt. Besonders sehenswert ist der gotische Flügelaltar mit der Kreuzigung Jesu als zentralem Relief aus dem frühen 16. Jahrhundert. Über dem Flügelaltar befindet sich ein um 1900 wieder freigelegtes Fresko mit der Darstellung des Jüngsten Gerichts. Die Verdammten werden in den Schlund eines schwarzen Hunds gezogen, der für die Hölle steht. Die Kirche ist von einem Friedhof umgeben. Südlich davon und quer dazu steht der Glockenturm, dessen Bau vermutlich 1489 vollendet wurde. Das schmiedeeiserne Tor im Durchgang stammt von 1900. Er nimmt romanische Formen der Kirche auf, weist sich aber durch seinen Treppengiebel als gotisch aus.
Kontakt: Am Brink 8, 26160 Bad Zwischenahn, 04403/93760

Ein authentisches Museumsrestaurant.

Der Wasserturm

Im Jahre 1938 wurde der auch als Aussichtsturm genutzte denkmalgeschützte Wasserturm in Seenähe errichtet. Sein Architekt war der in ganz Deutschland für seine Klinkerbauten bekannte Professor Fritz Höger (1877–1949), von dem, um nur einige seiner Schöpfungen zu nennen, das Hamburger Chile-Haus, das Anzeiger-Hochhaus in Hannover und das jetzige Rathaus von Wilhelmshaven stammen. Der Baustil des Turms wird je nach Sichtweise mit Art déco und Bauhaus umschrieben. Er ist 35 m hoch und es führen 180 Stufen nach oben zu einer Aussichtsplattform. Man umrundet dabei den auf Eisenbetonstützen ruhenden Hochbehälter, der eine Füllkapazität von 210 m^3 hat. Bei schönem Wetter kann man bis nach Oldenburg blicken.
Kontakt: Dränkeweg 4, 26160 Bad Zwischenahn, **Öffnungszeiten:** April–September tägl. 10–18 Uhr.

Die Kappenwindmühle im Freilichtmuseum

Das Freilichtmuseum grenzt an den Kurpark und kündigt sich mit einer weithin sichtbaren, gut 21 m hohen Galerieholländer-Kappenwindmühle aus dem Jahre 1811 an. Sie stammt ursprünglich aus dem benachbarten Westerstede, wurde einmal nach Hüllstede umgesetzt und schließlich nach ihrer Stilllegung 1958 ins Freilichtmuseum verbracht, um sie zu erhalten. Ein Mahlgang zum Schroten von Getreide und ein Kollergang für die Ölherstellung sind noch funktionsfähig.
Kontakt: Am Hogen Hagen 5, 26160 Bad Zwischenahn, **Öffnungszeiten:** April–

Der Wasserturm von Fritz Höger.

Oktober Mo–Fr 14–17, Sa/So 11–17 Uhr, unter 🌐 bad-zwischenahn-touristik.de findet man die aktuellen Zeiten für das Winterhalbjahr.

▸ Die Alte Pathologie in Wehnen

Auf ein dunkles Kapitel der deutschen Geschichte weist die Gedenk- und Dokumentationsstätte für die Opfer des NS-Euthanasieprogramms hin. Sie ist in der ehemaligen Leichenhalle der Heil- und Pflegeanstalt Wehnen auf dem heutigen Gelände der Karl-Jaspers-Klinik eingerichtet und dokumentiert die mörderische Politik des Dritten Reiches gegenüber den schwächsten und der Hilfe bedürftigsten Mitgliedern der Gesellschaft. Auch erfährt man, dass bereits in der Weimarer Republik die theoretischen Grundlagen dieser Verbrechen von Amtsträgern und Ärzten propagiert und vertreten wurden. Eine der angewandten Methoden bestand darin, die hilflosen Patienten verhungern zu lassen.
Kontakt: Hermann-Ehlers-Str. 7, 26160 Bad Zwischenahn-Wehnen, ☎ 0441/9992770, **Öffnungszeiten:** Di–Fr 10–16, So 12–16 Uhr.

▸ Die Rügenwalder Mühle und der Charlottenhof

Die Geschichte dieser Mühle ist anders als alle bekannten Mühlengeschichten. Weil der Produzent der Rügenwalder Teewurst Müller heißt, schlug ihm seine Frau vor, als Firmenzeichen eine Mühle zu wählen. Sie machte auch gleich eine Zeichnung von dieser „Wurstmühle". Nachdem die Firma nach Bad Zwischenahn umgesiedelt war, kam der Gedanke auf, jetzt auch eine echte, funktionierende Mühle als Firmenzeichen zu etablieren. Seit 2012 existiert das feine Stück und dient als Ort oder Hintergrund vielfältiger Veranstaltungen (Anmeldungen zur Besichtigung bei Gruppen unter ☎ 04430/660, ✉ moin@ruegenwalder.de, feste Besichtigungstermine im Internet unter 🌐 ruegenwalder.de). Die Mühle steht auf dem Gelände des Charlottenhofes, eines restaurierten, über 250 Jahre alten Ammerländer Bauernhofs, der für Festlichkeiten und Veranstaltungen genutzt wird.
Kontakt: Wiefelsteder Str. 10, 26160 Bad Zwischenahn, ☎ 04403/59895, 🌐 charlottenhof-bad-zwischenahn.de

▸ Das Spielkasino

Im zu einem Hotel umgewandelten, idyllisch am See liegenden Jagdhaus „Eiden am See" dreht sich seit 1976 das Glücksrad mit der eingebauten Pechsträhne. Außerdem sind 180 Spielautomaten im Einsatz, um den Traum vom unverdienten Reichtum zu bedienen. Poker- und Blackjackrunden komplettieren die Möglichkeiten, überflüssiges Geld loszuwerden. Als Trost im tatsächlichen Verlustfall bleibt in jedem Fall die Tatsache, dass das Jagdhaus, ein Fachwerkgebäude aus dem Jahre 1791, ein herrliches Ambiente hat.
Kontakt: Eiden 11, 26160 Bad Zwischenahn, ☎ 04403/938 00, 🌐 spielbanken-niedersachsen.de, **Öffnungszeiten:** tägl. 14–2 Uhr.

Museen

▸ Das Freilichtmuseum Ammerländer Bauernhaus

Mit der Errichtung eines Ammerländer Bauernhauses aus umgesetzten Teilen zweier für den Abbruch bestimmter Gebäude beginnt 1909 die Geschichte eines der ältesten Freilichtmuseen in Deutschland. Im Laufe der Jahre kamen insgesamt 17 Häuser und Nebengebäude zusammen. Sie vermitteln einen Eindruck vom Alltag im ländlichen Ammerland von vor über 300 Jahren. Das Gelände ist frei betretbar. Nur wer sich im Innern des Haupthauses oder in einigen Nebengebäuden und der Mühle umschauen möchte, muss Eintritt bezahlen. In einem Speicher ist ein Lokal eingerichtet, in dem man regionale Gerichte verzehren kann.
Im Sommer sitzt man im Garten unter

Bäumen. Angeschlossen und Teil des Museums ist das Museum Specken. Es fällt etwas aus dem Rahmen der Ursprungsidee, denn es beherbergt Sammelstücke, die im Laufe der Zeit weitergegeben wurden und die durchaus spätere Lebenswelten veranschaulichen. Auch hier gibt es ein Restaurant und man kann sogar übernachten. Zudem kommt der älteste Sport der Region in einem eigenen Museum zu Ehren. Das Boßelmuseum klärt auf, nach welchen Regeln gespielt wird und wie sich der Sport im Laufe der Zeit gewandelt hat.

Ein Ammerländer Bauernhaus.

Kontakt: Am Hogen Hagen, 26160 Bad Zwischenahn, 04403/2071, ammerlaender-bauernhaus.de, **Öffnungszeiten:** Hauptgebäude: April–Oktober tägl. 11–17, Nebengebäude: April–Oktober Mo–Fr 14–17 und Sa/So 11–17 Uhr, von November bis März kann man Termine unter der obigen Telefonnummer abmachen, das gilt für das Museum Specken, Speckener Weg 34, das ganze Jahr über; das Boßelmuseum, ebenfalls Speckener Weg 34, ist Di 11–16.30 und Fr 11–17.30 Uhr geöffnet, Gruppen melden sich dort unter 04488/3774 an.

Freizeit und Natur

Das Zwischenahner Meer

Das Zwischenahner Meer liegt über einem Salzstock und hat eine mittlere Tiefe von 3,3 Metern. An seiner tiefsten Stelle ist es weniger als sechs Meter tief. Die Wassertiefe wird reguliert und der Pegelstand kann in der Nähe des alten Kurhauses an einem Pegelstab nahe des Ufers abgelesen werden. Wer es umrunden will, muss sich auf eine Tour von gut elf Kilometern einstellen. Mit einer Fläche von 5,5 km² ist es der drittgrößte Binnensee Niedersachsens nach dem Steinhuder Meer und dem Dümmer. Private Benzin- oder Dieselmotorboote sind verboten. Ausnahme: Polizeiboote, Rettungsschiffe, Fischerkähne und die drei Ausflugsschiffe der Weißen Flotte (Peterstr. 14 a, 26160 Bad Zwischenahn, 04430/3056, weisseflottezwischenahn.de, **Öffnungszeiten:** tägl. 10–17.30 Uhr). Letztere verbinden in den Monaten von April bis Oktober die drei Anlegestellen Bad Zwischenahn, Dreibergen und Rostrup mindestens fünfmal am Tag. Im November gibt es keinen Fährbetrieb und der übrige Winterfahrplan sieht nur Rundfahrten rund um Bad Zwischenahn vor.

Der Bootsverleih

Die Bootsvermietung Renken vermietet Boote mit Elektromotor, Tret-, Ruder- und Segelboote und Schwimmwesten, wobei Segelboote nur am Nordufer ausgeliehen werden können. Für Segelboote sind Vorkenntnisse oder auch ein Segelschein erwünscht, für die anderen Boote hingegen nicht erforderlich (Saison April–Mitte Oktober).
Kontakt: Anleger Bad Zwischenahn: 04403/58166, **Öffnungszeiten:** tägl. 10–19 Uhr, Anleger Dreibergen 04403/8358.

Angeln
Das Bad Zwischenahner Meer ist als Angelrevier ausgewiesen und wird durch den Fischereiverein periodisch mit Jungfischen bestückt. Es bedarf zum Angeln eines Berechtigungsscheins, den man beim Angelverein, bei der Gemeinde Bad Zwischenahn und an der örtlichen Shell-Tankstelle erwerben kann. Zu fangen gibt es Hecht, Zander, Barsch und Aal. Von einem 3,5 m langen Wels heißt es, er sei nur Legende.
Kontakt: Fischereiverein, Zum Fischereihafen 5, 26160 Bad Zwischenahn, 04403/7260, fvbz.de

Das Freibad
Das Bad verfügt über vier Schwimmbecken und ein kleines Becken für Kinder. Darunter sind ein 50-Meter-Becken mit Startblöcken und ein 25-Meter-Becken. Außer von einem Fünfmeterturm kann man noch von einem Ein- und einem Dreimeterbrett ins Wasser springen. Darüber hinaus gibt es eine 80-Meter-Riesenrutsche, ein Fußballfeld und zwei Beachvolleyballfelder. Die Kleinen können auf einem etwas separierten Spielplatz herumtollen.
Kontakt: Am Badepark, 26160 Bad Zwischenahn, 04403/1061, bad-zwischenahn.de

Badestellen am See
In Bad Zwischenahn (Unter den Eichen 12 a) gibt es beim Strandcafé einen kleinen Sandstrand mit Spielgeräten und Klettergerüsten. In Rostrup gibt es zu den Spielgeräten ein Volleyballfeld am Strand. Die Badestelle in Dreibergen (Dreiberger Str. 23) liegt neben der Gaststätte „Fährkroog"; auch hier gibt es Spielgeräte. Am Ostufer verfügt die Jugendherberge (Schirrmannweg 14) über eine kleine Badestelle.

Das Hallenbad
Eigentlich ist es ein Schulhallenbad, aber in der kühleren Jahreszeit ist es für die Öffentlichkeit zu bestimmten Stunden zugänglich. Es gibt ein Mehrzweckbecken, das durch einen Hubboden für Nichtschwimmer benutzbar gemacht werden kann. Außerdem stehen ein Ein- und ein Dreimeterbrett zur Verfügung. Mittwoch ist Warmbadetag mit einer Wassertemperatur von 30 °C und einem kleinen Preisaufschlag.
Kontakt: Humboldtstr. 1 c, 26160 Bad Zwischenahn, 04403/3473, bad-zwischenahn.de

Minigolf
Am Jagdhaus Eiden gibt es eine Minigolfanlage mit 18 abwechslungsreichen Bahnen.
Kontakt: Eiden, 26160 Bad Zwischenahn, 04403/656 32, minigolf-am-meer.de

Der Kurpark
Zwischen dem Ortskern und dem „Meer" erstreckt sich der Kurpark mit seinen vielen kleinen und größeren Installationen. Es gibt einiges für die Sinne, auch wenn den meisten bereits der Blick aufs „Meer" das Wichtigste ist. Eine mit Regenwasser gefüllte Klangschale kann ebenso zum Klingen gebracht werden wie drehbare Metallgegenstände, die klicken und klackern. Optische Spielchen

Optische Spielerei.

entzerren verzerrte Rundbilder. Für die Gesundheit und das Wohlbefinden stehen ein frei zugängliches Kneipp-Wassertretbecken und ein Kneipp-Kräutergarten zur Verfügung. Eine Freilichtbühne wird genutzt für Veranstaltungen aller Art. Man flaniert, man sieht sich, man trifft sich, Kurpark(er)leben eben.

Der Park der Gärten

In den wärmeren Monaten des Jahres gehört es zu den besonderen sinnlichen Vergnügungen, durch Deutschlands größte Mustergartenanlage mit einer Fläche von 140 000 m^2 zu flanieren. Der Park ist aus der Landesgartenschau im Jahre 2002 hervorgegangen und entzückt mit seinen 44 Themengärten das Herz eines jeden Hobby- oder Profigärtners. Es gibt rund 2000 Rhododendron-Arten und -sorten, 945 Bäume, 9000 Pflanzen mit Beschriftung und, um die ganze Pracht einmal von oben zu bewundern, einen knapp 20 m hohen Aussichtsturm. Jedes Jahr kommen mehr als 150 000 erwachsene und über 20 000 jugendliche Besucher in den Park, nicht gerechnet die 14 000 Zuschauer von Unterhaltungsangeboten, deren Palette von Götz Alsmann bis Wladimir Kaminer und vom Rudelsingen bis zur Gartenparty reicht. Auch kulinarisch wird man umsorgt, bei schönem Wetter auf der Terrasse am Wasser. Seit 2013 gibt es ein gläsernes Besucherhaus.
Kontakt: Elmendorfer Str. 40, 26160 Bad Zwischenahn, 04403/819 60, park.der.gaerten.de, **Öffnungszeiten:** Mitte April–Anfang Oktober tägl. 9.30–18.30 Uhr, Tiere sind nicht zugelassen.

Segelfliegen

Auf dem Segelfluggelände im Ortsteil Rostrup kann man zum Selbstkostenpreis bei einem Segelflugzeug oder einem Reisemotorsegler mitfliegen. Man ruft an einem vom Wetter begünstigten Tag um 11 Uhr die in Klammern folgende Nummer (0151/52128544) an und erfährt dann, ob und wann ein Mitfliegerplatz frei ist (Elmendorfer Damm, 26160 Bad Zwischenahn, 04403/7438, rostrup-segelflug.de).

Der Woldsee

Der Baggersee im Ortsteil Wehnen, auch Sandgrube Wehnen genannt, wird als Badesee und Angelrevier genutzt. Er hat am Westufer einen Sandstrand und einen durch Bojen markierten Nichtschwimmerbereich, fällt aber ansonsten bis auf 14 m Tiefe ab. Man kann den See auf einem Rundweg umwandern. Bei gutem Badewetter wird von der DLRG eine Aufsicht gestellt.

Veranstaltungen und Feste

Der Meerlauf

Der Lauf ist eine Benefizveranstaltung für die Hospizarbeit im Ammerland. Die Strecke ist 12 km lang und führt einmal um das Zwischenahner Meer herum. Start- und Zielpunkt ist der Markt beim Rathaus und der St.-Johannes-Kirche. Der Termin liegt normalerweise auf einem der ersten Samstage im Mai (mehr unter meerlauf.de).

Das Jazzfest

Ende Juli findet ein dreitägiges Jazzfest in allen dazu geeigneten Lokalen der verschiedenen Ortsteile statt. Bei schönem Wetter wird im Außenbereich der Veranstaltungsorte, soweit vorhanden, musiziert, ansonsten drinnen – und immer umsonst. Am Sonntag beginnt das Fest bereits um 11 Uhr mit einer Art Jazzfrühschooppen, Freitag und Samstag nicht vor 19 Uhr.

Die Bad Zwischenahner Woche (Zwiwo)

Mitten im August feiert Bad Zwischenahn fünf Tage lang mit seinen Gästen in der ganzen Stadt mit allem, was dazugehört: Brillantfeuerwerk, Buden und Fahrgeschäfte, Musik und Kunst, Festzelt und

Kinderkarussell. Manche sprechen von der Fünften Jahreszeit des Moorheilbads (Näheres unter bad-zwischenahner-woche.de).

Der bronzene Wels.

Der Welsmarkt
Der dreitägige Welsmarkt mit über 50 Ausstellern eines Hobby- und Kunsthandwerkermarktes in der Bahnhofstraße hat als Ausgangspunkt die äußerst fragwürdige Wette, ob diesmal das Bad Zwischenahner Monster von Loch Ness, sprich: der sich im Meer angeblich herumtreibende Riesenwels, zum Vorschein kommt. Taucher versuchen ihn an die Oberfläche zu holen. Die Wettgelder werden einem guten Zweck zugeführt und am Abend bewegt sich ein Lampionzug der Kinder durch die Stadt (Sa–Mo im Oktober).

Der Weihnachtsmarkt
Einen Monat lang von Ende November bis zum Zweiten Weihnachtsfeiertag wird Bad Zwischenahn von den Düften und Aromen des Weihnachtsgebäcks und des Glühweins durchzogen. Neben den üblichen Ständen mit Kunsthandwerk und Geschenkideen wird auch eine künstliche Eisbahn für Schlittschuhläufer und Eisprinzessinnen aufgebaut. Der Ort ist festlich geschmückt, in den Bäumen leuchten Lichterketten. Die Lichterwochen mit ihrem feierlichen Glanz gehen bis in den Januar weiter.

Bassum

(Stadt im Landkreis Diepholz/ Niedersachsen)

Bassum ist eine landwirtschaftlich geprägte Stadt mit über 15 000 Einwohnern. Mehrere Natur- und Landschaftsschutzgebiete befinden sich auf ihrem Gebiet. Die seit 1929 zur Stadt erhobene Kommune geht auf die Gründung eines Kanonissenstifts in der zweiten Hälfte des 9. Jahrhunderts zurück. Das Stift hat eine seither ununterbrochene Tradition und ist innerhalb der Europäischen Union das einzige noch bestehende.

Fremdenverkehrsamt Bassum
Stadtverwaltung Bassum
Alte Poststr. 14
04241/84-0
info@stadt.bassum.de
bassum-info.de
Öffnungszeiten: Mo/Mi/Fr 8–12, Di/Do 8–18 Uhr.

Gästeführungen
Es werden unterschiedlichste Führungen zu Fuß, per Rad und mit dem Bus angeboten. Eine Ansprechpartnerin im Rathaus ist Frau Susanne Vogelberg (Zimmer 9 im 1. OG) unter 04241/8469, vogelberg@stadt.bassum.de. Eine zuständige Gästeführerin ist Frau Ingrid Skripalle. Man erreicht sie unter 04241/608 84 82 oder unter der ingrid.skripalle@gmail.com

Sehenswürdigkeiten

Das Damenstift

Ein Stift war nicht ganz so streng wie ein Kloster. Die Stiftsdamen durften ihren Besitz behalten und waren auch nicht die ganze Zeit zur Anwesenheit verpflichtet. Die heutige Abtei wurde 1754 nach Abriss der ursprünglichen in Fachwerkbauweise über einem Gewölbe aus dem 13. Jahrhundert errichtet. Das Äbtissinnenhaus des Damenstifts enthält eine ganze Reihe kunsthistorisch bedeutsamer Gegenstände und es kann besichtigt werden. Interessant ist beispielsweise ein Priestergewand mit der Darstellung der legendären Luftfahrt Alexanders des Großen. Neben dem Kapitelsaal im Obergeschoss mit einem 1989 restaurierten umlaufenden und handbemalten Wandbehang aus Rupfen gibt es das Kanonikerzimmer mit einer einfach gehaltenen Deckenbemalung zu sehen.

Auf dem Gelände des Stifts stehen noch Stiftsdamenhäuser und die Stiftskirche. Das älteste Stiftsdamenhaus wurde 1689 erbaut. Zum Stift gehört auch eine Wassermühle aus dem Jahr 1881. Heute befindet sich dort das Büro des diakonischen Werks. Der Stiftsgarten an der Abtei und der Stiftsforst nahebei mit der 1000-jährigen Stiftsgerichtseiche, auch „Kaffee-Eiche" genannt, können zum Spazierengehen genutzt werden. Das Stift bietet in seinen Räumlichkeiten auch Konzerten und anderen Veranstaltungen eine Heimstatt.

Kontakt: Stift 1, 27211 Bassum, 04241/2532, stift-bassum.de

Die Stiftskirche St. Mauritius und St. Viktor

Die evangelische Kirche aus rötlichem Backstein stammt aus dem 13. Jahrhundert und hat ein dreischiffiges Hallenlanghaus und ein Querschiff mit einem mächtigen, aber gedrungenen Turm über der Vierung. Der Fußboden der Vierung ist in der seltenen Inkrustationstechnik aus Hochbrandgips belegt und wurde im Frühjahr 2014 in hergebrachter Form erneuert. Bei einem Brand 1797 wurde fast das gesamte mittelalterliche Inventar zerstört. Da die Äbtissinnen in der Regel im Boden der Stiftskirche bestattet wurden, sind mehrere Epitaphe und Grabmäler zu besichtigen.

Kontakt: Stift 6, 27211 Bassum, 04241/2402, kirche-bassum.wir-e.de

Freizeit und Natur

Der Tierpark Petermoor

Der Tierpark, der in der Vergangenheit exotische Tiere in den Mittelpunkt gestellt hatte, hat sich mittlerweile mehr auf gefährdete einheimische Haus- und Nutztierrassen konzentriert. Dafür wurde er als erster „Arche-Park" (wir denken da zu Recht an Noah) in Deutschland anerkannt. Seit Juni 2015 ist er auch als Zoo zugelassen und darf sich „jüngster Zoo Deutschlands" nennen. Damit ist auch die Genehmigung verbunden, sich am Europäischen Erhaltungszuchtprogramm zu beteiligen. Die Namen der betreuten Tiere sind den meisten Menschen so unbekannt, dass diese Tiere fast schon als exotisch gelten können. Beispiele: Vorwerkhühner, Soay-Schafe, Westfälische Totleger, Thüringer Barthühner oder Meissener Widderkaninchen. Hand aufs Herz, wie viele kennen Sie? Ein paar echte Exoten gibt es jedoch auch: Lamas, Parmakängurus, Axishirsche, Affen und Pampasstrauße, gar nicht zu reden von den vielen exotischen Vogelarten. Und im Streichelgehege warten afrikanische Zwergziegen auf eine behutsame Hand.

Kontakt: Am Petermoor 2, 27211 Bassum, 04241/5466, tierpark-bassum.de,

Öffnungszeiten: tägl. 8–20 Uhr, im Winter bis zum Einbruch der Dunkelheit; der Eintritt ist übrigens frei.

Veranstaltungen und Feste

Für das **Frühlingsfest** (sonntags in der zweiten Aprilhälfte) wird die Innenstadt für den Verkehr schon mal gesperrt. Rund 50 Aussteller sorgen für ein gut durchmischtes Angebot. Für Kinder gibt es u. a. ein Bungee-Gerät, Ponys und Karussells, für die Großen und Kleinen einen Floh- und einen Mittelaltermarkt und für die ganz Großen einen Biergarten.
Seit fast einem Jahrzehnt hat die Kunst des Straßentheaters Bassum entdeckt (es kann auch umgekehrt gewesen sein). Jedenfalls verwandelt sich der Ort für das **Straßentheaterfestival „Piazzetta"** (am letzten Maiwochenende) in eine Bühne der gespielten und mitgefühlten Leidenschaften. Die „Sterne der Nacht", natürlich auf Italienisch, und ein Herr Konrad waren neben vielen anderen schon da. Man kann gespannt sein, wer nächsten Mai kommt. Dabei ist alles draußen und umsonst.
Einen eigenen **Mittelaltermarkt,** genannt Bovelmarkt, (am letzten Wochenende im Juli) gibt es an der Burg Freudenberg. Hier sorgen Gaukler, Spielleute, Jongleure, Narren und Troubadoure für eine heitere Stimmung. Musik darf auch nicht fehlen, Bovelfeuer inklusive. Und wer noch echtes Rittertum erleben will, wird mit Schaukämpfen und Schwerterklang in Spannung gehalten.
Auch ein **Oktoberfest** (am ersten Sonntag im Oktober) gibt es in Bassum. Es hat aber deutlich wohltätigere Züge als das Original in München. Auf einer Auktion werden Spenden für die Tafel lockergemacht und verschiedene Hilfsorganisationen stellen Stände auf. Ansonsten ist reichlich fürs leibliche Wohl und die gute Unterhaltung gesorgt, und sei es mit einer Hüpfburg für Kinder. Das letzte Mal machten „singende Nonnen" auf sich aufmerksam und sorgten dabei für gute Laune.

Berne

(Landkreis Wesermarsch/Niedersachsen)

Auf schwankendem, moorigem Terrain wurden im 11. Jahrhundert holländische Kolonisten angesiedelt, weil sie Experten für die Entwässerung eines solchen Feuchtgebiets waren. Sie begannen mit dem Deichbau und machten die Region im beschränkten Maße urbar. Als sie sich gegen die auferlegten Abgaben wehrten, hat man den damals denkbar größten ideologischen Hammer herausgeholt und zum Kreuzzug gegen sie aufgerufen. Bei Altenesch wurden sie vernichtend geschlagen. Als besiegte Stedinger Bauern gingen sie in die Geschichte ein. Berne und der Nachbarort Lemwerder waren ihr Terrain. Heute pflegt man in der Gegend Störche gesund, lebt von der Landwirtschaft, arbeitet auf einer der ortsansässigen großen Werften oder pendelt ins nahe Bremen.

Tourist-Information Berne
Am Breithof 6
27804 Berne
04406/941 110
touristik@berne.de
berne.de
Öffnungszeiten: Mo–Fr 8.30–12, Mo–Di 14.30–16, Do 14.30–18 Uhr

Freizeit und Natur

▸ Das Arboretum Neuenkoop
Beim Arboretum Neuenkoop handelt es sich um einen botanischen Garten, auf dessen 2 ha großem Gelände neben einheimischen Gewächsen auch eine Reihe exotischer Pflanzen gedeihen. Bei manchen von Letzteren geht es auch darum, sie, falls sie das mit sich machen lassen, in einem Versuchsgarten an das Klima im Nordwesten zu gewöhnen.

Das Arboretum ist sommers wie winters geöffnet. **Kontakt:** Neuenkooper Str. 64, 27804 Berne, ☏ 04406/224 536, 🌐 arboretum-neuenkoop.de, **Öffnungszeiten:** Di–So 10–18 Uhr.

Die Silos an der Weser.

Veranstaltungen und Feste

▸ ☺ **Das Ollenfest**

In jedem ungeraden Jahr am letzten Wochenende vor den Sommerferien steigt das Fest an der Ollen. Das Programm sieht Drachenbootrennen, Kanupolo-Tourniere und Schifferstechen vor. Vieles davon ist so spannend, dass man bedauert, dass nicht jedes Jahr ein Ollenfest über die feuchte Bühne geht.

Brake

(Kreisstadt des Landkreises Wesermarsch/ Niedersachsen)

Die Stadt an der Unterweser hat eine lange Tradition als Hafen, der, strategisch gesehen, den Bremer Kaufleuten nicht gefallen konnte, weil man ihnen hier für die Herren in Oldenburg Zölle auf ihre Waren abknöpfte, ihnen andererseits eine lange Zeit aber gefallen musste. Denn angesichts der nicht immer ausreichenden Tiefe des Flusses in der Vergangenheit bot sich Brake geradezu an, die Waren von den großen Hochseeschiffen auf zwei Leichter zu verfrachten und sie so bis an die Schlachte im Zentrum Bremens zu befördern. Von daher ist es sehr stimmig, dass sich Brake ein eigenes Schifffahrtsmuseum zugelegt hat, um an seine große Vergangenheit als Umschlagplatz und Hafen zu erinnern. Auch heute gehört Brake zu den bedeutenden Binnenhäfen. Seine Silo-Anlagen für die Agrarwirtschaft gehören zu den größten in Deutschland. Die Stadt hat mit der Breiten Straße eine Fußgängerzone, in deren Umgebung das eine oder andere verzierte (moderne Architekten würden sagen: verschnörkelte) Haus im Stil der Gründerzeit steht. Die alte Post hat ein Adlerwappen auf goldglänzendem Grund im Giebel. Die denkmalgeschützte Plassmannvilla, im Jugendstil auf dem Mitteldeich errichtet, ist noch heute ein besonderes Wohnhaus.

Marketing Infopavillon
Kaje 9
26919 Brake (Unterweser)
☏ 04401/19 433
✉ info@brake-touristinfo.de
🌐 brake-touristinfo.de
Öffnungszeiten: Mo–Fr 10–17 Uhr

Sehenswertes

▸ **Die St.-Marien-Kirche**

Das aufgrund des imposanten dreiteiligen Ankers auf dem Turmdach als Ankerkirche

bezeichnete katholische Gotteshaus ist ein modernes Wahrzeichen der Stadt. Seit 1963 grüßt die Besucher der Stadt von weither der wuchtige Anker, der wohl Glauben, Lieben und Hoffen symbolisieren soll. Ähnlich eindrucksvoll ist innen das helle, ovale Kirchenschiff mit seinen hoch angesetzten Buntglasfenstern, in denen sich das Sonnenlicht vielfarbig bricht, und seinem schwungvoll abgerundeten Dach, das außen und vor allem auch innen mit seinem ungewöhnlichen Knick erstaunen kann.
Kontakt: Breite Str. 52, 26919 Brake, 04401/4125, kirche-brake.de

Das Fischerhaus

Das heute als Standesamt genutzte Fachwerkhaus wurde 1771 erbaut und ist damit das älteste erhaltene Profangebäude der Stadt. Es wurde nach 1990 vom Heimatverein restauriert, wobei sich die Originalbalken als stabil erwiesen und die bemalten Fliesen ihren ursprünglichen Glanz zurückbekamen.
Kontakt: Mitteldeichstr. 34, 26919 Brake, 04401/2227

Museen

Das Schiffahrtsmuseum Unterweser

Ausgangsort für das 1960 eingerichtete Schifffahrtsmuseum war zunächst das Gebäude einer optischen Telegrafenstation, die Nachrichten zwischen Bremen und Bremerhaven bezüglich des Schiffsverkehrs übermittelte. Der Backsteinbau war 1846 am linken Weserufer am Ende der Breiten Straße errichtet worden, wurde jedoch nur bis 1852 für den Nachrichtendienst benutzt. Im obersten Stockwerk kann man sich noch immer umfassend über diese Form der vor-elektronischen Verständigung informieren. Im Rest des Gebäudes geht es im Wesentlichen um die Entwicklung der Braker und Oldenburger Schifffahrt. Dazu gehören auch Eindrücke von der Arbeit der Walfänger

Infotafel am Schifffahrtsmuseum Unterweser.

und Fischer. Schiffsmodelle und Gemälde illustrieren das Ganze. Das Museum ist mittlerweile auf drei Häuser verteilt. Neben der Telegrafenstation an der Kaje gibt es das Haus Borgstede und Becker in der Breiten Straße, in dem die Sammlungen über die verschiedenen mit der Seefahrt verbundenen Gewerke untergebracht sind und wo man Näheres über den legendären Admiral Brommy und den Schriftsteller Georg von der Vring erfahren kann. Das dritte Haus des Museums, die „Villa Steenken“, befindet sich in Elsfleth (Weserstr. 14, 26931 Elsfleth) und unterrichtet u. a. über die nautische Ausbildung der Seeleute und den Heringsfang.
Kontakt: Breite Str. 9, 26919 Brake, 04401/6791 oder 04401/4383, schiffahrtsmuseum-unterweser.de,
Öffnungszeiten: November–März Di–Sa 11–17, So 10–17, April/Mai und Oktober/September Di–Sa 10–17, Juni–August 10–18, an manchen Do im Hochsommer bis 20 Uhr.

Das Arp-Schnitger-Centrum

Der im heute zu Brake gehörenden Ortsteil Schmalenfleth geborene Arp Schnitger zählt zu den weltweit berühmtesten Orgelbauern nicht nur des Barock. Schautafeln machen mit seinem Lebenswerk vertraut. In Audio- und Videoinstallationen kann man seinen Einfluss und seine Stationen auf der

„Europäischen Orgelstraße", wie sich das Konzept des Zentrums nennt, verfolgen. Außerdem gibt es Werkzeuge und andere Utensilien des Orgelhandwerks zu besichtigen. Auf Wunsch kann eine Führung auch die St.-Bartholomäus-Kirche in Brake-Golzwarden einbeziehen, denn dort befindet sich noch der Orgelprospekt der allerdings nicht mehr vorhandenen Schnitger-Orgel.
Kontakt: Raiffeisenstr. 19, 26919 Brake, 04401/700 309, Arp-Schnitger-Gesellschaft.de, Führung nach Anmeldung mit ausreichend Vorlauf telefonisch oder per info@arp-schnitger-gesellschaft.de

Theater und Unterhaltung

Das Niederdeutsche Theater
Seit den 1930ern trägt das Amateurtheater zur Belebung der Kultur der Stadt und der niederdeutschen Sprache bei. In der Regel kommen im Jahr drei plattdeutsche Stücke und ein hochdeutsches Märchen zur Aufführung. Die deutsche Kommission der UNESCO zählt das Theater seit 2014 zum schützenswerten immateriellen Kulturerbe der Bundesrepublik. Besonders beeindruckt hat die Kommission sicherlich, dass es mit den Ensembles der „Fleutjepieper", „Twüschenkieker" und „Spökenkieker" drei Nachwuchsgruppen der Altersklassen ab sechs, ab zwölf und ab 14 Jahren gibt, die in die Theaterarbeit und die niederdeutsche Sprache spielerisch hineinwachsen.
Kontakt: Spielstätte BBZ-Forum, Gerd-Köster-Str. 4, 27919 Brake, 04401/79619, ndb-brake.de

Freizeit und Natur

Die Insel Harriersand
Vom Wahrzeichen Brakes aus, der ehemaligen Telegraphenstation an der Kaje, erreicht man die größte Flussinsel Deutschlands mit einer Fähre, die von April bis Anfang Oktober mehrmals am Tag verkehrt (Fahrplan unter brake-touristinfo.de). Wer von der östlichen Weserseite kommt, findet im Süden der Insel bei Rade eine kleine Brücke vor. Die Insel ist elf Kilometer lang und hat

Die Insel Harriersand von Brake aus gesehen.

mehrere Naturstrände. Es gibt einen Campingplatz, für Kinder einen Spielplatz und eine Inselstraße, sodass man gut mit dem Rad unterwegs sein kann.

Das Brommy Bad
Das Bad verfügt über ein 25-m-Schwimmerbecken, ein Ein- und ein Dreimeterbrett und eine Rutsche für den gesteigerten Badespaß. Im Lehrbecken werden Schwimmkurse für Kinder und Nichtschwimmer angeboten.
Kontakt: Philosophenweg 8, 26919 Brake, 04401/4645, brake.de

Veranstaltungen und Feste (eine Auswahl)

Dem dreitägigen **Stadtfest** in Brake (Mitte Juni) wird von der lokalen Presse Jahr für Jahr bescheinigt, dass es wieder einmal rauschend war. Auf dem Postplatz und an der Kaje wird fröhlich gefeiert. Zum Einsatz kommen diverse Fahrgeschäfte, jede Menge Musik und für ganz Mutige ein Rodeo-Wettbewerb auf einem elektrischen Bullen. Ein Floh- und ein Jahrmarkt ergänzen das Programm. Ein Höhepunkt kurz nach Beginn ist das Feuerwerk am Freitagabend.
Das zweitägige **Binnenhafenfest** (Anfang August) wird mit Musikgruppen, einem Familienflohmarkt, einem verkaufsoffenen Sonntag und kulinarischen Leckerbissen im Angesicht der riesigen Getreidesilos des Hafens gefeiert. Für Kinder gibt es eine Piratenhüpfburg und für Interessierte Hafenrundfahrten.
Wenn Weihnachten vor der Tür steht, wird im Museumsgarten des Schiffahrtsmuseums der **Schneeflöckchenmarkt** (Mitte Dezember) mit großem Lichterschmuck eingeläutet. Es ist ein Weihnachtsmarkt mit Ständen von Kunsthandwerkern und Buden, an denen Eierlikör, Glühwein, Grog und heiße Schokolade neben weihnachtlichem Gebäck und herzhafteren Genüssen angeboten werden.

Bremen

(Bundesland Bremen)

Die freie Hansestadt vereint in sich auf angenehmste Weise die kulturelle Vielfalt einer prickelnden Metropole mit der entspannten Lockerheit einer großen Provinzstadt. In der Bremer Innenstadt werden Besucher vom Ensemble des UNESCO-Kulturerbes, verkörpert in Rathaus und Roland, ebenso angezogen wie von der eher unscheinbaren, aber sehr beliebten Statue der weltbekannten Stadtmusikanten. Die über 566 000 Einwohner zählende, scherzhaft auch als „Dorf mit Straßenbahn" bezeichnete Hauptstadt des kleinsten Bundeslandes, gehört zu den grünsten Städten Deutschlands. Der Stadtkern wird von den zum Park umgestalteten Wallanlagen eingefasst und der sich mit dem Stadtwald bis ins Umland erstreckende Bürgerpark beginnt einen Steinwurf hinter dem imposanten Hauptbahnhof aus der Gründerzeit. Die Weserufer dienen der Erholung, dem Strandsport oder der allabendlichen Sause an der Schlachte. Stadtnahe Seen bereichern die wassersportlichen Möglichkeiten. Vier große Friedhöfe sind auch für die Lebenden Oasen der Ruhe.
Das kulturelle Angebot umfasst alle denkbaren Sparten von der großen Oper über das Tanztheater und den boomenden Blues-Club bis hin zum intimen Literaturkeller. Zahlreiche Museen und Galerien frönen alter wie neuer Kunst und die Ausstellungen des Überseemuseums erläutern anschaulich den Wandel der Welt. Werder und das Weserstadion sind nahe am Zentrum der Stadt und fest in den Herzen der Fans verankert.
Gewachsene Traditionen reichen von Schaffermahl und Eiswette bis zum

Hier geht es in die Böttcherstraße.

BÖTTCHERSTRASSE

populären, seit rund einem Jahrtausend mit wechselnden Ausrichtungen stattfindenden Freimarkt. Zu den jüngeren, alljährlich „Viertel" und Innenstadt aufmischenden Spektakeln gehören der bunte Samba-Karneval, La Strada und die Breminale. Bremen ist nicht nur Universitäts-, Musik- und Industriestadt (u. a. Stahl und Automobile), sondern seit dem Mittelalter auch eine Stadt des Weines (was viele nicht wissen) – und nach wie vor eine Stadt des Biers und des Kaffees.

BTZ (Bremer Touristik Zentrale)
Böttcherstr. 4 (im Haus des Glockenspiels)
28195 Bremen
0421/30 800 10
info@bremen-tourism.de
bremen-tourismus.de
Öffnungszeiten: Mo–Fr 9.30–18.30, Sa 9.30–17, So und feiertags 10–16 Uhr.
Tourist-Information Hauptbahnhof (im Hauptbahnhof gegenüber dem Reisezentrum der DB)
Öffnungszeiten: Mo–Fr 9–18.30, Sa–So (und feiertags) 9.30–17 Uhr.

Stadtführungen
Vielfältige Angebote allgemein und zu speziellen Themen wie Kunst, Geschichte, Literatur und Gastronomie, abends auch mit Nachtwächter. Ebenfalls für Kinder, z. B. zum Thema SV Werder.

Sehenswertes

Der Marktplatz

Das historische Zentrum und öffentliche Forum der Stadt gehört nach den herben Zerstörungen des Zweiten Weltkriegs wieder zu den ansehnlichsten Plätzen Deutschlands. Das markanteste Gebäude ist das zwischen 1609 und 1612 durch Lüder von Bentheim erbaute Rathaus. Des „ehrbaren Rates Steinhauer" transformierte das einst als steif empfundene gotische Rathaus in einen schmucken Renaissancebau mit drei Fassadengiebeln, anspielungsreichen Reliefs und Standbildern, Kolonnaden mit steinernen Bänken und repräsentativen Räumen im Inneren. Die obere Rathaushalle und die von Heinrich Vogeler 1905 gestaltete Güldenkammer sind besondere Schmuckstücke.
Der Bremer Ratskeller, literarisch geworden durch Hauff und Heine, ist ein Hort traditioneller Gastlichkeit, an dem seit der Errichtung des Rathauses eine reiche Auswahl an exquisiten deutschen Weinen ausgeschenkt wird. 1909 bis 1915 wurde in behutsamer Weise ein neues Rathaus als Erweiterungsbau an der Ostseite angefügt. Vor dem Rathaus steht mit dem steinernen Roland ein Ursymbol städtischer Freiheit. Die Spanne zwischen seinen beiden Kniespitzen hat die Länge einer Bremer Elle. Märchenhaft wird es an der Nordwestseite des Rathauses mit der von Gerhard Marcks geschaffenen Figur der vier Stadtmusikanten. Die von den vielen Berührungen polierten Vorderbeine des Esels dokumentieren den Wunsch zahlreicher Besucher, gerne wieder nach Bremen zurückkehren zu wollen; dorthin, wohin es die vier ausgemusterten Haustiere im Märchen nie geschafft haben.
Geht man im Uhrzeigersinn vom Rathaus aus weiter, erhebt sich etwas abseits vom Marktplatz auf dem höchsten Punkt der einstigen Düne mit dem Sankt-Petri-Dom die älteste Kirche Bremens. Das in den letzten zweihundert Jahren mehrfach restaurierte romanisch-gotische Gotteshaus vermittelt einen erhabenen Raumeindruck und wird gerne für Konzerte genutzt.
Eine der Krypten dient der stillen Einkehr, im Bleikeller schlafen mumifizierte Leichen ihren ewigen Schlaf, ein kleines Museum präsentiert u. a. Fundstücke aus den bei den Restaurierungen entdeckten Bischofsgräbern und vom 98 Meter hohen Turm hat man die ganze Stadt im Blick. Die Fassade ist spätes

Der Marktplatz.

19. Jahrhundert. Ganz mittleres 20. Jahrhundert hingegen ist das Haus der Bürgerschaft, in dem die bremische Volksvertretung über das Schicksal der Stadt und die Rahmenbedingungen der Lebensverhältnisse ihrer Bewohner ihre Entscheidungen fällt. Dem Rathaus gegenüber befindet sich mit dem Schütting das Haus der Kaufmannschaft. Der repräsentative Bau betont die hervorragende Bedeutung des Kaufmannsstandes für die Wirtschaft und Gesellschaft der Hansestadt und stellt eines der wenigen erhaltenen architektonischen Glanzlichter aus der historischen Vergangenheit Bremens dar. Man hat es liebevoll und mit prächtigem Fassadenschmuck nach den Verwüstungen des Zweiten Weltkriegs aus der Asche wiedererstehen lassen.

Einen Katzensprung entfernt, in der Langenstraße, wurde ein weiteres Juwel der Renaissance, die Stadtwaage, nach altem Plan 1961 wieder errichtet. Ursprünglich wurde sie 1586–88 von Lüder von Bentheim geschaffen. Heutzutage wird sie als Kulturhaus für kleinere Veranstaltungen wie Kammerkonzerte, Dichterlesungen und Vorträge genutzt.

In unmittelbarer Nähe der Stadtmusikanten beim Rathaus befindet sich die Liebfrauenkirche, eine gotische Hallenkirche nach westfälischem Vorbild. Sie ist das zweitälteste Gotteshaus der Stadt und beherbergt das älteste zugängliche Gewölbe Bremens. In dieser Krypta gibt es ein freigelegtes al secco gemaltes Bildnis zu sehen. Bei Sonnenschein glüht das Innere des Kirchenschiffs auf in den modernen Farben der leuchtenden Buntglasfenster des französischen Künstlers Alfred Manessier. Auch hier finden häufig Konzerte statt.

▸ Die Böttcherstraße

Neben dem Schütting führt eine enge Gasse vom Marktplatz zur Böttcherstraße. Es handelt sich dabei um das durch NS-Politik gefährdete und im Krieg teilweise zerstörte (mittlerweile längst wieder aufgebaute) Projekt des erfolgreichen Bremer Kaffeemagnaten Ludwig Roselius.
Anfang des 20. Jahrhunderts ließ sich dieser reiche Mann in einer abgewirtschafteten Gasse ein vom Verfall bedrohtes Haus aufschwätzen, um schließlich fast die ganze Gasse zu erwerben und den Bildhauer und Architekten Bernhard Hoetger 1923 damit zu beauftragen, die Ostseite in ein dem damaligen Zeitgeist entsprechendes Kulturzentrum zu verwandeln. So sind zwei Museen (s. Museen) entstanden, das täglich erklingende Glockenspiel der Seefahrer (Januar bis März um 12, 15 und 18 Uhr, April bis Dezember zwischen 12 und 18 Uhr zu jeder

Das Treppenhaus zum Himmelssaal.

Im Schnoor.

vollen Stunde), das Haus Atlantis mit seinem kulthaften Himmelssaal und abschließend das Robinson-Crusoe-Haus (denn Crusoes Familie, die Kreutzners, kommen, folgt man Defoes Roman, ursprünglich aus Bremen), das vom Architekten von Weyhe entworfen wurde. Die Westseite wurde von den Architekten Eduard Scotland und Alfred Runge gestaltet.

▸ Der Schnoor

Der Schnoor ist ein kleiner Stadtteil, der dem heutigen Besucher die Enge und Verwinkelung mittelalterlicher Gassen und Viertel in nahezu authentischer Form vor Augen führt. Vermutlich muss man hier auf die größte Dichte an Touristen in ganz Bremen gefasst sein. Dem tragen die vielen kleinen,

schnuckeligen Läden, Lokale und Galerien Rechnung. Ursprünglich lebten an der Balge, einem längst zugeschütteten Nebenarm der Weser, vor allem Handwerker, Fischer und kleine Kaufleute. Im zentral gelegenen Institut für Niederdeutsche Sprache (☏ 0421/324535) hält man das Platt der Region am Köcheln und im Bremer Geschichtenhaus (☏ 0421/33626-51) in nächster Nähe geistern Gestalten der Vergangenheit in einer Stunde durch drei Jahrhunderte. Das Packhaustheater (🌐 packhaustheater-im-schnoor.de) gegenüber dem Lokal „Kleiner Olymp" (Letzteres mit eigenem selbst gebrautem Bier) setzt eher auf unterhaltsame Alltagskomödien aus dem Hier und Heute. Für jung gebliebene Nostalgiker und Kinder gibt es auf zwei Stockwerke verteilt ein kleines Spielzeugmuseum.
Kontakt: Im Schnoor 24, ☏ 0421/320382.

▸ Die Sögestraße

Mehr Gasse als Straße, zudem verkehrsberuhigt, gehört die Sögestraße, neben der wenig malerischen Oberen Straße, zu den Hauptgeschäftsstraßen im Zentrum der Stadt. Straßenmusiker, Asphalt- und Porträtmaler sorgen für Unterhaltung. Besonders bei Kindern beliebt sind am Anfang (oder Ende) der Straße die bronzenen Schweine, nach deren lebenden Ebenbildern sie benannt ist.

▸ Das Wall-Forum

Auf dem Weg vom Markt ins „Viertel" kommt man am Gerichtshaus (erbaut 1892–95) vorbei. Seine reich gegliederten Fassaden und Mauern sind durch mehrere Reliefs, Wappen und eine Uhr geschmückt. Das folgende Gebäude ist das alte Polizeihaus, das ein gutes Jahrzehnt später entstand, aber nun nicht mehr von der Polizei genutzt wird. Nach inneren Umbauten beherbergt es die modern ausgerichtete zentrale Stadtbibliothek. Eine Sammlung deutscher Kriminliteratur liegt im Saal der Krimibibliothek als Präsenzlektüre aus. Es ist die einzige dieser Art in Deutschland und sie umfasst alle deutschsprachigen Krimis seit 1965. Im Foyer des in Wall-Forum umbenannten Gebäudes gibt es mehrere Lokale, eines davon serviert seine Gerichte in einem Baumhaus.

▸ Das „Viertel"

Das „Viertel" beherbergt das, was man gemeinhin die Bremer Szene nennt. Beginnend mit der Kulturmeile erstreckt sich dieser besondere Stadtteil von der Kunsthalle (s. Museen) über den Ostertorsteinweg und das Steintor nach Osten, einschließlich der Nebenstraßen und Gassen. Er zeichnet sich aus durch jede Menge unterschiedlichster Lokalitäten und Kneipen, zwei Programmkinos, mehrere Buchhandlungen, Läden aller Art, Galerien, Musikschuppen und Theater. In manchen Nebengassen sind abgesehen von den üblichen Graffiti große, bunte Wandgemälde unterschiedlichster Inhalte zu sehen. Die Bausubstanz kennt noch Gründerzeithäuser, aber auch moderne Einsprengsel. Allgemein lässt sich sagen: Hier ist immer etwas los, besonders natürlich an Samstagen, wenn kleine Märkte Publikum auch aus den anderen Stadtteilen anlocken oder wenn der Bundesligist SV Werder im benachbarten Weserstadion ein Heimspiel hat.

▸ Das Haus des Reichs

Das Finanzamt ist in der ehemaligen Firmenzentrale einer Wollkämmerei untergebracht. Im Stil der 1930er-Jahre errichtet, wirkt es nach außen wuchtig wie seine Vorbilder in New York oder Hamburg. Im Innern hat es zwei funktionstüchtige Paternoster und fein ausgestaltete Aufgänge im Art déco-Stil. Sehenswert auch der vom selben Stil geprägte Innenhof. Eine Kantine im Obergeschoss serviert einer hungrigen Öffentlichkeit nicht nur gutes Essen, sondern ebenso einen schönen Blick von der Dachterrasse auf die Wallanlagen und die Innenstadt.

Der Hauptbahnhof.

Kontakt: Rudolf-Hilferding-Platz 1, 28195 Bremen.

▸ Der Hauptbahnhof

Vom Stadtzentrum kommend sieht man durch den schmalen Durchlass eines neu errichteten, schnörkellosen Zweckbaus hindurch ein wie aus der Zeit gefallenes Gebäude aus rötlichem Stein mit zahlreichen allegorischen Figuren und Reliefs schüchtern durchspitzen. Es ist der Hauptbahnhof aus der Gründerzeit des späten 19. Jahrhunderts, dessen Stil mit Neo-Renaissance und/oder Historismus bezeichnet wird. Er gehört zu den von den Bremern fast allgemein besonders geschätzten Gebäuden, sicher auch weil ihnen die Fassade und die große Halle etwas zu schauen bieten, obwohl die Reisenden meist keine Zeit haben, groß zu gucken, es sei denn, die Züge haben zufällig mal Verspätung.

▸ Der Backsteinelefant

Hinter dem Hauptbahnhof im Nelson-Mandela-Park steht ein einst als Reichskolonialdenkmal errichteter Elefant in Übergröße. Mittlerweile ist er zu einem Antikolonialdenkmal umgewidmet worden. Steine und Erde aus der Omaheke-Wüste Namibias erinnern an das todbringende Vorgehen der deutschen Kolonialtruppen gegen die einheimische Bevölkerung.

▸ Die Überseestadt

Eine irgendwie seltsam moderne Sehenswürdigkeit ist die Überseestadt. Sie besteht aus umgebauten und umgewidmeten Speichern und Hafenschuppen (s. Museen), den Wasserbecken des Europa- und des Holzhafens, einem Logistikzentrum und anderen noch oder wieder genutzten Gewerbegebieten, einer Ansammlung neuer, dicht an dicht gebauter Behausungen und unterschiedlichster Lokalitäten.

Ein frisch aufgeworfener Sandstrand mit Blick auf die Hafenszenerie, eine Skater-Anlage, eine nostalgische Kaffeerösterei, eine gläserne Manufaktur für feine Brände und eine Bar hoch über dem Europahafen erweitern den neuen alten Stadtteil, dessen Entwicklung im vollen Gange ist, um zusätzliche Facetten.

▸ Der Fallturm

Im Bereich der Uni Bremen steht der weithin sichtbare, 146 m hohe Fallturm, der für wissenschaftliche Experimente in kurzzeitiger Schwerelosigkeit genutzt wird. Er ist in seiner Art einzig in Europa. Auf der Webseite kann man anhand eines Kalendariums erkennen, wann man als Gruppe oder als Individuum an einer Führung teilnehmen kann. Inhalt der Führung ist es, den Besucher mit der im Turm betriebenen Forschung vertraut zu machen.

Kontakt: Am Fallturm 2, 28359 Bremen, 0421/218/57 900, zarm.uni-bremen.de

▸ Das Aalto-Hochhaus

Die schlanke, leicht gewölbte, elegante, 65 Meter hohe Wohnscheibe in der Neuen Vahr wurde in Abwandlung früherer Bauhaus-Konzepte vom finnischen Architekten Alvar Aalto (1898–1976) in Zeiten großer Wohnungsnot nach dem Krieg für alleinstehende Arbeitnehmer entworfen. Sie war bis in die 1970er-Jahre hinein das höchste Wohnhochhaus in Deutschland. Heute, da es viele Einzelhaushalte gibt, ist dieses Hochhaus mehr denn je gefragt und sehr beliebt, nicht zuletzt, weil jede Wohnung einen individuellen Zuschnitt hat.

Kirchen

▸ Die Sankt-Martini-Kirche

Wer noch nie einen reich verzierten Orgelprospekt gesehen hat, ist hier richtig. Es handelt sich um einen der aufwendigsten und schönsten Nordeuropas aus dem Jahre 1603. Außerdem ist das Glockenspiel der knapp 800 Jahre alten Kirche hörenswert. 17 Glocken lassen den weltweit bekannten Choral „Lobe den Herren, den mächtigen König der Ehren" in der Regel dreimal täglich erklingen. Dieser wurde vom Prediger Joachim Neander, dem Namensgeber des Neandertals und damit indirekt des Neandertalers, speziell für diese Kirche komponiert.

Kontakt: Martinikirchhof 3, 28195 Bremen, st-martini.net

Das Aalto-Hochhaus.

▸ Die Kirche Sankt Stefani

Sankt Stefani ist ein 2007 zur Kulturkirche umgewidmetes Gotteshaus, dessen Baugeschichte bis ins 12. Jahrhundert zurückgeht. Die Umwidmung – es war in Norddeutschland die erste – hängt damit zusammen, dass sich durch die massiven Zerstörungen des Zweiten Weltkriegs und die folgenden Wegzüge aus dem Stefaniviertel die ursprüngliche Gemeinde von 40 000 Seelen auf weniger als 1500 verkleinert hatte. In Sankt Stefani finden viel beachtete Konzerte, Ausstellungen, Vorträge, Lesungen, Diskussionen und Filmvorführungen statt. Programm unter kulturkirche-bremen.de.

Museen

Das Überseemuseum

Das um zwei großzügige Lichthöfe angeordnete, imposante, mehr als hundert Jahre alte Museum verfügt über eine Ansammlung von Fundstücken aus aller Welt, die in dieser Mischung aus Völker-, Handels- und Naturkunde in Europa wohl einmalig ist. Wissenschaftlich fundierte, hochaktuelle und faszinierende Sonderausstellungen ergänzen regelmäßig die ohnehin schon umfassende ständige Ausstellung. Sei es ein nostalgisches Tierdiorama, ein Einbaum aus Ozeanien, eine Jurte aus der Mongolei, eine der Mitmachstationen: Das Museum bietet mit seiner Fülle an exotischen Exponaten und Erklärungen jedem Interessierten, was er sucht. Angeschlossen ist zudem ein „Übermaxx" genannter, zugänglicher, riesiger Fundus außergewöhnlicher Fundstücke im Cinemaxx.

Kontakt:. Bahnhofsplatz 13, 28195 Bremen, 0421/160 38-0, uebersee-museum.de

Das Universum

Wer gern selbst den Naturgesetzen auf die Schliche kommen möchte, bekommt dazu im wissenschaftlichen Appetitmacher „Universum" reichlich Gelegenheit. An rund 250 Stationen kann man Experimente durchführen, naturwissenschaftliche Phänomene abrufen oder ungewöhnliche sinnliche Erfahrungen machen. Letzteres beispielsweise beim „Speisen im Dunkeln". Das muschelförmige Gebäude mit der silbrig glänzenden Außenhaut ist zudem ein absoluter architektonischer Hingucker. Sonderausstellungen zu den das Haus bestimmenden Themen „Mensch, Erde, Kosmos" helfen den eigenen Horizont und den von Kindern und Jugendlichen ständig zu erweitern.

Kontakt: Wiener Straße 1A, 28359 Bremen, 0421/33 46-0, universum-bremen.de

Da staunt der Fuchs.

Das Focke-Museum

Das Bremer Landesmuseum für Kunst und Kulturgeschichte ist aus dem Zusammenschluss der Sammlungen eines Gewerbe- und des Historischen Museums entstanden. Dies ist ein Grund für die Vielgestaltigkeit dieser auf mehrere Häuser verteilten

Exponate aus der reichen Vergangenheit der Stadt. Der originale Kopf des Roland und ein Seenotkreuzer sind ebenso zu sehen wie ein Borgward aus Bremer Fertigung oder das „Zimmer einer jungen Frau“ im schönsten Jugendstil von Heinrich Vogeler. Die aufwendig gemachten Sonderausstellungen, auch zu populärer Kultur, erfreuen sich großer Beliebtheit.
Kontakt: Schwachauser Heerstr. 240, 28213 Bremen, 0421/699600-0, focke-museum.de. Eine Außenstelle des Museums ist eine funktionsfähige Windmühle in Oberneuland.

▸ Die Kunsthalle

Die Mehrzahl der Kunstmuseen in Deutschland wurde von adeligen Territorialherren initiiert und später von staatlichen Stellen in Obhut genommen. Nicht so die Bremer Kunsthalle. Ihr Träger ist nach wie vor ein privater bürgerlicher Kunstverein, der sich in den 1820er-Jahren gegründet hat und heute von rund 9000 Mitgliedern und Förderern unterstützt wird. Die Sammlungen präsentieren Exponate aus über 600 Jahren Kunstgeschichte von Dürer, da Vinci und Rembrandt über Monet, Manet und van Gogh, Corinth, Liebermann und Barlach bis zu Nam Jun Paik und jüngeren. Das Kupferstichkabinett gehört mit 200 000 Handzeichnungen und Druckgrafiken zu den bedeutendsten weltweit. Einen unwiderstehlichen Sog erzeugen unter Kunstliebhabern die themen- oder künstlerzentrierten Sonderausstellungen.
Kontakt: Am Wall 207, 28195 Bremen, 0421/329 080, kunsthalle-bremen.de

▸ Die Weserburg – Museum für moderne Kunst

In ehemaligen, nach den Zerstörungen des Krieges wieder errichteten mächtigen Speicherhäusern am nordwestlichen Ende des Stadtwerders gegenüber der Schlachte hat die zeitgenössische Kunst seit 1991 ein

Das Funkeln des Universums.

zentrales Domizil. Eine Fußgängerbrücke verbindet das Museum mit der Innenstadt. Aus eigenen und fremden Sammlungen werden Ausstellungen bestückt, die dem Verstand und Kunstgeschmack des Betrachters alles Denk-, Vor- und Unvorstellbare abverlangen.
Kontakt: Teerhof 20, 28199 Bremen, 0421/598 390, weserburg.de

▸ Das Gerhard-Marcks-Haus

In einem ehemaligen Zollhaus wird das künstlerische Vermächtnis des namensgebenden Bildhauers für die Nachwelt aufbewahrt und aufbereitet und in regelmäßig stattfindenden Sonderausstellungen in

Beziehung gesetzt zu den Werken zeitgenössischer Kunstschaffender von einst und jetzt.
Kontakt: Am Wall 208, 28195 Bremen, 0421/9897520, marcks.de

Das Wilhelm-Wagenfeld-Haus

Das architektonische Pendant zum Gerhard-Marcks-Haus ist eine Fundgrube für die Freunde einer formschönen Gestaltung von Alltagsgegenständen. Neben den Schöpfungen von Wagenfeld selbst, wie der berühmten Wagenfeld-Lampe, eröffnen Sonderausstellungen den Blick auf eine faszinierende Welt des Designs, wie sie seither und heute in immer neuen Varianten erstrahlt.
Kontakt: Am Wall 209, 29195 Bremen, 0421/3399933, wilhelm-wagenfeld-stiftung.de

Das Paula Modersohn-Becker-Museum und das Roselius-Haus

Das erste je einer Künstlerin gewidmete Museum steht mitten in der Böttcherstraße. Die früh verstorbene Paula Modersohn-Becker behauptet mit ihrer unprätentiösen Bildsprache einen eigenständigen Rang unter den Vertretern der Künstlerkolonie Worpswede. Das Museum bietet in seinen Sonderausstellungen gerade Künstlerinnen, die gerne übersehen wurden, ein viel beachtetes Forum. Das im Eintritt inbegriffene Roselius-Haus präsentiert persönliche Sammelstücke von Ludwig Roselius. Sie umfassten Kunst- und Kunsthandwerk aus Nordeuropa, darunter wertvolle Möbel, Gemälde wie die Porträts von Luther und seiner Gattin Katharina von Bora (beide von Lucas Cranach d. Ä.), Wandbehänge und Teppiche. In der Schatzkammer ist zudem der Silberschatz einer Bruderschaft von Kaufleuten aus dem Estnischen zu sehen.
Kontakt: Böttcherstr. 6–8, 28195 Bremen, 0421/3388222, museen-boettcherstrasse.de

Das Olbers-Planetarium

Das abwechslungsreiche Programm für Sterngucker thematisiert die Phänomene und Geheimnisse des Alls, manchmal untermalt von den begleitenden Weisen der Stars und Sternchen am Himmel der musikalischen Unterhaltung.
Kontakt: Werderstr. 73, 28199 Bremen, 0421/408899300, Veranstaltungskalender unter planetarium.hs-bremen.de

Das Hafenmuseum

Obwohl Bremen entgegen mancher landläufigen Meinung im südlichen Deutschland nicht am Meer liegt, hat es über die Weser maritimen Zugang zur Nordsee und somit einen mehr oder minder hochseetüchtigen

Das Roselius-Haus.

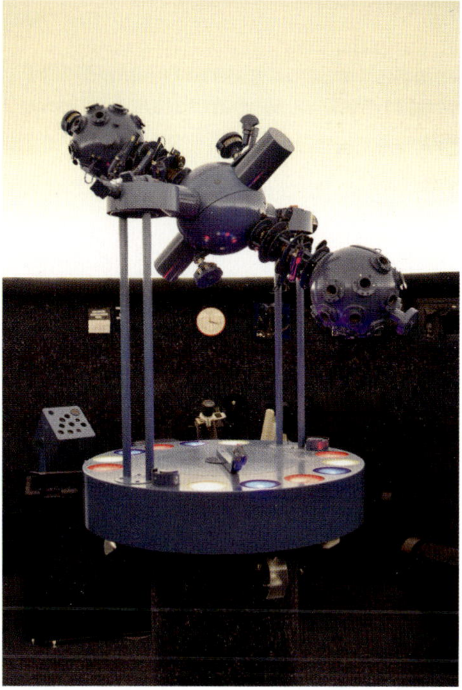

Die Sterne im Blick.

Hafen. Wer wissen will, was das für die unmittelbar Betroffenen, die Stadt, den Fluss, die Ökonomie und das Leben insgesamt bedeutet(e), muss sich in die Überseestadt aufmachen. In einem echten ehemaligen Speicher ist dieses Leben museal eingefangen, auch durch abhörbare Augenzeugenberichte früherer Hafenarbeiter.
Kontakt: Am Speicher XI 1, 28217 Bremen, 0421/3038279, hafenmuseum-speicherelf.de

Das Krankenhaus-Museum

Das Museum dokumentiert rund 200 Jahre des gesellschaftlichen Umgangs mit Menschen, denen man die Normalität abgesprochen hat, darunter das ungeheuerliche Kapitel der faschistischen Ausmerzung von leidenden Menschen, denen man staatlicherseits das schlichte Recht auf Leben verweigerte. Neben der ständigen Ausstellung finden Sonderausstellungen von Kunstwerken in der Galerie im Park im selben Gebäude statt, bei denen Themen wie Wahnsinn im Wandel, Depressionen, Was ist Normalität etc. von Künstlern gestaltet wurden. Das Haus im Park, das wie das Krankenhaus-Museum auf dem Terrain des Klinikums Bremen-Ost steht, dient mit seinen kulturellen Veranstaltungen demselben Ziel der gesellschaftlichen Öffnung, auch wenn die Veranstaltungen darauf nicht unbedingt Bezug nehmen.
Kontakt: Züricher Str. 40, 28325 Bremen, 0421/4081757, kulturambulanz.de

Das Rundfunkmuseum

Eine Welt ohne Spotify und Streaming scheint undenkbar. Denkste! Im Rundfunkmuseum taucht man ein in die mittelalterlich anmutende Welt der Medien vor dem Internet. Vom einfachen Detektorradio über den rauschenden Schwarz-Weiß-Fernseher bis zu den ersten Videogeräten offenbart sich die ganze Bandbreite früherer Übertragungsmittel. Und wer wissen will, wie im Haushalt der Familie Borgward Musik und Hörfunk konsumiert wurden, wird mit dem Blick auf eine extravagante und aus der Zeit gefallene Phonotruhe der Marke Blaupunkt belohnt.
Kontakt: Findorffstr. 26, 28215 Bremen, 0421/357406, bremer-rundfunkmuseum.de

Das Schulmuseum

Im einzigen Jugendstil-Schulgebäude der Stadt werden Inventar und Zeugnisse vergangener Erziehungsepochen aufbewahrt und anschaulich zugänglich gemacht. Heinz Rühmann und die Feuerzangenbowle lassen grüßen.
Kontakt: Auf der Hohwisch 61–63, 28207 Bremen, 0421/696233-0, schulmuseum-bremen.de

Das Wuseum
Als Zeichen dafür, dass der Fußball mittlerweile eine Bedeutsamkeit erlangt hat, wie sonst nur hoch angesehene Kulturtätigkeiten (von religiösen Zügen gar nicht zu reden), hat der die Stadt sportlich weltweit repräsentierende Verein SV Werder Bremen selbstverständlich neben der Arena selbst eine Weihestätte in Form eines Museums. Kultgegenstände und Reliquien vergangener Triumphe ebenso wie Videosequenzen großer Spiele und Momente halten die Erinnerung an die legendären „Wunder von/an der Weser" aufrecht.
Kontakt: Franz-Böhmert-Str. 1, 28205 Bremen, 0421/434590, werder.de

Theater und Unterhaltung

Das Theater am Goetheplatz
Das Flaggschiff aller Spielstätten mit einer erstaunlichen Skala an Sparten, einschließlich eines Jungen Theaters, ist das Theater am Goethe-Platz an der Schnittstelle zwischen Kunsthalle und Viertel. Ob Oper, Ballett, Schauspiel, Kleinkunst, Liederabend, Tanztheater oder Musical: Hier wurde in den 1960- und 70ern der „Bremer Stil" ins Leben gerufen, der die deutsche Theaterszene bis heute beeinflusst.
Kontakt: Goetheplatz 1, 28203 Bremen, 0421/3653333, theaterbremen.de

Das Theater am Leibnizplatz der Bremer Shakespeare Company
Dieses seit 1983 existente Theater hat seinem Namen gemäß überwiegend, aber nicht nur, den englischen Barden (teilweise in eigenen Übersetzungen) im Programm. Das Theater war in der Vergangenheit wegen diverser Tabubrüche regelmäßig Stadtgespräch, zumal es von Anfang an den Versuch unternahm, mit flachen Hierarchien zu arbeiten. Im Sommer tritt die „Company" eine Woche lang im Freien an der Melchersbrücke im Bürgerpark auf.
Kontakt: Schulstr. 26, 28199 Bremen, 0421/500222, shakespeare-company.com

Die Glocke
Mit einer Akustik ausgestattet, die selbst Karajan begeistern konnte, setzt die Glocke Jahr für Jahr Glanzpunkte der musikalischen Unterhaltung, ob klassisch oder Weltmusik, ob großes Orchester oder Soloauftritte. Begeisternd und hörenswert.
Kontakt: Domsheide 4, 28195 Bremen, 0421/33 66 99, glocke.de

Der alte Sendesaal
Den alten Sendesaal von Radio Bremen hatten viele bereits abgeschrieben, da retteten ihn im letzten Moment eine Bürgerinitiative, umsichtige Investoren und Sponsoren. Seither trifft sich die internationale musikalische Crème de la crème in diesem für Aufnahmen idealen Saal. Der Besucherandrang ist groß. Da es keine Platzkarten gibt, empfiehlt sich ein frühes Erscheinen. Das Lokal „Geerdes am Sendesaal" sorgt vor den Vorstellungen für eine gelungene kulinarische Einstimmung, sofern man rechtzeitig bestellt.
Kontakt: Bürgermeister-Spitta-Alle 45, 28329 Bremen, 0421/33004991, sendesaal-bremen.de

Das GOP
Bremens Varieté-Theater bietet in einem stilvollen Ambiente ein artistisches Programm der Sonderklasse, das mit allen Shows dieses Genres in den Metropolen der Welt konkurrieren kann. Atemberaubend und unterhaltsam, glanzvoll und mitreißend, mal nostalgisch, mal avantgardistisch, stets „top of the line".
Kontakt: Am Weser-Terminal 4, 28217 Bremen, 0421/89898989, variete.de

Das Metropol Theater

Wo sich früher im Zentralbad die Badenixen vergnügten, berauschen sich heute im zur großzügigen Spielstätte umgebauten Gebäude die Freunde eingängiger Musik an aufwendig inszenierten Musicals, Operetten und Konzerten. Im riesigen Saal finden über 1400 Besucher Platz und so viele kommen auch.

Kontakt: Richtweg 7, 28195 Bremen, 0421/9888500, metropol-theater-bremen.de

Das Fritz-Theater

Lange war Bremen ohne Varieté geblieben, obwohl es in der Stadt während der Weimarer Republik und danach mit dem Astoria ein überregional bekanntes, glamouröses und erfolgreiches Etablissement gegeben hatte. An diese Tradition anknüpfend hält das Fritz seit 2010 mitten in der Stadt mit einem Mix aus Kleinkunst, Comedy, Varieté, Kabarett, Schlagerpotpourris, Parodien, Kindertheater, Travestie, Casting-Shows und allem, was sonst noch unterhaltsam ist, erfolgreich die Stellung. In jedem Fall eine besondere Facette und Bereicherung des städtischen Amüsements.

Kontakt: Herdentorsteinweg 39, 28195 Bremen, 0421/41650580, fritz-bremen.de

Noch mehr Unterhaltung

Mit den bisher genannten Institutionen ist das Unterhaltungsangebot der Stadt keineswegs erschöpft. Auch die im Folgenden genannten Aufführungsorte können nur eine Auswahl sein, zumal ständig neue Spielstätten eröffnet werden und manchmal leider auch wieder schließen müssen.

Gleich beim Fritz-Theater zwei Ecken weiter, neben dem kommunalen Kino City 46, das, nur nebenbei erwähnt, besondere Filme zeigt, die es nie in die Mainstreamkinos schaffen, werden praktisch aus dem Stegreif einmalige Bühnenstücke auf Zuruf aus dem Publikum aus dem Ärmel geschüttelt: **Improtheater** halt (Birkenstr. 1, 28195 Bremen, 0151/06553025, improtheater-bremen.de). Im rückwärtigen Bereich der Union-Brauerei begeistert das **Bremer Kriminaltheater** (Theodorstr. 13A, 28219 Bremen, 0421/16691758, bremer-kriminal-theater.de) mit Thrillern voller Nervenkitzel und an der Weser das **Theaterschiff** (Tiefer 104, Anleger 4, 28195 Bremen, 0421/7908600, theaterschiff-bremen.de) mit humorvollen Stücken das jeweilige Publikum.

Session im Schlachthof.

Montagabends finden auf Letzterem auch Musiksessions bei freiem Eintritt statt. Das **Theater 62** (Lessingstr. 12, 28203 Bremen, 0421/490899, theater62bremen.de) richtet sich mit seinen Stücken in erster Linie an Kinder und Jugendliche. **Mensch, Puppe!,** das Bremer Figurentheater (Schildstr. 21, 28203 Bremen, 0421/79478318, menschpuppe.de) spricht auch Erwachsene an. Das mit gut 20 Sitzplätzen kleinste Theater Bremens, der **Literaturkeller** im Souterrain desselben Gebäudes (0421/7926586,

🌐 literaturkeller-bremen.de) bietet szenische Leckerbissen als Ein-Mann-Show bzw. als Zwei-Personen-Stück.
Gleich daneben befindet sich das **Kulturzentrum Lagerhaus** (Schildstr. 12–19, 28203 Bremen, ☏ 0421/70100010, 🌐 kulturzentrum-lagerhaus.de), das so etwas wie der kulturelle Nabel der Szene des Viertels ist. Im Viertel gibt es, nur um die traditionsreichsten Musikschuppen zu nennen, seit den 1960ern die **Lila Eule** (Bernhardstr. 10/11, 28203 Bremen, ☏ 0421/7940664, 🌐 lilaeule.com) und das (oder den) **Römer** (Fehrfeld 31, 28203 Bremen, ☏ 0421/7946598), neuerdings an der Stelle des „Moments" den **Club Amélie** (Vor dem Steintor 65, 28203 Bremen, ☏ 0421/7926633, 🌐 club-amelie.de). In der Neustadt links der Weser gibt es neben der renommierten Shakespeare Company noch das **Schnürschuh Theater** (Buntentorsteinweg 145, 28201, Bremen, ☏ 0421/555410, 🌐 schnuerschuhtheater.de), das mit Dramen, die z. T. von aktuellen Romanen adaptiert wurden, brilliert oder Gastbühnen brillieren lässt, und die **Schwankhalle** (Buntentorsteinweg 112/6, 28201 Bremen, ☏ 0421/5208070, 🌐 schwankhalle.de) mit einem vielfältigen und abwechslungsreichen Programm.
Im **Modernes** (Neustadtwall 28, 28199 Bremen, ☏ 0421/505553, 🌐 modernes.de) sind gut besuchte Partynächte, Rudelsingen und Popkonzerte Trumpf. Gut zu Fuß von der Schlachte aus erreichbar ist der **Meisenfrei Blues Club** (Hankenstr. 18, 28195 Bremen, ☏ 0421/15223, 🌐 meisenfrei.de), wo sich zur Freude eines jahrgangsübergreifenden Publikums die heißesten Bands der ganzen Welt und aus der Region gegenseitig die Klinke in die Hand geben. Auf dem Gelände des ehemaligen städtischen Schlachthofs hat sich in dem übrig gebliebenen Gebäude das **Kulturzentrum Schlachthof** (Findorffstr. 51, 28215 Bremen, ☏ 0421/377750, 🌐 schlachthof-bremen.de) mit einem reichhaltigen Programm etabliert. Im alten Kesselraum jagt ein (meist musikalischer) Höhepunkt den nächsten. Eine Kneipe gehört ebenso zum Komplex wie eine Skateboardanlage und ein Freilichtodeon für sommerliche Theater- oder Musikveranstaltungen und Filmvorführungen. Ein Spielort in Findorff an einem Kleingartengelände ist besonders abgefahren. Es ist das **Alte Pumpwerk** (Salzburger Str. 12, 28219 Bremen, ☏ 0421/9881111, 🌐 altespumpwerk.de), in dem man vor und notfalls auch auf den blankpolierten Pumpen musiziert und agiert. Jeden ersten Sonntag im Monat (von 15–18 Uhr) kann man das zugehörige Museum besichtigen.
Für Großveranstaltungen, sei es Musik, sei es Comedy, hat sich das **Pier 2** (Gröpelinger Fährweg 6, 28237 Bremen, ☏ 0421/6918181, 🌐 pier-2.de) einen Namen gemacht.
Wer einfach nur „abhotten" will, sucht sich in der **Disco-Zeile** (Meile wäre etwas übertrieben) am Breiten Weg an der Hochstraße den zu seiner Musiklaune passenden Schuppen. Messer und andere Waffen sind im dortigen Bereich nicht nur nicht gern gesehen, sondern – wer hätte das gedacht? – gesetzlich und grundsätzlich verboten. Wer von wem auch immer belästigt wird, gibt an der Bar den vereinbarten Code an, etwa „Ist Luisa da?", und kann dann unmittelbar mit Hilfe rechnen.

Freizeit und Natur

▸ Die Schlachte
Die Kneipenzeile mit Biergartencharakter auf dem Hochufer über der Weser brummt besonders in der warmen Jahreszeit. Neben coolen Drinks und lockerer Konversation geht es um sehen und gesehen werden. Aufbretzeln, Goldkettchen und Designeruhren sind keine Pflicht, kommen aber im Schatten unter Platanen und anderen Bäumen nicht

selten vor. Speisen kann man auch an Bord der vor Ort vertäuten Schiffe.

Die Wallanlagen

Die ehemaligen Wälle und Wassergräben, die die Stadt vor Angriffen schützen sollten, wurden im frühen 19. Jahrhundert in öffentliche Parkanlagen umgewandelt. Heute kann man hier in Citynähe lustwandeln, den ältesten Baum der Innenstadt besichtigen, in oder vor einer Windmühle Kaffee trinken, auf den Bänken des Theatergartens einen weniger bekannten Bremen-Roman lesen (beispielsweise „Ich war Pierre, Pjotr, Peter“ von dem Franzosen Yves Bertho), ein Selfie mit einer Loriot-Figur auf einer Bank schießen oder die eine oder andere Skulptur bewundern, darunter auch einen sitzenden Heine hinter der Kunsthalle. An der Altmannshöhe über der Weser hat man einen schönen Blick auf die imposante „umgedrehte Kommode“, einen ehemaligen, sofort ins Auge fallenden Wasserspeicher jenseits der Weser.

Blick zur „umgedrehten Kommode“.

Der Bürgerpark

Jenseits des Hauptbahnhofs, der zugeparkten Bürgerweide und des Kongresszentrums beginnt mit dem Bürgerpark eine Oase der Erholung nahe am Stadtbereich. Hinter einem querenden Bahndamm geht er in den Stadtwald über, von dem aus man direkt hinaus aufs platte Land gelangt. Neben einem Hotel, vier besonderen Lokalen (zwei regelmäßig mit Livemusik: die Waldbühne und das Haus am Walde), Kinderspielplätzen, Tischtennisplatten, Boulebahnen, einem Minigolfplatz, einem Fitnessparcours, einem Naturlehrpfad und Kahntouren gibt es ein bei Jung und Alt beliebtes Gehege mit knapp 20 Tierarten, darunter Bunte Bentheimer Landschweine, Esel, Alpakas, Pfauen und Damwild. Hinter dem Stadtwald im Nordwesten liegt der Unisee (s. Badeseen) und jenseits der Autobahn der Kuhgrabensee. Letzterer steht unter Naturschutz, weshalb Baden dort nur Fischen, wildem (Klein-) Getier und Vögeln erlaubt ist.

Die Bunten Bentheimer Ferkel.

▸ Der Rhododendron-Park

Eine weitere besondere Erhol- und Erlebnisstätte ist der zweigeteilte Rhododendron-Park: Es gibt einen öffentlichen Park und das besuchenswerte Grüne Wissenschaftszentrum Botanika mit einer vorwiegend asiatischen Pflanzenwelt, einem Buddha, Teehaus, einem Bonsai-Garten und vielem mehr. Auf 46 ha beherbergt der Rhododendron-Park mit der Botanika zusammen die zweitgrößte Ansammlung von Rhododendren und Azaleen der Welt mit knapp 600 Wildarten und 3500 Züchtungen. Nur der Besitz der englischen Königin übertrifft diese Zahl.
Die Vielfalt beschränkt sich indes nicht auf die angesprochenen Pflanzen, denn es gibt neben anderem einen Gewürzgarten, eine Abteilung für alpine Flora, sodass sich ein Besuch auch vor und nach der Blütezeit der Rhododendren und Azaleen im Mai lohnt.
Kontakt: Botanika Bremen, Deliusweg 40, 28359 Bremen, ☏ 0421/427066-65, weitere Infos auf 🌐 botanika-bremen.de. Das Restaurant Bloom ist tägl. von 11 bis 18 Uhr geöffnet.

▸ Der Park links der Weser

Wegen des Flughafenausbaus musste die Ochtum, ein kleiner Bach, nach Westen verlegt werden. Diese Maßnahme hat man genutzt, um einen Naturpark zu schaffen, der der einheimischen Flora und Fauna eine geschützte Heimstatt bietet. Per Pedes, Rad oder Skates lässt sich dieses Biotop auf asphaltierten Wegen erkunden. Sehenswert sind die angelegten Streuobstwiesen und seltene Vögel wie der Eisvogel.

▸ ☺ Der Sportgarten

Südlich des Osterdeichs erstreckt sich entlang der Weser vom Weserstadion bis zur Karl-Carstens-Brücke (im Volksmund: Erdbeerbrücke) ein Areal mit verschiedenen Sportplätzen, Kleingärten, einer Aue und einem Streichelzoo. Direkt beim Jürgenshof befindet sich der Sportgarten, der von der Halfpipe über eine Kletterwand bis zu Tennis und Reiten Einrichtungen für rund 20 Sportarten bereit hält.
Kontakt: Osterdeich 800, 28205 Bremen, ☏ 0421/75808, 🌐 sportgarten.de

▸ Fahren mit dem Torfkahn

In Findorff kann man sich von einem kleinen Hafen jenseits des Messezentrums aus mit einem Torfkahn über ein Fleet entlang des Bürgerparks ins Umland schippern lassen. Anlaufstellen sind Lokale am Fleet und an der Wümme.
Kontakt: Abfahrt Neukirchstr. 1, 28215 Bremen, Infos und Buchung 14 Tage im Voraus im Bremer Geschichtenhaus im Schnoor, Wüste Stätte 10, oder ☏ 0421/33626-51, per Fax: 0421/33626-52 oder per E-Mail ✉ buchung@torfkaehne.de.

Mit dem Torfkahn unterwegs.

Abendstille im Blockland.

▸ ☺ Das Blockland

Eine Runde (rund 25 km) mit dem Fahrrad (oder den Skates) auf den Deichen des Blocklands an der Wümme gehört zu den leichtesten Übungen, um schnell mal dem Trubel der Stadt zu entkommen. Für Skater ist wegen des Belags vor allem der Streckenabschnitt auf dem Deich zwischen Kuh- und Dammsiel empfehlenswert.

▸ Höpkens Ruh

Von der Oberneuländer Landstraße in Oberneuland geht der Park „Höpkens Ruh" ab. Er erstreckt sich wie ein Handtuch Richtung Hollerdeich und Wümmewiesen und ist gut für einen erholsamen Spaziergang. Er hat besonders alte Bäume (Achtung: herabfallende Äste!) und beherbergt deshalb in aufgelassenen Nisthöhlen den geschützten Juchtenkäfer.

▸ ☺ Strandbäder am Fluss (eine Auswahl)

An der Weser sollte man nur im seichten Uferbereich ins Wasser gehen, weil die Strömung und der Schiffsverkehr lebensgefährlich werden können. Das trifft insbesondere für den beliebten und nah am Zentrum gelegenen Weserstrand mit Blick auf die Stadtsilhouette beim Café Sand zu. Familien und Beachvolleyballer bilden das Gros der Besucher. Einen besonderen Reiz hat die Anfahrt zum Strand mit der Sielwallfähre vom rechten Ufer. An der Ufer-Aue bei Habenhausen flussaufwärts ist Baden erlaubt, auch wenn es keine Aufsicht gibt. Nur Strand ohne Baden ist am neu aufgeschütteten Waller Sand in der Überseestadt angesagt. Man blickt über das Wendebecken des Hafens auf Kräne, Schiffe, Lagerhäuser und -flächen.

▸ Badeseen (eine Auswahl)

Im Bremer Stadtbereich laden eine Reihe von Badeseen zum Wasser- und Strandsport ein.

Der Strand beim Café Sand.

Die meisten von ihnen sind, auch wenn sie mittlerweile wie natürliche Seen aussehen, entstanden, weil man zum Bau von Uni, Autobahn, Wohn- und Industriearealen dem Boden im großen Umfang Sand und Kies entnommen hat. Nicht so beim **Werdersee,** der ein abgeschnittener und umgestalteter Nebenarm der Weser und am nördlichen Ende mit ihr verbunden ist. Er ist der größte Badesee der Stadt und dient auch der Ausrichtung von Regatten. An seinen Ufern ist an drei ausgewiesenen Stätten Grillen erlaubt, was bei Feierlaune nicht ganz geräuschlos abgeht. Er ist aber groß genug und hat auch abgeschiedene Uferstellen.
Am **Uni-See** (offiziell: dem Stadtwaldsee) jenseits des Stadtwaldes geht es ähnlich lebhaft zu. Wie am Werdersee gibt es hier einen abgetrennten Nichtschwimmerbereich, zudem einen abgeschirmten FKK-Strand. Schwimmen, Windsurfen, Tauchen und Stand-up-Paddeln sind hier Standard.
Zwischen Wümme und Walle im Blockland befindet sich der **Waller Feldmarksee,** umgeben von Bäumen und Buschwerk. Er ist groß genug, dass ihn sich Schwimmer und Windsurfer teilen. Für Kinder gibt es einen kleinen Spielplatz. An der Franz-Schütte-Allee in Oberneuland befindet sich der **Achterdieksee.** Sein Wasser ist leicht salzig, Bäume in Ufernähe bieten Schatten. Eine Brücke trennt den Schwimmer- vom Nichtschwimmerbereich. Bei ungünstigem Wind hört man deutlich die Autobahn A27. Für Kinder gibt es einen Spielplatz.
Ebenfalls in Autobahnnähe (A27) weiter südöstlich befindet sich der **Bultensee** am Rand von Osterholz-Tenever. Er ist einer der kleineren Bremer Badeseen und hat seit 2018 einen Sandstrand. Sein Wasser hat eine leicht bräunliche Färbung, was aber gesundheitlich unbedenklich ist. Der große,

zum namengebenden Stadtteil gehörige **Mahndorfer See** liegt in der Nähe der A1 und reicht über die Bremer Landesgrenze nach Niedersachsen hinein. Zwei kleine Inseln im See stehen unter Naturschutz und dürfen nicht betreten werden. Es gibt einen Nichtschwimmerbereich und einen FKK-Strand.
Der kleinste Bremer Badesee ist die **Rottkuhle** in der Nähe des alten Ortskerns von Arbergen. Er ist durch einen Deichbruch entstanden und nachträglich so gestaltet worden, dass er wie ein Schwimmbecken neben einer großen Liegewiese aussieht. Er wird von einem Verein betrieben und kostet daher Eintritt. Auch hier hört man die A1.
Der **Sodenmattsee** im Stadtteil Huchting liegt in einer parkähnlichen Anlage mit großen Laubbäumen. Es gibt einen kleinen Sandstrand und einen Grillplatz.

Schwimmbäder (eine Auswahl)

Schwimmbäder sind in Bremen ein Kapitel für sich, denn wie es scheint, ziehen Politik und Bürger nicht immer am selben Strang. Die Politik will aus Kostengründen Bäder schließen, umbauen oder verkleinern, womit viele Bürger nicht einverstanden sind. Drei sehr beliebte Bäder stehen vor der möglichen Schließung bzw. vor einem Umbau oder sind im Umbau begriffen: das Unibad, das Westbad, und das Horner Bad. Hier muss sich, wer sichergehen will, unter bremer-baeder.de (oder 0421/691510) vorher erkundigen, ob sie zugänglich sind.
Unibad, Badgasteiner Straße, 28359 Bremen, 0421/21835811.
Westbad, Waller Heerstr. 293 A, 28219 Bremen, 0421/691370.
Horner Bad, bb-bauen.de/horner-bad.
Am Puls der Stadt neben dem Weserstadion befindet sich das **Stadionbad**. Es ist ein Freibad mit 50-Meter-Bahnen. Es hat zudem ein Beachvolleyballfeld, ein Fußballfeld mit Kunstrasen und einen Zehnmetersprungturm für Mutige. In der Neustadt hinter der Schule am Leibnizplatz und der Shakespeare Company liegt das **Südbad.** Es ist ein Hallenbad, das über ein 25-Meter-Becken und vier Saunen verfügt. Ein besonderer Clou ist die 72-Meter-Rutsche.
Das **Schlossparkbad** in Sebaldsbrück ist ein kombiniertes Hallen- und Freibad. Das Becken im Freien ist 50 m lang. Es gibt mehrere Rutschen, Tischtennisplatten und Spielplätze. Das Hallenbad verfügt über ein 25-Meter-Schwimmerbecken und einen Saunabereich.
Stadionbad, Franz-Böhmert-Str. 13, 28205 Bremen, 0421/490985.
Südbad, Neustadtwall 81, 28199 Bremen, 0421/959710.
Schlossparkbad, Schlossparkstr. 52, 28309 Bremen, 0421/6993990.
Hallenbad Huchting, Delfter Str. 22–24, 28259 Bremen, 0421/580083.

Wellness

Im Einkaufszentrum Weserpark, das über 170 Läden, Filialen, Dienstleistungsbüros und ein Kino verfügt, findet man in dem Oase genannten Wellnessbad 14 verschiedene Saunen, Dampf- und Wärmebäder und alles, was sonst noch unter dem Titel Wellness figuriert. Von der Massage bis zur Fitnesswelt wird man je nach Interessenlage umsorgt oder angespornt.
Kontakt: Hans-Bredow-Str. 17, 28307 Bremen, 0421/4274714, oase-weserpark.de

Billard

Zum Billardspielen trifft man sich in der Billard Galerie. Es stehen acht Tische zur Verfügung, außerdem kann man mit Darts werfen, Tischfußball spielen und flippern.
Kontakt: Thedinghauser Str. 36, 28201 Bremen, 0421/5578250, billiard-galerie.de. Sonntags ist nur geöffnet, damit man Werder auf Großbildschirmen spielen sehen kann.
Im Verein der Billardfreunde können auch Nichtmitglieder spielen, sie sollten vorher

Am Kletterbunker.

zur Sicherheit aber anrufen. Neben Billard, Snooker und Karambol kann man seit Kurzem auch Dart spielen.
Kontakt: Stresemannstr 54, 28207 Bremen, 0421/43027840, billardfreunde-bremen.de
Links der Weser bietet das Rock'n'Ball neben viel Atmosphäre neun Pool- und zwei Snookertische.
Kontakt: Kattenturmer Heerstr. 26, 28277 Bremen, 0421/875968, rock-n-ball.de

▸ Bowling und Kegeln (eine Auswahl)
Strikee's, Plantage 5, 29215 Bremen, 0421/351040.
Strikee's, Hans-Bredow-Str. 9, 28307 Bremen, 0421/4094343-0.
Bowl and Fun, Rembertiring 7–9, 28195 Bremen, 0421/336553031.
Zu den Gaststätten mit **Kegelbahnen** gehören:
Die Gaststätte Eichengrund, Vinnenweg 91, 28355 Bremen, 0421/259868, restauranteichengrund.eatbu.com
Das Steakhaus Melissa, Osterfeuerberger Ring 7, 28219 Bremen, 0421/392654, steakhaus-melissa.de
Feldschlösschen Huchting, Huchtinger Heerstr. 123, 28259 Bremen, 0421/581647, feldschloesschen-huchting.de
Goedeken's, Berckstr. 4, 28359 Bremen, 0421/236509, goedekens.de
Gastronomie Kegelcenter, Duckwitzstr. 71, 28199 Bremen, 0421/513338.

Eislaufen im Blockland.

Klettern und Bouldern

Linie 7, Beim Handelsmuseum Tor 43, 28195 Bremen, 0421/57730327, linie7.com
Boulder Base, Hohweg 5, 28219 Bremen, 0421/36564422.
DAV-Kletterzentrum, Robert-Hooke-Str. 19, 28359 Bremen, 0421/51429053, kletterzentrum-bremen.de
Kletterbunker, Mählandsweg, 28239 Bremen, der-bunker.net

Minigolf (eine Auswahl)

In Bremen gibt es mindestens sechs Minigolfplätze, darunter mindestens einen, bei dem man in einem Gebäude unter Schwarzlicht spielt.
Schwarzlichthof, Cuxhavener Str. 7, 28217 Bremen, 0421/43783200, schwarzlichthof.de
Bürgerpark, Am Emmasee, 28209 Bremen, 0175/5078747, minigolf-buergerpark.de
Platzhirsch, Kuhgrabenweg 30, 28359 Bremen, 0421/16517070, restaurant-zum-platzhirsch.de
Miniatur-Golf-Verein, Hastedter Osterdeich 225, 28207 Bremen, 0421/4303795, mgv-bremen.de
Vahr, August-Bebel-Allee 5C, 28329 Bremen, 0421/233698, bgc-bremen.de
Adventure Golf, Gottfried-von-Cramm-Str. 3, 28307 Bremen, 01520/6548974, adventure-golf-bremen.de

Eislaufen

In der Wintersaison öffnet das Paradice, das über zwei Hallen mit jeweils einer Eisfläche in der Größe eines Eishockeyfeldes verfügt. Man kann sich Schlittschuhe ausleihen oder eigene schleifen lassen. Falls es ausnahmsweise mal wieder einen harten Winter gibt, stehen die zwei Kilometer lange geflutete Semkenfahrt im Blockland oder die Wümmewiesen hinter dem Borgfeld vor Lilienthal bereit.

Kontakt:. Waller Heerstr. 293A, 28219 Bremen, 0421/6198888, eissporthalle-paradice.de

Veranstaltungen und Feste (eine Auswahl)

Bremen hat einen prall gefüllten Veranstaltungskalender mit Festivitäten der unterschiedlichsten und manchmal auch absonderlichsten Art (die Zeit- und Ortsangaben in Klammern können von Jahr zu Jahr wechseln, sind also nur ein ungefährer

Das Teatr Kto Peregrinus bei der Breminale.

Anhaltspunkt). Er wird mit der **Eiswette** (Anfang Januar an der rechten Weserseite) eröffnet, die schon insofern absonderlich ist, als dabei in historischen Kostümen überprüft wird, ob die Weser zugefroren ist oder eben nicht. Wetten, sie ist es auf absehbare Zeit nicht! Einen ersten sportlichen Höhepunkt

bildet das **Bremer Sechs-Tage-Rennen,** das zu den wenigen Veranstaltungen dieser Art gehört, die noch ausgetragen werden. Karneval in Bremen heißt in erster Linie **Samba-Karneval** (meist ein Wochenende vor Ende des Karnevals auf dem Markt und im Viertel) mit einem trommellastigen, bunten Umzug. Musikalisch geht es weiter mit **Women in (E)motion** (im März an verschiedenen Spielorten) und **Jazzahead** (Ende April). Ein frühlingshaftes Pendant zum Freimarkt ist die **Osterwiese** (im April auf der Bürgerweide). Rund ein Dutzend bekannter Dichter und Schriftsteller aus aller Welt erscheinen bei **Poetry on the Road** (meist im Mai an verschiedenen Orten). Mit **La Strada** (Mitte Juni in den Wallanlagen) verwandelt sich die Stadt in eine Bühne für modernen Straßenzirkus.
Bei der **Breminale** (Anfang Juli am Osterdeich) und **Summer Sounds** (Anfang bis Mitte August am Neustadtwall in der Neustadt) stehen die Musik und Kulinarisches im Zentrum. Sofern das Wetter mitspielt, findet **Shakespeare im Park** (Mitte bis Ende August an der Melchersbrücke im Bürgerpark) statt. Mit einem in Lichtfantasien getauchten Marktplatz beginnt das **Musikfest** in Bremen (Mitte August bis Mitte September an verschiedenen Spielstätten). Es kommen Stars aus aller Welt. Besinnlich wird es bei **Musik und Licht am Hollersee** (Anfang September), auch wenn ein Feuerwerk den Abschluss bildet. Während der **Maritimen Woche** (Mitte September) stehen die Weser und die Schlachte im Mittelpunkt. Neben den Buden am Ufer bezaubern die Lampionfahrt von rund hundert Booten und die Drachenbootrennen auf dem Fluss das Publikum. Die fünfte Jahreszeit ist in Bremen nicht der Karneval, sondern der **Bremer Freimarkt** (Ende Oktober bis Anfang November auf der Bürgerweide), wo selbst der schüchternste Bremer fast schon etwas ausgelassen daherkommt.
Bevor die böllerige Silvesternacht das Jahr beschließt, entfalten der **Weihnachtsmarkt** (Ende November bis 23. Dezember auf dem Markt) und der **Schlachtezauber** (Ende November bis 23. Dezember an der Schlachte) einen Hauch von nicht ganz stiller Einkehr. Bleibt noch der Hinweis für Sammler, dass es mit dem **Kajenmarkt** (jeden Sa bis 18 Uhr von Ende April bis September am rechten Weserufer) und dem namenlosen **Flohmarkt** (jeden So bis 14 Uhr auf der Bürgerweide) zwei zentrale Flohmärkte gibt.
Im Übrigen gibt es von den vielen Bremer Minderheiten unzählige Veranstaltungen, deren einige im Überseemuseum stattfinden. Um nur eine stellvertretend als Beispiel zu nennen, die sich jedes Jahr an den Wochenenden über die ganzen Sommerferien erstreckt: Es ist der **African Football Cup.** Hierbei tragen die Bremer Afrikaner mit großer Spielfreude hinter dem Kuhhirten und – in der Endphase – in der Pauliner Marsch eine nach ihren Ursprungsnationen geordnete Fußballmeisterschaft aus und bieten am Rande afrikanische Speisen an.

Der umkämpfte Afrika-Cup.

Bremen-Nord

(Bundesland Bremen)

Aufgrund seiner relativen räumlichen Ferne zur Bremer Innenstadt und wegen einer über lange Zeit unabhängigen historischen Entwicklung (manche Ortsteile wurden erst 1939 bremisch) kreist Bremen-Nord gefühlt in seinem eigenen Kosmos. Sein Zentrum ist neben kleineren Unterzentren Vegesack. Bremen-Nord bedient alle wesentlichen Bedürfnisse, sodass, wer nicht im Kern Bremens arbeitet, auch nicht gezwungen ist, häufiger in die Bremer Innenstadt zu fahren. Eine maritime Meile, die ziemlich genau eine Seemeile lang ist und vom Schulschiff „Deutschland" bis zum Schlepper „Regina" an der Weser entlangführt, ist ein guter Ausgangspunkt, um Bremen-Nord vorweg schon etwas kennenzulernen.

Info-Point im KITO
Alte Hafenstr. 30
28757 Bremen
0421/65 48 48
office@kulturbuero-bremen-nord.de
kulturbuerobremennord.de
Öffnungszeiten: Fr–So 11–18 Uhr

Sehenswertes

▸ Die Weserpromenade mit Stadtgarten
Die Weserpromenade ist Teil der maritimen Meile und beginnt bei der mittlerweile für Vegesack zur Ikone gewordenen Fluke am Fähranleger. Sie führt am Stadtgarten vorbei bis zum Gelände der ehemaligen Vulkan-Werft. Neueste Errungenschaft ist eine in die Signalstation integrierte Gezeitenstation, die die aktuellen Pegelstände von Bremerhaven, Brake, Vegesack und Bremen anzeigt. Der Stadtgarten kann mit einigen exotischen Pflanzen und einem Rosarium aufwarten. Mehrere Aufgänge führen hinauf auf die Weserstraße, mit ihren denkmalgeschützten, dem Historismus zuzuordnenden Kapitäns- und Unternehmervillen aus der Gründerzeit.

▸ Das Schulschiff „Deutschland"
An der Weser in Vegesack liegt in Hafennähe ein stolzer Segler vor Anker, der, bevor er 2001 außer Dienst gestellt wurde, als Schulschiff eingesetzt war. Man kann ihn besichtigen oder auch auf ihm übernachten. Fahrradfahrer mit ihren Rädern sind herzlich willkommen.
Kontakt: Zum alten Speicher 15, 28759 Bremen, 0421/6587373, schulschiff-deutschland.de

▸ Das Lesumsperrwerk
Obwohl das Meer, die Nordsee, gut 35 Seemeilen entfernt ist, macht sich der Gezeitenwechsel in der Weser und ihren Zuflüssen bis nach Vegesack und Bremen bemerkbar. Das Lesumsperrwerk schützt die aufwärts liegenden Ufer der Lesum und der Wümme vor Überschwemmungen, die durch Sturmfluten der Nordsee hervorgerufen werden können. Integriert ist ein Wasserschöpfwerk, das jedoch eher selten zum Einsatz kommt. Wenige Kilometer lesumaufwärts gibt es ein reines Schöpfwerk, das für die Entwässerung der Wiesen und Weiden des Blocklands mit seinen vier Pumpen pro Sekunde bis zu 140 Badewannen in die Lesum befördern kann. Daneben kann man die Relikte eines außer Dienst gesetzten früheren Schöpfwerks mit allerlei Maschinerie besichtigen.

▸ Der U-Boot-Bunker Valentin
Im nördlichsten Zipfel Bremens steht die riesige Ruine einer im Zweiten Weltkrieg für den U-Boot-Bau errichteten Werft, die der Stahlbetonmantel eines über 400 m langen Bunkers schützen sollte. Über den Zugang zur Weser sollte eine neue dort gebaute

Der U-Boot-Bunker.

Bootsklasse von U-Booten in den Endkampf des Dritten Reiches eingreifen. Der Krieg war zu Ende, bevor es dazu kommen konnte. Gut dokumentiert und heute vor Ort anschaulich gemacht, ist der Einsatz der abgeordneten Zwangsarbeiter, der nicht selten zu ihrer Erschöpfung und ihrem Tod führte.
Kontakt: Rekumer Siel, 28777 Bremen, 0421/69673670, denkort-bunker-valentin.de

Museen

▸ Das Vegesacker Geschichtenhaus
Im alten Speicher „Spicarium", der von den Betreibern einer Werft zwischen 1814 und 1821 errichtet wurde, werden von ambitionierten Laiendarstellern Geschichten aus dem Alltag der Fischer, Seiler, Zöllner und Grönlandfahrer (sprich: Walfänger) erzählt und vorgespielt.
Kontakt: Zum Alten Speicher 5a, 28757 Bremen, 0421/897766-40, vegesacker-geschichtenhaus.de

▸ Der Vegesacker Museumshafen
Weil die Weser oberhalb von Vegesack immer mehr versandete und die größeren Handelsschiffe die Schlachte in Bremen nicht mehr erreichen konnten, wurde am Ort Anfang des Dreißigjährigen Kriegs (1618–23) der erste künstliche Flusshafen für Hochseeschiffe in Deutschland errichtet. Heute dient er als Museumshafen. Etwa 20 Schiffe liegen ständig vor Anker, darunter auch der Seenotkreuzer „Bremen". Einige können besichtigt werden. Technisch interessant ist eine Seilzugklappbrücke für Fußgänger, die die Stadt mit einem in Umwandlung befindlichen Einkaufzentrum (ehemals „Haven Höövt") verbindet.

▸ Das Overbeck-Museum
Im Mittelpunkt des Museums stehen die Werke von Fritz Overbeck (1869–1909) und seiner Frau Hermine, geb. Rothe (1869–1937). Das kleine, feine Museum wurde wegen der liebevollen Aufbereitung seiner Sammlung und den wunderbar kuratierten Sonderausstellungen als eines von neun Museen in Niedersachsen und Bremen völlig zu Recht mit dem Museumsgütesiegel ausgezeichnet.
Kontakt: Alte Hafenstr. 30, 28757 Bremen, 0421/663665, overbeck-museum.de

▸ Das Schloss Schönebeck

Das Schloss Schönebeck und das zugehörige Ensemble von Amtshaus und umgebendem Schlossteich stehen unter Denkmalschutz. In den Räumen des barocken Backstein- und Fachwerkbaus zeigt ein Museum anhand von zum Teil außergewöhnlichen Exponaten, was den abenteuerlichen Alltag der früheren Bewohner des Bremer Nordens ausmachte. Dabei darf natürlich eine Abteilung über den in Vegesack gebürtigen Afrikaforscher Gerhard Rohlfs nicht fehlen.

Kontakt: Im Dorfe 3–5, 28757 Bremen, ☏ 0421/623432, 🌐 museum-schloss-schoenebeck.de

▸ Die Burg Blomendal

Die einzige Burg Bremens steht in Blumenthal und war vermutlich ein Raubritternest, das den Kaufleuten Bremens nicht behagen konnte. Sie stammt aus dem 14. Jahrhundert und hatte einen Burggraben und eine Zugbrücke. Sie beherbergt heutzutage ein Stadtteilmuseum und ein Archiv. Sie steht für private Festlichkeiten und öffentliche Veranstaltungen zur Verfügung.

Kontakt: Auestr. 9 a, 28779 Bremen, ☏ 0421/608358, 🌐 burgblomendal.de

▸ Köksch un Qualm

In einer ehemaligen umgebauten Tabakfabrik hat man ein Mehrgenerationen-Wohnprojekt verwirklicht. Dazu wurde im Untergeschoss ein Museum eingerichtet, das einen praktischen Eindruck davon vermittelt, wie das häusliche Leben um die vorletzte Jahrhundertwende gelebt wurde. Außerdem gibt es eine kleine Ausstellung über die Produkte aus und über die Arbeit in der damaligen Tabakfabrik.

Kontakt: Stader Landstr. 46, 28719 Bremen, ☏ 0421/63695866, 🌐 koeksch-un-qualm.de

Der Museumshafen.

Theater und Unterhaltung

▸ Das KITO
Auf dem umgestalteten Dachboden des ältesten Packhauses in Vegesack gibt es in anheimelnder Atmosphäre Konzerte der berührenden Art. Aber auch Komödianten und Kabarettisten äußern sich dort sehr unbefangen und holen vor einem wohlwollenden Publikum das Geistreichste, das sie von sich geben können, aus sich heraus.
Kontakt: Alte Hafenstr. 30, 28757 Bremen, 0421/654848, kulturbremennord.de

▸ Der Kulturbahnhof Vegesack – KUBA
Im KUBA – die Räumlichkeiten stehen nicht nur am Bahnhof, sie gehörten auch einmal richtig dazu – umfasst der Veranstaltungsreigen lokale, regionale, nationale und internationale Darbietungen aus den unterschiedlichsten Sparten, vom Kindertheater über eine Liveband bis zu Soloauftritten von aus Film und Fernsehen bekannten Größen.
Kontakt: Hermann-Fortmann-Str. 32, 28757 Bremen, 0421/9850400, kulturbremennord.de

▸ Das Gewölbe
War es ein Eiskeller, war es ein Lagerraum? Keiner weiß es genau. Jetzt ist es jedenfalls eine „abgefahrene" Möglichkeit, mit rund 60 weiteren Gästen internationalen Musikern und Musikerinnen im Vegesacker Untergrund zu lauschen.
Kontakt: Sagerstr. 36, 28757 Bremen, 0421/67410351, gewoelbe-vegesack.de

▸ Das Muddy
Ob Disco-Nacht, ob rockige Livemusik, Muddy komplementiert das Vegesacker Nachtleben auf die rau-, aber herzliche Art.
Kontakt: Vegesacker Bahnhofsvorplatz 34, 28757 Bremen, 0421/667646, muddy.de

Freizeit und Natur

▸ Wätjens Park
Der 1830 gegründete und im 20. Jahrhundert verwilderte und verwahrloste Park wird seit den Anfängen des 21. Jahrhunderts von einem privaten Förderverein weitgehend in seinen vermutlich ursprünglichen Zustand gebracht, weil er als typisch für die Gestaltung eines Landschaftsparks seiner Zeit gelten kann und diese jetzigen und nachfolgenden Generationen nahegebracht werden soll. Er gehörte von der Zeit des Biedermeier bis zum Ersten Weltkrieg der Familie Wätjen, deren Reichtum auf den Einkünften aus der größten privaten Segelreederei der Welt basierte.
Kontakt: Landrat-Christians-Straße, 28779 Bremen, waetjens.park.de

▸ Knoops Park und der Blindengarten
Knoops Park mit seinen erhöhten Ausblicken auf die Lesum und dem Anblick der Bronzestatue von Baron Knoop, die in der Nähe des Grundrisses seines ehemaligen Herrenhauses mit Stock und Hut wie zum Ausgehen bereitsteht, sind allemal einen Spaziergang wert. Im nördlichen Teil des Parks unterhält ein privater Verein einen 1600 m² großen Blindengarten mit 600 verschiedenen Pflanzenarten, deren Namen in Schwarz- und Blindenschrift angegeben sind. An Baumrinden und Gesteinsbildungen kann man seinen Tastsinn erproben und seine Kenntnisse, soweit vorhanden, überprüfen oder eben erweitern.
Kontakt: Raschenkampsweg/Ulenweg, 28759 Bremen, 0421/84734651, blindengarten-bremen.de

▸ Badeseen (eine Auswahl)
In Burg Grambke nördlich von Gröpelingen gibt es zwei Badeseen: einen kleineren natürlichen, den **Grambker See,** und einen ziemlich großen ausgebaggerten, den

Sportparksee Grambke. An beiden Seen gibt es Schwimmer- und Nichtschwimmerbereiche, große Liegewiesen und reichlich Sport. Am Grambker See kann man Trampolin springen, Beachvolleyball und Fußball spielen, am Sportparksee ist zudem der Wassersport mit Regatten, Kanufahren und Windsurfen Trumpf. Kitesurfen gilt wegen der nahen Windräder als zu gefährlich.

Schwimmbad

Das Freibad Blumenthal hat ein Schwimmerbecken mit 50-Meter-Bahn, einen Fünfmetersprungturm, Nichtschwimmerbecken und eine Spiel- und Liegewiese.
Kontakt: Am Freibad 5, 28779 Bremen, 0421/69644461, bremer-baeder.de

Klettern

In Lesum in einem bewaldeten Park bietet ein Hochseilgarten für Gruppen die Möglichkeit, sich in bis zu 14 Metern Höhe über dem Boden als Team und individuell zu bewähren.
Kontakt: Standort des Seilgartens: Friedehorstpark am Holthorster Weg, 28717 Bremen-Lesum, **Anmeldung:** Seilgarten Lesum e. V., Am Hagen 8, 27721 Ritterhude, 0421/9593793, Fax: 0421/9593794, seilgarten-lesum.de

Kegeln

Die Gaststätte **Zum grünen Jäger,** Farger Str. 100, 28777 Bremen, 0421/682316, zum-gruenen-jaeger.de
Die Gaststätte **Lesumer Hof** verfügt über eine Kegelbahn, die nach Absprache auch außerhalb der angegebenen Öffnungszeiten genutzt werden kann.
Kontakt: Oberreihe 8, 28717 Bremen, 0421/630 335, lesumer-hof.de

Veranstaltungen und Feste (eine Auswahl)

Vegesacker Hafenfest

Seit rund vierzig Jahren wird das dreitägige volkstümliche Fest Anfang Juni am Vegesacker Hafen gefeiert. Neben maritimen Vorführungen sind Dutzende Imbissbuden und über 20 Musikgruppen dabei.

Sommer in Lesmona

Ende Juni findet in Knoops Park ein Klassikfestival unter freiem Himmel statt, bei dem das Picknick im Park ebenso dazugehört wie die Freilichtvorstellung des gleichnamigen Films mit Katja Riemann. Wechselnde Interpreten aus aller Welt geben sich ein Stelldichein und das exotisch behütete Publikum hofft, dass das Wetter hält.

Triathlon am Sportparksee.

Internationales Festival Maritim

Anfang August zieht dieses Fest auf der maritimen Meile in Vegesack locker 100 000 Besucher an, die sich an über 30 Bands, Solisten und Gruppen erfreuen. Die Musik kreist drei Tage um das nahe Meer und darum, welche Gefühle mit ihm verbunden sind. Mit anderen Worten: Vegesack im fröhlichen Ausnahmezustand. Gemeinsamer Gesang, Wunderkerzen und ein Feuerwerk an der Weser beschließen das Fest.

Bremerhaven

(Bundesland Bremen)

Es ist ja nicht so, dass in der Gegend um Geeste und Weser vor ihrem Kauf im Jahre 1827 durch die Stadt Bremen niemand gelebt hätte, aber von da an entrollte sich aus einer eher dörflichen Idylle mit kleinen Hafenanlagen und ein paar Fischern eine rasante urbane Entwicklung, die zur Gründung einer Großstadt mit 120 000 Einwohnern und zu einem der betriebsamsten Überseehäfen des Kontinents führte. Selbstverständlich mit direktem Eisenbahnanschluss und mit allen industriellen Anhängseln, seien es Werften, ein extra Hafen für die Hochseefischfangflotte und Fischverarbeitungsbetriebe, seien es Maschinenfabriken und mittelständische Zulieferfirmen, seien es zusammenwachsende Arbeiterwohnviertel oder plötzlich notwendig gewordene Passagierhallen für die Massen deutscher und osteuropäischer Auswanderer, die sich in den USA eine neue Heimat suchten. Einiges aus diesem historischen Aufschwung wird in viel besuchten neuen Einrichtungen, wie zum Beispiel ganz besonders im Deutschen Auswandererhaus, präsentiert.
Seit 1947 gehört Bremerhaven als die kleinere kecke Schwester zum Zwei-Städte-Bundesland Bremen, das während der Nachkriegszeit eine US-amerikanische Enklave innerhalb der britischen Besatzungszone bildete. Das US-Militär wickelte seinen maritimen Nachschub an Truppen und Material über Bremerhaven ab. So kam es, dass 1958 der „King of Rock'n'Roll" in dieser Stadt als GI unter dem frenetischen Jubel vor allem weiblicher Fans deutschen Boden betrat.

Bremerhaven Touristik
TouristCenter Hafeninsel
H.-H.-Meier-Str. 6
27568 Bremerhaven
0471/809 36 100
touristik@erlebnis-bremerhaven.de
bremerhaven.de
Öffnungszeiten: Mo–Do 8–16.30, Fr 8–15.30 Uhr
Tourist-Info Hafeninsel (Adresse s. o.)
0471/809 36 120
tourist-Info-HI@erlebnis-bremerhaven.de, Öffnungszeiten: Oktober–Mitte April tägl. 9.30–17, Mitte April–Mitte Mai tägl. 9.30–18, Mitte Mai–September 8–18 Uhr.
Tourist-Info
Schaufenster Fischereihafen
Am Schaufenster 5
27572 Bremerhaven
0471/809 36 127
tourist-Info-SF@erlebnis-bremerhaven.de
bremerhaven.de
Öffnungszeiten: Oktober–Mitte April tägl. 9.30–17, Mitte April–September tägl. 9.30–18 Uhr

Touristeninformation im Fischereihafen.

▸ Stadtführungen
Allein das TouristCenter Hafeninsel bietet fünf verschiedene Stadtführungen an, die auch von Menschen mit Rollator, im Rollstuhl oder mit anderen Beeinträchtigungen mitgemacht werden können. Außerdem gibt es Fahrten mit dem Hafenbus (☏ 0471/414141, 🌐 bremerhaven.de), bei denen die Stationen von einer kundigen Person kommentiert werden. Mehrere Touren mit dem Segway offeriert Crazy Seggy ab dem Fischereihafen unter 🌐 crazy-seggy.de

▸ ☺ Hafenrundfahrten
Die Barkassen der HaRuFa legen zu einer einstündigen Hafenrundfahrt direkt neben dem Deutschen Auswandererhaus am Neuen Hafen Südkaje ab und zwar im Sommer tägl. alle Dreiviertelstunden ab 10.30 bis 16.30 Uhr. Näheres unter 🌐 hafenrundfahrt-bremerhaven.de oder ☏ 0471/415850. Zu einer zweistündigen Fahrt lädt die MS „Geestemünde" mit ihrem Panorama-Salon „Preussen" ein. Sie legt im Sommer immer um 14 Uhr im Neuen Hafen ab, am Wochenende zusätzlich um 11 Uhr. Näheres unter 🌐 ms-geestemuende.de oder ☏ 0471/414141.

Sehenswertes

▸ ☺ Die Aussichtsplattform SAIL City
Wer sich zunächst auf einer Art lebensechter Karte über die Lage der Stadt und ihrer Stadtteile orientieren will, fährt nach Möglichkeit bei sonnigem Wetter mit dem Aufzug in den 20. Stock und geht über eine Treppe zur 21. Etage auf 86 Meter hoch. Der Ausblick weit ins Land, über die Stadt, über die Weser und die nahe Nordsee ist grandios. Das Atlantic Hotel selbst hat Aufbauten bis auf gut 140 Meter Höhe und ist ein markanter Hingucker.
Kontakt: Am Strom 1, 27568 Bremerhaven, ☏ 0471/309900, 🌐 atlantic-hotels.de

▸ Der Theodor-Heuss-Platz und die Bürgermeister-Smidt-Straße
Das großzügige, nach dem ersten Bundespräsidenten benannte Areal war früher der Marktplatz der Stadt (ab 1827). Manchmal finden hier Veranstaltungen wie der Weihnachtsmarkt statt. In unmittelbarer Nähe sind das neobarocke Stadttheater (s. u. Theater und Unterhaltung), das Kunstmuseum (s. u. Museen) und die Kunsthalle zu finden. In der Mitte des Platzes erhebt sich das 1888 von Werner Stein geschaffene Bronzedenkmal, das den Gründer Bremerhavens, Johann Smidt, auf einen dreistufigen hohen Sockel stellt. Er ist der einzige Bremer Politiker, dem ein solches Standbild gewidmet wurde.

Dem Gründer der neuen Stadt.

Auch die ehemalige Leher- und Kaiserstraße, die vom Platz ausgeht und eine lange, bis zur Lloydstraße verkehrsberuhigte Hauptgeschäftsstraße ist, wurde nach ihm benannt. Desgleichen die 1855 von ihm selbst, der auch Theologe war, an dieser Straße eingeweihte neogotische „Große Kirche", die die beiden protestantischen Gemeinden der Lutheraner und der Reformierten vereinigen sollte. Sie heißt Bürgermeister-Smidt-Gedächtniskirche. Seine Bedeutung als Seezeichen für die Schifffahrt hat ihr 80 m hoher Turm eingebüßt, weil er teilweise vom Columbus Center verdeckt wird.

Das Mediterraneo.

▸ Das Columbus Center

Zwischen dem alten Hafen und der Fußgängerzone „Bürger" erstrecken sich seit 1977 drei markante Wohnscheiben, die sich über zwei Parkdecks und zwei Etagen mit rund 75 Geschäften und Lokalen auf 30 000 m^2 Fläche bis auf 88 m Höhe erheben. Es ist das Allwetter-Einkaufszentrum der Stadt. 555 Wohnungen und Apartments bieten ihren Bewohnern einen erhabenen Ausblick auf den Hafen, die Außenweser, die „Havenwelten" und die Stadt.

▸ Das Mediterraneo

Ein weiteres Shopping-Center, das sich in Stil und Atmosphäre deutlich vom Columbus Center abgrenzt, liegt mittendrin im Bereich der „Havenwelten". Es simuliert, wie schon der Name andeutet, ein südliches Ambiente, das offensichtlich die Urlaubsstimmung in den Alltag der Bremerhavener und ihrer Gäste hinüberretten möchte. Bei Sonnenschein, wenn das Licht durch die gläserne Kuppel bricht, scheint das auch zu glücken.

▸ Der Container-Aussichtsturm

Ein aus Containern zusammengesetzter, schmuckloser Aufbau mit einer teilüberdeckten Plattform in 15 Metern Höhe erlaubt einen Überblick über den Überseehafen mit dem Container-, dem Auto- und dem Kreuzfahrt-Terminal, die Werft, über die Schleusen und das Wendebecken.
Kontakt: An der Nordschleuse, 27568 Bremerhaven, **Öffnungszeiten:** März–Oktober rund um die Uhr.

▸ Die Schleuse Neuer Hafen

Die neue 2005 fertiggestellte Kammerschleuse mit Sektortoren und Drehbrücken ersetzt eine frühere, die nur bei Hochwasser benutzbar war. Die neue funktioniert quasi immer, ist technisch auf dem höchsten Stand und einmalig auf der Welt. Die Schleusenkammer ist 50 m lang und 14 m breit, sodass sie in erster Linie Sportbooten zügigen Ein- und Auslass gewährt, aber auch jedem anderen Schiff der passenden Größe, wie beispielsweise der MS Geestemünde, die gleich zu Beginn ihrer Hafenrundfahrt durch die Schleuse gesteuert werden muss. Bei ruhiger See kann die Schleuse auf gut 62 Meter erweitert werden.
Kontakt: Hermann-Heinrich-Meier-Str. 18, 27568 Bremerhaven, **Betriebszeiten:** Mai–September 6–22, Oktober–April 8–18 Uhr.

▸ Die „Alte Bürger"

Die Bürgermeister-Smidt-Straße zwischen Martin-Donandt- und Waldemar-Becke-Platz gilt als das Szene- und Kneipenviertel der Stadt, liebevoll „Alte Bürger" genannt. Hier finden Straßenfeste statt, viel Live-Musik und Kreativ-Happenings. Natürlich sagen die Nostalgiker, dass früher alles, als es zudem noch die Eckkneipe „Wally" gab, viel kultiger war. Können sie gerne meinen, denn sie erinnern sich so ihrer wild bewegten vergoldeten Jugend, was man ihnen nicht verdenken kann. Aber man sollte dennoch nicht unterschätzen, was der „Pferdestall" als Kunst- und Nutzen-Atelier (s. u. Theater und Unterhaltung), das „piccolo teatro" (s. u. Theater und Unterhaltung), die „Werkstatt 212" (s. u. Theater und Unterhaltung) und die „Galerie 149" (Bürgermeister-Smidt-Str. 149, 27568 Bremerhaven, ✆ 0471/414639, 🌐 galerie-149.de, **Öffnungszeiten:** Mi–Fr 15–18 Uhr), um nur wenige zu nennen, mit ihrem jeweiligen Programm für die Attraktivität des Viertels getan haben und tun.

Die MS Geestemünde verlässt den neuen Hafen.

Klare Ansage.

▸ Die Paulus-Kirche

Die neogotische Kirche aus rotem Backstein wurde 1905 geweiht und im Zweiten Weltkrieg weitgehend zerstört. Seit dem Wiederaufbau, der 1953 beendet war, erstrahlt der Altarraum in den bunten Farben der Fenster des vielseitigen Glasmalers Heinz Lilienthal aus Bremen. Mit Beginn des dritten Jahrtausends fusionierte die Michaelisgemeinde mit der der Pauluskirche. Seit 2003 kann man am Mittwoch und Freitag jeweils von 9.30–12 Uhr eine Kaffeestunde im Kirchencafé im rückwärtigen Teil des Gotteshauses abhalten. Neben den regulären Gottesdiensten finden in dieser Kulturkirche mehrmals im Jahr Kunstausstellungen statt. **Kontakt:**. Hafenstr. 124, 27576 Bremerhaven, ✆ 0471/54114, 🌐 pauluskirche-bremerhaven.de

▸ ☺ Das Schaufenster Fischereihafen

Abseits vom Zentrum am historischen Fischereihafen hat man 1990 eine Industriebrache zu neuem Leben erweckt. Angelehnt an die Vergangenheit findet man hier mehrere Fischlokale mit Lauben und Außenbereich, ein Kochstudio (🌐 seefischkochstudio.de), in dem man lernen kann, schmackhafte Seefischgerichte und ihre Beilagen zu kreieren, zudem einige Verkaufsstände in einem Mini-Fischerdorf und ein Theater, das TiF (s. u. Theater und Unterhaltung), in

dem mehr als ausschließlich Theater gespielt wird. Ein Museumsschiff (Gera, s. u. Museen) kann besichtigt oder eine Hafenrundfahrt von hier aus begonnen werden. Je nach Programm bietet das Figurentheater Stücke für Kinder und Jugendliche, aber auch für Erwachsene (An der Packhalle V, Abteilung 10, 27572 Bremerhaven, ☏ 0471/417584, 🌐 figurentheater-bremerhaven.de). Der „Marktplatz" wird außerdem für vielfältige Freilichtveranstaltungen genutzt.
Kontakt: An der Packhalle IV 12, 27572 Bremerhaven, ☏ 0471/3010003, 🌐 schaufenster-fischereihafen.de

Museen

▸ Das Historische Museum Bremerhaven
Für diejenigen, die die Stadt und ihre Entwicklung nicht nur oberflächlich interessiert, ist das Museum ein Muss. Alle für Bremerhaven und die Region relevanten Themen, wie die Schifffahrt und der Fischfang, werden mit vorzüglichen Exponaten und Erläuterungen anschaulich gemacht. Die Spanne reicht zurück bis in die Vorgeschichte. Sonderausstellungen lassen das Lebensgefühl vergangener, aber noch präsenter Jahrzehnte wieder aufleben. Aus einem Fundus von rund 4000 Bildern, Zeichnungen und Grafiken werden Aspekte der Stadt beleuchtet, so wie

Das Museumsschiff im Fischereihafen.

Künstler sie gesehen haben. Eindrucksvolle Schwarz-Weiß-Fotografien zeigen Licht- und Schattenseiten des Alltags. Lohnenswert! Eine Außenstelle im Fischereihafen ist das Museumsschiff FMS Gera, der letzte deutsche Seitenfänger.
Kontakt: An der Geeste, 27570 Bremerhaven, ☏ 0471/308160, 🌐 historisches-museum-bremerhaven.de

Ein letzter Blick auf die alte „Seute Deern".

▸ Das Deutsche Schifffahrtsmuseum
Das für Deutschland repräsentative Schifffahrtsmuseum besticht durch die Möglichkeit, im Museumshafen und auf dem Außengelände die unterschiedlichsten, meist historischen Bootstypen kennenzulernen. Es sind mindestens zehn an der Zahl (die abgesackte „Seute Deern" noch mit einbezogen). Hinzu kommen Modelle, diverse Antriebe und Instrumententeile, darunter das Modell einer Schiffsbrücke. Außerdem kann im von

Hans Scharoun entworfenen Gebäude eine aufwendig konservierte Kogge aus dem Jahre 1380, die im Weserschlamm bei Bremen gefunden wurde, besichtigt werden.
Kontakt: Hans-Scharoun-Platz 1, 27568 Bremerhaven, 0471/482070, dsm.museum

Das U-Boot „Wilhelm Bauer"

Im Museumshafen liegt im Becken gegenüber dem Columbus Center ein knapp 77 m langes U-Boot des Typs XXI, das in der Endphase des Zweiten Weltkriegs gebaut wurde, aber nicht mehr zum Einsatz kann. Es war seinerzeit das modernste U-Boot überhaupt und diente nach der Gründung der Bundesmarine als Erprobungsschiff. Wer die Enge auf einem U-Boot und einen Hauch der Atmosphäre des weltweit erfolgreichen Spielfilms „Das Boot" auf sich wirken lassen will, wird hier zweifellos bedient.
Kontakt: Hans-Scharoun-Platz 1, 27568 Bremerhaven, 0471/4820710, u-boot-wilhelm-bauer.de

Das Klimahaus 8° Ost

Entlang des 8. östlichen Längengrads bewegt man sich einmal rund um den Globus und durchreist fünf Kontinente und deren Klimazonen. Man wird mit Lebensverhältnissen in größter Hitze und bei extremer Kälte konfrontiert. Man besucht und beobachtet über 250 Tierarten in ihren lebensecht nachgestellten Habitaten. Zusammengefasst: Klima und Klimawandel hautnah zum Miterleben am eigenen Leib, auch wenn man hofft, dass vor der Tür dann wieder alles ok ist.
Kontakt: Am Längengrad 8, 27568 Bremerhaven, 0471/902030-0, klimahaus.de

Das Deutsche Auswandererhaus

Das Museum rekonstruiert die Stationen eines Auswanderers und womit er jeweils bei der Anfahrt, in der Stadt, im Hafen, auf dem Schiff und schließlich in New York konfrontiert wird. Besonders interessant wird es für Besucher, deren Vorfahren oder Verwandte über Bremerhaven in die USA ausgewandert sind, denn in einem Raum kann man anhand von zwei Online-Datenbanken deren möglicherweise unbekanntes Schicksal zu erkunden suchen.
Kontakt: Columbusstr. 65, 27568 Bremerhaven, 0741/902200, dha-bremerhaven.de

Das Auswandererhaus.

Das Kunstmuseum

Seit 2008 stellt der private Kunstverein im eigens dafür geschaffenen Gebäude im Zentrum der Stadt das Resultat seiner über hundertjährigen Sammlertätigkeit der Öffentlichkeit in wechselnden Konstellationen vor. Schöpfungen Worpsweder Künstler wie die von Otto Modersohn, Paula Modersohn-Becker, Fritz Overbeck, Heinrich Vogeler und Richard Oelze sind unter den über 2000 Werken ebenso vertreten wie solche von Joseph Beuys, Gerhard Richter oder Stephan Balkenhol. Für Sonderausstellungen steht dem Verein seit 1964 schräg gegenüber vom Kunstmuseum die Kunsthalle (mit Café) zur Verfügung. Meist handelt es sich um Präsentationen, die einer einzigen Künstlerin oder einem Künstler gewidmet sind.
Kontakt: Karlsburg 1–4, 27568 Bremerhaven, 0471/46838, kunstverein-bremerhaven.de

Theater und Unterhaltung

▸ Das Stadttheater

Jedes Mal aufs Neue vermag das Ensemble des Mehrspartentheaters mit ausgefeilten und zugleich lebensvollen Aufführungen, mit spielerischem Feuereifer und Überschwang sein Publikum und die norddeutsche Presse zu begeistern. Für dieses Schauspielhaus lohnt es sich den Weg, von woher auch immer, auf sich zu nehmen. Mimisch, stimmlich, instrumental, choreografisch, ästhetisch, quasi jeder Aspekt kommt meisterhaft zur Geltung; ob die Schauspielerinnen und Schauspieler, die Solistinnen und Solisten, ob das Orchester, der Chor oder das Ballett: alle einfach rundum klasse und das Ganze bis ins stilsichere Bühnenbild hinein immer wieder bezaubernd.
Kontakt: Theodor-Heuß-Platz 1, 27568 Bremerhaven, ☏ 0471/49001, 🌐 stadttheaterbremerhaven.de

▸ Das TiF – Das Theater im Fischereihafen

Alles, was im Unterhaltungswesen Rang und Namen hat, hat hier schon die Bretter, die die Welt bedeuten, betreten. Von den Tiger Lillies bis Gayle Dufts, von der hohen Literaturlesung bis zum genüsslichen Badezimmerballett, von a cappella bis Rudelsingen, vom Stegreiftheater bis zur ausgereiften Herbstkomödie, hier findet fast alles statt und kann sich sehen und hören lassen.
Kontakt: Am Schaufenster 6, 27572 Bremerhaven, ☏ 0471/9313139, **Karten:** ☏ 0471/9323344, 🌐 tif-bremerhaven.de

Das Kunstmuseum und das Stadttheater.

▸ Das Zimmertheater „piccolo teatro haventheater“

Seit seiner Gründung 2011 hat das Zimmertheater mit seinen anspruchsvollen Theatervorstellungen dem Stadtteil ein schauspielerisches Sahnestück nach dem anderen auf den Teller gelegt. Rund 200 Aufführungen im Jahr zeugen von erfolgreichem Engagement und erfreulichem Zuspruch durch das Publikum. Für Kammerspielfreunde nicht mehr wegzudenken.
Kontakt: Bürgermeister-Smidt-Str. 200, 27568 Bremerhaven, ☏ 0471/4838777, 🌐 haventheater.de

▸ Der Pferdestall

Der Namen ist nicht einfach ausgedacht, denn dort, wo heute die in alle Stilrichtungen ausgreifende Musikszene brummt, gab es wirklich einmal Stallungen. Auch wenn der Schwerpunkt im Pferdestall darauf liegt, mitreißenden Bands und Interpreten eine Bühne zu bieten, finden dennoch auch Lesungen und sonstige Cross-over Veranstaltungen statt. Also ist für viele etwas Passendes dabei.
Kontakt: Gartenstr. 5, 27568 Bremerhaven, ☏ 0471/43333, 🌐 pferdestall-bremerhaven.com

▸ Die Werkstatt 212

Die Werkstatt 212 ist Teil eines Projekts, das Szeneviertel „Alte Bürger“ zu einem kreativen, noch

Der kleine Zoo von oben.

lebendigeren Stadtteil fortzuentwickeln. Sie versteht sich als Arbeitsstätte und Galerie für die unterschiedlichsten künstlerischen Ambitionen und Sparten. Von daher finden in ihren Räumen Kunstausstellungen, Lesungen und was sonst noch animieren kann, statt. Angeschlossen ist das Kulturcafé Findus, das sich das Ziel gesetzt hat, für Esskultur zu stehen.

Kontakt: Bürgermeister-Smidt-Str. 212, 27568 Bremerhaven, 0171/3666739, diealtebuerger.de, **Öffnungszeiten:** Do–Sa 15–22, So 15–20 Uhr.

▸ Das Tivoli Pub

Stellvertretend für die zahlreichen Diskotheken und Partyschuppen, die es an vielen Ecken der Stadt, besonders auch um die Hafenstraße und die „Alte Bürger" herum, gibt, sei das Tivoli Pub genannt. Man glaubt kaum, was alles im Angebot ist: Mallorca Party, Schlager Party, Elektro Party, 90er Party, Enterprise Party und und und, alles mit wechselnden DJs. Dazu Live-Auftritte, die vom rotzigen Rock bis zum schon fast feierlichen Soul reichen, Blues sowieso. Zum Tivoli-Komplex gehört noch die Café-Bar Blattlaus mit Wintergarten und Terrasse, wo fürs leibliche Wohl etwas getan werden kann. Die Blattlaus ist übrigens auch so etwas wie eine Art Institution, so lange gibt es sie schon. Beide, Blattlaus und Tivoli, sind in der schmalen Gasstraße zu Hause. Zwischendrin befindet sich Billard Snooker's, eine Einrichtung, in der man besser die Kugel wieder etwas kontrollierter und ruhiger rollen lässt (billard-snookers.business.site).

Kontakt: Gasstraße 14–18, 27568 Bremerhaven, 0471/411855, blattlaus-bremerhaven.de

Natur und Freizeit

Der Zoo am Meer

Vielleicht gerade, weil er so klein ist, haben ihn viele Besucher besonders ins Herz geschlossen. Man ist den Tieren so nah, dass man meint, man könne sich mit dem Eisbären nur durch eine Scheibe getrennt die Nasen reiben. Macht er aber nicht mit, sondern sucht sich lieber etwas zu fressen, was sein Pfleger irgendwo versteckt hat. Fütterungen zu festgelegten Zeiten gibt es auch, aber nur für Basstölpel, Pinguin, Waschbär und Otter. Ganz schön spannend, was man alles über das tierische Leben erfährt und worauf die Pfleger achten müssen.

Kontakt: Hermann-Henrich-Meier-Str. 7, 27568 Bremerhaven, 0741/308410, zoo-am-meer-bremerhaven.de

Der Bürgerpark

Hinter dem Hauptbahnhof gibt es seit über hundert Jahren mit dem Bürgerpark eine Oase der Ruhe und Erholung. Man kann sich an den Blumenrabatten erfreuen, den Ziegen in ihrem Gehege zugucken, sie vielleicht sogar streicheln oder den Drachenberg besteigen. Keine Angst, er heißt nur so und ist auch kein Berg. Auf einem Fitness-Parcours kann man seine Erholung, so man will, auch aktiv gestalten. Man kann mit bunten Bötchen auf einem langgezogenen Gewässer herumschippern oder sich Scheiben ausleihen und auf 20 Bahnen, die den ganzen Park durchziehen, Disc Golf (Näheres über discgolf-bremerhaven.de) spielen. Im Café in der Nähe des Bootsstegs kann man sich von der aktiven Erholung erholen.

Schwimmbäder

Die **Bädergesellschaft Bremerhaven** (baeder-bhv.de) vereinigt unter ihrer Ägide das **Bad 1,** Kurt-Schumacher-Str. 14, 27578 Bremerhaven, 0471/3003910, das **Bad 2,** Schillerstr. 144, 27570 Bremerhaven, 0471/3003920, das **Bad 3,** Am Stadion 10, 27580, 0471/3003930, das **Freibad Grünhöfe,** Marschbrookweg 135, 27574 Bremerhaven, 0471/3003950, und das **Weserstrandbad** mit seinem Sandstrand an der Außenweser, Am Alten Vorhafen, 27568 Bremerhaven, 0471/3003940.

Das **Bad 1** hat zwar ein Trimmbecken, ist aber überwiegend ein Erlebnis- und Spaßbad. Das Außenbecken hat eine Wassertemperatur von 30 °C. Ähnlich ist es um **Bad 2** bestellt. Das **Bad 3** mit seinen acht 50-Meter-Bahnen bei einer Wassertemperatur von 27 °C ist etwas für Sportschwimmer. Das **Freibad Grünhöfe** hat neben seinem Schwimmerbecken, in das seitlich eine Sprunganlage mit einem 1- und einem Dreimeterbrett eingefügt ist, noch ein Nichtschwimmerbecken, ein Beachvolleyballfeld, eine Boule-Bahn und einen Kinderspielplatz.

Idylle im Park.

Bowling und Kegeln (eine Auswahl)

Fun Bowling, Langener Landstr. 134, 27580 Bremerhaven, 0471/801035, fun-bowling.de; **Fernost-Imbiss,** Georgstr. 84, 27570 Bremerhaven, 0471/1700629, fernost-imbiss.de; **Westfälischer Hof,** Rheinstr. 16, 27570 Bremerhaven, 0471/28778.

Bouldern

Der Bremerhaven Boulder Club bietet Trainingsmöglichkeiten und auch eine

Mitgliedschaft an. Außerdem finden immer wieder auf facebook angekündigte Veranstaltungen statt.
Kontakt: Moltkestr. 13, 27576 Bremerhaven, ✉ info@bremerhaven-boulderclub.de, 🌐 bremerhaven-boulderclub.de

Veranstaltungen und Feste (eine Auswahl)

▸ Bremerhavener Musiksommer

Seit 2009 spielen jeden Sommer Tribute- und Revival-Bands die Songs und Stücke ihrer Vorbilder im Schaufenster Fischereihafen. Für viele ein herrlich nostalgisches Schwelgen in Erinnerungen an besonders emotionale Momente in ihrer gerade erst vergangenen Vergangenheit. Das Ganze geschieht übrigens in Zusammenarbeit mit dem Pumpwerk in Wilhelmshaven, nur findet dort alles am Mittwoch statt und heißt folglich „Mittwochs am Pumpwerk".
Kontakt: 🌐 bremerhavener-musiksommer.de, von Anfang Juni–Mitte September jeden Do 19–22 Uhr umsonst und draußen.

▸ Kino im Hafen

An einem Wochenende Anfang August werden zwei Filme im Freien auf einer riesigen, an Containern befestigten Leinwand gezeigt, die ein maritimes, geografisches, ökologisches oder ähnliches Thema behandeln. Bis zu 4000 Zuschauer finden sich dazu am Fischereihafen ein. Die Filme beginnen kurz nach Sonnenuntergang, etwa gegen 22 Uhr, und sind hoffentlich nicht umsonst, aber auf jeden Fall gratis.
🌐 kino-im-hafen.de

▸ Sail Bremerhaven

Alle fünf Jahre im August versammeln sich in Bremerhaven die Windjammer der Welt. Nach der spektakulären Ankunft von rund 250 Segelschiffen aller Größen und Schiffstypen wird fünf Tage lang am Hafen und auf den großen Plätzen der Stadt gefeiert. Man kann ausgiebig Schiffe besichtigen oder über einen kleinen Törn kennenlernen, an über 100 Ständen schlemmen und sich die Musik der verschiedenen Orchester und Bands anhören. Zum krönenden Abschluss steigen Raketen eines Feuerwerks über der Weser in den Nachthimmel.
🌐 sail-bremerhaven.de

Ein letzter Blick aufs Meer.

▸ Weitere maritime und andere Feste

In Bremerhaven finden rund ums Jahr verteilt einige weitere mit der Schifffahrt verbundene Feste und Veranstaltungen statt. Dazu gehören im Mai das viertägige **Seestadtfest** mit Windjammern und Dampfschiffen, ein **Leuchtturmfest** im Juli und im August die drei Tage dauernden **Schippertage** mit Plattbodenfrachtern von der deutschen und niederländischen Nordseeküste. Ebenfalls an einem Augustwochenende feiert man in der Rheinstraße ein **Afrika-Festival** mit Workshops, Verkaufsständen mit Musikveranstaltungen am Abend. An einem Sonntag im September lädt das Stadttheater zu einem **Theaterfest** mit einem Tag der offenen Tür ein. Es ist kostenlos, man muss sich aber Eintrittskarten besorgen. Näheres zu allen Festen und Veranstaltungen unter 🌐 bremerhaven.de mit über 300 Einträgen. Viel Spaß!

Bremervörde

(Landkreis Rotenburg/Niedersachsen)

Was die Stadt Bremervörde sofort liebenswert macht, ist ihrer Lage am Vörder See und an der Oste zuzuschreiben. Meist sind das Ziel der Besucher diese Gewässer. Wassersport ist Trumpf, aber nicht nur dieser zählt. Die staatliche Anerkennung der 19 000-Einwohner-Stadt als Erholungsort leuchtet sofort ein, wenn man sieht, was am See sonst noch geboten wird. Im Zentrum des Ortes gibt es eine kleine Fußgängerzone und einen großen Platz am Rathaus, das an seiner Fassade mit einem Glockenspiel aufwarten kann. Jeden Freitag findet auf dem Rathausplatz der Wochenmarkt statt.

Tourist-Information Bremervörde
Rathausmarkt 1
27432 Bremervörde
04761/987-142
touristik@bremervoerde.de
bremervoerde.de

Gästeführungen
Unter dem Stichwort „Gästeführungen" kann man auf der Webseite bremervoerde.de eine pdf-Datei aufrufen, die sowohl allgemeine Führungen per Pedes, per Rad und per Bus als auch individuelle Führungen einzelner Institutionen der Stadt oder der Umlandgemeinden mit den entsprechenden Hinweisen auflistet. Selbst Führungen auf Plattdeutsch sind im Angebot.

Sehenswertes

Die St.-Liborius-Kirche
Allein während des Dreißigjährigen Krieges wurde die Vorläuferkirche einschließlich der Ortschaft Bremervörde von dänischen Truppen zweimal restlos zerstört. 1651 bis 53 wurde schließlich St. Liborius statt bei der Burg an anderer Stelle – in Rathausnähe – neu errichtet. Bereits 25 Jahre später erhöhte man die Gewölbedecke im Zuge einer ersten Renovierung. Außerdem schuf man Grüfte, in denen neben anderen der Vertreter der schwedischen Regierung, unter dessen Oberhoheit der Ort seinerzeit stand, zur ewigen Ruhe gebettet wurde. Die letzte umfassende Renovierung wurde 1999 vorgenommen. Dabei hat man auch bis dahin verdeckte Ornamente freigelegt und restauriert. Der barocke Gesamteindruck blieb gewahrt (Neue Straße).

Das Burg- und Schlossgelände
(s. Bachmann-Museum)

Museen

Das Bachmann-Museum
Das ehemalige Kanzleigebäude der zum Schloss umgebauten Burg auf einer von Wassergräben umgebenen Befestigung ist das älteste Gebäude der Stadt. Es wurde 1608 errichtet. Alle anderen Spuren von Burg und Schloss, das 1682 geschleift wurde, sind weitgehend ausgelöscht. Reste der

Der erhaltene Teil der ehemaligen Burg.

Wassergräben existieren noch. Im erhalten gebliebenen Gebäude hat sich ein Museum niedergelassen, das nach dem Heimatforscher August Bachmann (1893–1983) benannt ist. Die Themenschwerpunkte der Sammlungen sind lokale Geologie und Archäologie mit faszinierenden Fundstücken wie die zweier fossiler Walskelette, die 12 Millionen Jahre alt sind, ein hölzernes Scheibenrad, das vor 4600 Jahren in Gebrauch war, und Skelettteilen einer Moorleiche, die vor über 1300 Jahren versank. Weitere Themen sind die regionale Geschichte und Volkskunde. Das Museum hat darüber hinaus einen reichen Veranstaltungskalender mit Führungen, Vorträgen und pädagogischen Aktivitäten wie z. B. dem Nachspüren des Lebens in einer Steinzeitsiedlung.
Kontakt: Amtsallee 8, 27432 Bremervörde, 04761/9834603, bachmann-museum.de

▸ Das Stuhmer Museum
Jungen Menschen von heute muss dieses Museum mehr als jedes andere wie aus der Zeit gefallen vorkommen, denn es dokumentiert das Leben und Arbeiten in einem Landkreis der ehemaligen Provinz Westpreußen namens Stuhm, der heute in Polen liegt. Nie gehört, werden sie sagen und ehrlicherweise werden sich viele anschließen müssen. Dem wollten schon 1957 die Gründer des Museums entgegenwirken, weil sie die verlorene Heimat nicht vergessen und die Erinnerung an sie mit anderen teilen wollten.
Kontakt: Vorwerkstr. 17, 27432 Bremervörde, 04761/983-4603

▸ Der Natur- und Erlebnispark am Vörder See
Der 50 ha große Vörder See sieht aus wie natürlich entstanden, ist aber eine Schöpfung menschlicher Planung. Dort, wo sich einst wenig ertragreiche Wiesen und Sande erstreckten, hat man das Terrain ausgebaggert und einen flachen, durchschnittlich

Der Dachs im Haus des Waldes.

2 m tiefen See geschaffen. Er ist durch einen Damm von der östlichen Oste getrennt und mit ihr durch ein Siel mit einem den Wasserstand regulierenden Stauwehr verbunden. Der einzige Zulauf ist der Balbecksbach im Westen. Der See dient seit seiner Freigabe 1978 verschiedenen Wassersportarten wie dem Schwimmen, Rudern, Segeln, Surfen und Tretbootfahren. Ein befestigter Weg für Fußgänger und Radfahrer umrundet den See. An seiner Nordostspitze erlaubt ein Aussichtsturm einen leicht erhöhten Blick über das angrenzende Wiesenareal. Die Installationen, die die Bezeichnung „Erlebnispark" im Namen vollauf rechtfertigen, befinden sich im westlichen Uferbereich des Sees.
Zwischen einer Hofanlage aus dem Jahre 1860, die ein Restaurant beherbergt, und dem See erstreckt sich eine Skulpturenwiese. An der Hofanlage zeigt ein Bauern- und Apothekergarten auf, wie man sich mit natürlichen Mitteln gesund hält.
In der Nähe sind die Hütten und Instrumente der Welt der Sinne. Hier kann man nach Lust und Laune riechen, fühlen, hören, balancieren und noch mehr. Das Café Dunkel bereitet einem das Erlebnis, als Sehender im Dunkeln wie ein Blinder in einem gastronomischen Betrieb zurechtzukommen. Etwas zurückgesetzt platziert macht die NABU-Umweltpyramide darauf aufmerksam, was man tun kann, um ökologisch bewusster

zu leben. Ein Bewegungsparcours und eine Spiellandschaft zur Stadtseite hin ergänzen den aktiven Erlebnisbereich. Mehr zu gucken gibt es im Haus des Waldes, wo man roten Waldameisen bei ihrem emsigen Treiben zuschauen kann oder einen ausgestopften Fuchs streicheln darf. Ganz in der Nähe befindet sich die Seebühne, die in der warmen Jahreszeit, z. B. beim Seefest im August oder beim sommerlichen Open-Air-Kino, ein umlagerter Veranstaltungsort ist.
Kontakt: parkdersinne-brv.de

Das Familienbad Delphino
Von Mai bis September hat das Freibad geöffnet. Es verfügt über ein 25-Meter-Schwimmerbecken, drei Sprungbretter und ein Spaßbecken nebst großzügiger Liegewiese. Das Hallenbad hat ein Sportbecken, ein Aktivbecken und ein Dampfbad. Besonders beliebt bei den Mutigen ist die Großröhrenwasserrutsche (vermutlich schon wegen dieser Bezeichnung), die über 70 m lang ist und ein Gefälle von durchschnittlich 11 Prozent aufweist. Ihr englischer Name BlueFlash deutet an, dass die rasende Fahrt in die Tiefe von Lichteffekten begleitet wird, die sich jedoch nicht auf die Farbe Blau beschränken.
Kontakt: Am Lagerberg 36, 27432 Bremervörde, 04761/809090, delphino-bremervoerde.de

So zieht jeder seine Bahn.

Veranstaltungen und Feste

Das Vörder Stadtfest
Ein eintägiges Event mit Kunsthandwerkermarkt am Bachmann-Museum Anfang Juni und Oldtimer-Treff am Rathausmarkt mit zusätzlichen Buden für das leibliche Wohl. Gleichzeitig ist verkaufsoffener Sonntag.

Schützenfest
Ende Mai bis Mitte Juni feiert die Schützengesellschaft zu Bremervörde nach einem ziemlich fest vorgeschriebenen Zeremoniell mit Schießordnung für das Vogelschießen, der Zulassung zum Königsschuss und der Krönung der Königin. Wer das alles in Aktion sehen will, kann sich unter schuetzengesellschaft-bremervoerde.de informieren.

Ladenhütermarkt
Zweimal im Jahr gibt es einen eintägigen Ladenhütermarkt (Ende April und Mitte Oktober) mit jeweils über 100 Ausstellern und dazu Imbissbuden mit Snacks aller Art.

Seefest und Mittelalterfest
Beide Feste finden am See statt und zwar Ende August.

Frühjahrsmarkt und Herbstmarkt
Im Mai und im Oktober präsentieren sich jeweils rund 70 Schausteller und Fahrgeschäfte mit dem üblichen Volksfestrummel auf dem Messegelände. Beide Feste werden traditionsgemäß mit einem großen Feuerwerk beendet.

Weihnachtsmarkt
Auf dem Rathausmarkt findet etwa in der zweiten Adventswoche ein viertägiger Weihnachtsmarkt statt. Eine große Tombola und Musikdarbietungen sind seine festen Bestandteile.

Ein Arzt, ein Schlager und ein „Deserteur“

Der Erfinder der Schüßler-Salze

Nicht weit vom Rathaus in Bad Zwischenahn entfernt, schräg vor einer Filiale der Oldenburgischen Landesbank, steht das Denkmal eines Mannes, der die Vielfalt der medizinischen Theorien um seine „biochemische Heilweise“ erweitert hat. Wilhelm Heinrich Schüßler (1821–1898) war ein Arzt, der sich mit der besonderen Heilwirkung der Homöopathie beschäftigte, die im 19. Jahrhundert in Mode war, und zu etwas anderen Auffassungen gelangte.

Schüßler war der Meinung, vereinfacht ausgedrückt, dass alle Krankheit ihre Ursache darin habe, dass der mineralische Zellhaushalt eines Menschen aus den Fugen geraten und mit einem bestimmten Mineral nicht ausreichend versorgt sei. Wenn man dem Leidenden nun in einer angemessenen Dosis dieses Mineral zuführte, würde die Krankheit gemildert und schließlich überwunden. Er legte sich auf zwölf Mineralien fest, die seither unter dem Namen „Schüßler-Salze“ firmieren, und meinte, für bestimmte Krankheiten ein jeweils wirksames Salz ausfindig gemacht zu haben. Seine Nachfolger im Geiste haben inzwischen diese Palette um weitere chemische Verbindungen erweitert. Schüßler-Salze gibt es nach wie vor im Handel, was zeigt, dass es ausreichend Abnehmer gibt, die auf deren Wirksamkeit gegen ihre Leiden bauen.

Die wissenschaftliche Medizin ist, ähnlich wie gegenüber der Heilwirkung der Globuli in der Homöopathie, von der Heilkraft der Salze nicht überzeugt und hält sie im günstigsten Fall für schlicht wirkungslos. Nun kann Glaube, wie es heißt, manchmal Berge versetzen. Mancher vertraut seiner eigenen „positiv empfundenen“ Erfahrung mit Schüßler-Salzen eher als der ihm nicht immer ganz geheuer erscheinenden („fernen“) Forschung.

So bleiben Globuli und Schüßler-Salze weiterhin im Gespräch und spielen ihre vom Heilpraktiker verordnete Rolle in dem Bemühen, die eigene Gesundheit zu erhalten oder wiederzuerlangen, auch wenn das vom Arzt, den Krankenkassen und dem Gesundheitsministerium in vielen Fällen nicht so recht eingesehen wird.

Der verehrte Dr. Wilhelm Schüßler.

Ein Weltkriegsschlager über alle Grenzen hinweg

Eine grüne Laterne steht etwas verloren gegenüber der Paulus-Kirche an der Kreuzung Luther- und Hafenstraße in Bremerhaven. Daneben, an einer Stange übereinander, zwei Metallplaketten, bei denen man genau hinschauen muss, um zu erkennen, was sie mitteilen wollen. Sie weisen auf die Dame mit der unverwechselbaren Vokalfärbung hin und auf ihr Lied, das beide in unrühmlichen Zeiten weltberühmt gemacht hat. Ihre Stimme machte die Soldaten aller Armeen an allen Fronten des Weltgemetzels und in ihren Unterkünften und Unterständen süchtig.

Lale Andersen und ihre Version der „Lili Marleen“ wurden nach der Eroberung Belgrads durch die Wehrmacht vom deutschen Soldatensender Belgrad allabendlich vor den Spätnachrichten gespielt. Von Narvik bis El Alamein träumten die Landser aller Einheiten und aller Nationen von einem unversehrten Wiedersehen mit ihren Geliebten bei der besungenen Laterne vor der Kaserne. Ursprünglich war der Schlager ziemlich erfolglos gewesen und schon bald aus den Programmen verschwunden. Ein Koffer aussortierter Schallplatten eines Wiener Senders soll seinen Weg nach Belgrad gefunden haben und Lili Marleen war nicht nur dabei, sondern plötzlich, modern gesprochen, Kult. Der Text des Liedes stammt vom Schriftsteller Hans Leip, der ihn bereits beim Wacheschieben während des Ersten Weltkriegs erdachte und erdichtete, die melancholische Melodie vom Komponisten Norbert Schultze.

In Gedenken an Kurt Albrecht

Am 28. April 1945 fand in einem Privathaus in Buschhausen, einem Ortsteil von Osterholz-Scharmbeck, eine schnell anberaumte Gerichtsverhandlung statt. Worum ging es? Ein 17-jähriger Marinesoldat aus der Pfalz namens Kurt Albrecht hatte sich wenige Tage vorher auf einem Fahrrad von seiner Einheit in Rotenburg (Wümme) entfernt und wollte nach Hause zu seinen Eltern fliehen. Er wurde aufgegriffen und konnte seinen Häschern zunächst entkommen, wurde kurz darauf jedoch abermals gefasst. Er gab zu, auf dem Weg in seine Heimat gewesen zu sein.
Kurt Albrecht wurde als Deserteur zum Tode verurteilt, noch am selben Abend zum Schießplatz des Scharmbecker Schützenvereins gebracht und dort erschossen. Eine Begnadigung wurde ihm nicht gewährt, auch wenn er nicht als Überläufer zum Feind gelten konnte und praktisch noch ein Kind war. Dass man ihm für den Rest seines Lebens die bürgerlichen Ehrenrechte aberkannte und die künftige Wehrfähigkeit absprach, hielt das Gericht für angemessen und nicht etwa für einen letzten makabren Scherz. Zwei Tage vor seiner Hinrichtung war das nahe Bremen bereits von der britischen Armee eingenommen worden. Am Nachmittag des 30. April beging Hitler Selbstmord. Acht Tage danach kapitulierte das Deutsche Reich.

Die legendäre Laterne der Lili Marleen.

60 Jahre später wird ein Geschichtsgrundkurs der Berufsbildenden Schulen in Osterholz-Scharmbeck im Rahmen einer Projektarbeit auf den Fall des jungen Kurt Albrecht aufmerksam und macht die Ergebnisse der Recherche publik. Der Stadtrat lässt sich dazu bewegen, entlang der Bahnstrecke einen langen Fußweg, der zum Schulgelände führt, als Kurt-Albrecht-Weg ins Straßenregister aufzunehmen. In der Bundesrepublik Deutschland galt eine solche Maßnahme für „Deserteure“ der Wehrmacht bis in die 1980er-Jahre als undenkbar. Manchem gelten sie sogar heute noch oder wieder als Feiglinge.
Eines der ersten Denkmäler dieser Art war das „Denkmal für den unbekannten Deserteur“, das 1986 im Gustav-Heine-Bürgerhaus in Bremen-Vegesack aufgestellt wurde. Insgesamt wurden im Dritten Reich ungefähr 23 000 Soldaten, die der Fahnenflucht für schuldig befunden worden waren, exekutiert; einige von ihnen sogar nach Ende des Krieges im Kriegsgefangenenlager mit Billigung der alliierten Militärbefehlshaber.

Bruchhausen-Vilsen

(Landkreis Diepholz/Niedersachsen)

Die Samtgemeinde Bruchhausen-Vilsen besteht nicht nur aus den beiden namengebenden Flecken, sondern hat insgesamt 21 Ortsteile. Während der malerische Ortskern von Vilsen auf einem Hügel thront, zieht sich Bruchhausen weitgehend in der Ebene hin. Beides hat seinen Reiz. Die Bewaldung in der Umgebung ist der vornehmliche Grund dafür, dass die Gemeinde 1976 die staatliche Anerkennung als Luftkurort erlangte. Dreh- und Angelpunkt zwischen den beiden Hauptgemeinden ist ein Kreisverkehr am Alten Bahnhof, wo nicht nur eine ausrangierte Dampflok einen Blickfang und eine Werbung für die älteste Museumsbahn Deutschlands darstellt. Eine nostalgisch anmutende Reparaturwerkstatt lässt das Herz jedes Borgward-Fans (nicht zu sprechen von Lloyd- und Gutbrod-Fans, sofern es solche gibt) höherschlagen.

TourismusService der Samtgemeinde Bruchhausen-Vilsen
Bahnhof 2
27305 Bruchhausen-Vilsen
04252/9300-50
tourismus@bruchhausen-vilsen.de
bruchhausen-vilsen.de

Gästeführungen
Wer die Samtgemeinde und ihre Umgebung bei einer sachkundigen und unterhaltsamen Führung erleben möchte, wende sich an das oben angegebene Tourismusbüro. Im Programm sind Wanderungen bzw. Spaziergänge (auch des Nachts) am Heiligenberg oder Führungen durch den Ortskern von Vilsen mit einem Nachtwächter.

Dörfliche Idylle.

Sehenswertes

Die St.-Cyriakus-Kirche
Die evangelische Kirche im Ortskern von Vilsen zeigt deutlich in ihren Bauteilen sowie in den verwendeten Baumaterialien, dass sie seit etwa dem Ende des 12. Jahrhunderts ein Produkt ständiger Verwandlung und Erweiterung ist. Der älteste romanische Teil im Westen mit seinen Feldsteinmauern setzt sich deutlich ab von den späteren gotischen und neogotischen Backsteinerweiterungen östlich davon. Auf dem südlichen Seitenportal verweist die in den Sandstein eingelassene Jahreszahl 1547 auf den vermutlichen Abschluss der Errichtung eines ersten Querschiffs. Die Jahreszahl 1534 am Nordportal markiert daher möglicherweise den Beginn dieser Erweiterung. Der eher ungewöhnliche Dachreiter auf dem Turm im Westen stammt aus der Gründerzeit nach 1883.

Erwähnenswert sind die an der Nordseite aufgereihten drei Glocken unterschiedlicher Größe aus Gusseisen, eine davon mit einem auf eine friedliche Welt hoffenden Sinnspruch. Die Orgel im Innern ist etwa 60 Jahre alt und die vierte einer langen Reihe, die bis in die Mitte des 17. Jahrhunderts zurückgeht. Bemerkenswert ist weiterhin die geschnitzte Kanzel aus dem Jahre 1650 mit acht Szenen aus der biblischen Geschichte. Der westliche Turm wurde 2019 einer Renovierung unterzogen.

Kontakt: Kirchplatz 3,
27305 Bruchhausen-Vilsen.

▸ Die Bartholomäus-Kirche

Die Kirche in Bruchhausen steht in der Ebene, ist kleiner dimensioniert als ihr Pendant in Vilsen und schafft so eine größere Nähe der Besucher untereinander. Eine ihrer Glocken stammt aus dem Dreißigjährigen Krieg und hat für den Ort in einer Bruchhäuser Kapelle den Westfälischen Frieden eingeläutet, bis sie später an die Bartholomäus-Kirche weitergegeben wurde.

Kontakt: Schöne Reihe 12,
27305 Bruchhausen-Vilsen.

Es klappert die Mühle ...

▸ Der Amtshof

Auf dem Terrain der mittelalterlichen Burg, die erstmals 1257 urkundlich erwähnt wird, wurden aufgrund von Brandschatzungen und Verwüstungen nacheinander eine Reihe von Gebäuden mit unterschiedlichen Funktionen errichtet. Zunächst ein Schloss, das 1563 wieder aufgebaut und als Witwensitz eingerichtet wurde. Danach, im 17. Jahrhundert, wurde es als Jagdschloss genutzt. Nach mehreren Umbauten erhielt es 1775 seine heutige Gestalt und wurde zum Verwaltungssitz von Drosten und Amtmännern. Die versahen ihren Dienst unter jeweils wechselnden staatlichen Herrschaften, wie zuletzt den Welfen und den preußischen Hohenzollern, bis zur Auflösung des Amtes Altenbruchhausen 1885.

1978 kam der ehemalige Amtshof in Privatbesitz. Die Allee, die zum Hauptgebäude des Amtshofes führt, hat noch die alte Pflasterung. Ein auf demselben Areal befindliches ehemaliges Amtsgerichtshaus wurde ganz auf Noblesse restauriert und beherbergt Architektenbüros.

▸ Die Klostermühle Heiligenberg und die Wassermühle Bruchmühlen

Das in Heiligenberg ansässige Prämonstratenserkloster richtete auf seinem Terrain zwei oberschlächtige Wassermühlen ein: die Overmole und die Neddermole (also die obere und die untere Mühle). Die obere Mühle wird 1370 im Zusammenhang mit der Erwähnung eines Müllers namens Curd aktenkundig und kommt nach der Reformation 1543 in staatlichen Besitz. Das jetzige Müllerhaus wurde 1785 errichtet und gute hundert Jahre später wurde ihm ein zweigeschossiger Wohntrakt angefügt. Der Mühlenbetrieb lief bis 1968. Im Jahre 2016 wurde in der mittlerweile denkmalgeschützten Mühle ein Restaurant eingerichtet, in dem die Produkte der Region eine große Rolle spielen, und es entstand, damit sie die Gegend so richtig erkunden können, für Übernachtungsgäste ein neues Hotelgebäude mit Wohlfühlbereich.

Die Dampflok im Kreisverkehr.

Die untere Mühle wurde sehr viel später urkundlich erwähnt, nämlich 1532. Sie ist seit 1886 im Privatbesitz einer Familie Hüneke. Bis 1996 war sie regelmäßig in Betrieb, wobei täglich drei Tonnen Getreide gemahlen wurden. Sie wird vom Heimat- und Fremdenverkehrsverein Heiligenberg betreut. Ansprechpartner für eine Besichtigung ist Johann Hüneke.
Kontakt: Heiligenberg 2, 27305 Bruchhausen-Vilsen, 04252/93200, bruening-hotels.de. **Untere Mühle,** Bruchmühlen 2, 27305 Bruchhausen-Vilsen, 04252/1883.

Museen

Die Museumseisenbahn

Die älteste Museumseisenbahn Deutschlands verbindet seit 1966 Bruchhausen-Vilsen mit Asendorf. Es handelt sich dabei um eine dampfbetriebene Schmalspurbahn mit einer Spurweite von einem Meter. Vom 1. Mai bis zum 3. Oktober gibt es einen Sommerfahrplan, demgemäß samstags die knapp acht Kilometer lange Strecke zweimal und sonn- und feiertags dreimal hin und zurück befahren wird. Er enthält zu bestimmten Gelegenheiten noch zusätzliche Fahrzeiten. Es gibt auch kulinarische Fahrten. Sehr beliebt sind die sogenannten Nikolausfahrten zur Adventszeit.
Kontakt: Bahnhof 1, 27305 Bruchhausen-Vilsen, 04252/390021, museumseisenbahn.de

Freizeit und Natur

Das Wiehe-Bad

Das beheizte Freibad verfügt über Schwimmer-, Nichtschwimmer- und Kinderbecken, wobei das 50-Meter-Becken sechs Bahnen hat. Die Liegewiese ist 5000 m^2 groß. Für sportliche Aktivitäten stehen ein Beachvolleyball- und ein Basketballfeld bereit, ebenso ein Beachsoccer-Court. Tischfußball, Billard, Tischtennis und ein Kinderspielplatz ergänzen das Angebot.
Kontakt: Am Bürgerpark 18, 27305 Bruchhausen-Vilsen, wiehe-bad.de

Die Skateranlage

Mithilfe der Kommune, eines Jugendfördervereins und der rührigen Kreissparkasse Syke wurde eine 200 m^2 große Skateranlage auf den Wunsch der Jugendlichen des Fleckens hin errichtet. Die Anlage aus Beton gilt als einzigartig in der Region.
Kontakt: Am Gaswerk 3,
27305 Bruchhausen-Vilsen

Der Wassererlebnis- und der Waldspielplatz

Neben der Skateranlage befindet sich am Gaswerk ein Wassererlebnisspielplatz, der von den Osterferien bis einschließlich der Herbstferien kostenfrei genutzt werden kann. Das 5000 m² große Areal verfügt von der Archimedischen Schraube bis zum Matschbagger über mehr als ein Dutzend Spielgeräte, die alle irgendwie mit dem Element Wasser zu tun haben. Ähnlich erlebnisträchtig ist der Waldspielplatz am Kloster Heiligenberg. Hier steht die eigene Forscherfreude im Zentrum, die sich z. B. in einem Labyrinth ausleben lässt.

Die Kunsteisbahn

Im Winter kann man auf der über 1000 m² großen Kunsteisbahn seine Runden auf coolen Kufen drehen oder mit Freundinnen und Freunden ein zünftiges Eisstockschießen veranstalten. Vor Ort werden gegen einen Obolus stumpf gewordene Kufen auf Hochglanz geschliffen.
Kontakt: Am Bürgerpark 18, 27305 Bruchhausen-Vilsen, 04252/2106 oder 04252/2680.

Veranstaltungen und Feste

Der Brokser Heiratsmarkt

Das die ganze Region in den Bann ziehende Volksfest geht wie viele andere auf einen mittelalterlichen Freimarkt, zu dem auch auswärtige Händler zugelassen waren, und auf einen damit kombinierten Viehmarkt zurück. Letzterer ist noch immer fester Bestandteil des Festes. Um die 500 Schausteller, mehrere Festzelte und modernste Fahrgeschäfte locken bis zu 400 000 Gäste an. Ein prominenter Vermittler aus Politik oder Showgeschäft eröffnet in der Regel den Reigen der Rituale. Einer der Höhepunkte, neben einem Großfeuerwerk, ist die Junggesellenversteigerung. Sie mündet für die Dauer des Festes in eine eher minder ernst genommene „Ehe auf Zeit“, die wiederum nach dem Fest durchaus legalisiert werden darf (Mitte–Ende August).

Cloppenburg

(Kreisstadt und selbstständige Gemeinde im Landkreis Cloppenburg/Niedersachsen)

Die katholisch geprägte Kreisstadt mit rund 35 000 Einwohnern (davon etwa 40 Prozent Katholiken) hat sich über Jahrzehnte von einer agrarisch geprägten Ortschaft zu einem bedeutenden Handelszentrum für landwirtschaftliche Produkte in der Region entwickelt. Hinzugekommen sind solide mittelständische Betriebe und eine entsprechende Infrastruktur. Das Stadtbild macht ganz generell einen modernen Eindruck, was sich auch in den eher schnörkellosen Zweckgebäuden der ausgedehnten Fußgängerzone widerspiegelt. Dem Statistiker ist die Stadt bekannt für ihre hohe Geburtenrate von 1,9 Kindern pro Frau, was, wie es heißt, auch auf die hohe Kinderzahl der Spätaussiedler zurückzuführen sei, die ein Fünftel der Bevölkerung ausmachen. Ein besonderes Aushängeschild der Stadt ist das bereits 1934 gegründete Museumsdorf, für dessen Besuch der interessierte Besucher einige Stunden einplanen sollte, zumal man sich im Dorfkrug auf dem Gelände des Museums oder am Backhaus verköstigen lassen kann.

Touristische Informationen
cloppenburg.de/tourismus-freizeit
Ein Fremdenverkehrsbüro für das Erholungsgebiet Thülsfelder Talsperre gibt es in der Eschstr. 29, 49661 Cloppenburg, 04471/152 56. Das Gebiet ist für Wanderer, Radfahrer und Wassersportler ein echtes El Dorado.

Sehenswürdigkeiten

▸ Das Amtsgericht

Das Amtsgericht Cloppenburg besteht aus einem 1909 im Stile des Neobarock (andere behaupten, es sei Jugendstil) erbauten Hauptgebäude und einem bereits 1806 errichteten Nebengebäude. Beide Baulichkeiten wurden aufwendig und stilgerecht renoviert, sodass sie, abgesehen von ihrer offensichtlich notwendig gebliebenen Funktion, mit vollem Recht als Sehenswürdigkeiten gelten können. Beide Gebäude liegen mitten im Stadtpark. In der Nähe findet man auch noch Relikte (hauptsächlich von den Fundamenten der Türme) der ehemaligen, 1716 abgebrannten Burg.
Kontakt: Burgstr. 9 und 10, 49661 Cloppenburg.

▸ Die St.-Andreas-Kirche

Prunk ist dem Katholizismus seit römischen Zeiten nicht fremd. Selbst asketische Mönche und Nonnen ließen es in ihren Klosterkirchen nicht an reicher Ausstattung zur Ehre des Herrn fehlen. Im Barock der Gegenreformation sollten die katholisch gebliebenen oder neu gebauten Gotteshäuser einen besonderen überirdischen Glanz verbreiten, was durchaus als ideelle Kampfansage an den eher nüchtern schmückenden Protestantismus gedacht war. So wurde die 1724–29 an historischer Stätte auf dem Krapendorfer Berg neu errichtete St.-Andreas-Kirche zu einem in seinen wesentlichen Elementen prachtvoll ausgestatteten Gotteshaus, das in der vorwiegend evangelisch geprägten Region des Nordwestens mit ihrem Kirchenschmuck heraussticht.
Der einschiffige Kirchenraum wird vom größten Hochaltar der Gegend zwischen Weser und Ems überstrahlt und abgeschlossen. Er stammt wie die beiden Nebenaltäre an der Epistel- und der Evangelienseite vor dem Chor aus der Werkstatt des Hofbildhauers

Barocke Zier.

König aus Münster. Er schuf neben der Taufe und der Kommunionbank auch die Kanzel und den Orgelprospekt. Bemerkenswert sind mehrere barocke Wandskulpturen aus der biblischen Geschichte und dem Leben der Heiligen, darunter eine Pietà mit einem wie erstarrten Jesus. 1788/89 wurde der Backsteinturm auf den Fundamenten aus Findlingsblöcken der mittelalterlichen Vorgängerkirche errichtet. Das erste Gotteshaus an dieser Stelle wurde im 10. Jahrhundert, eine Holzkirche möglicherweise schon zu Zeiten Karls des Großen erbaut.

▸ Die Gnadenkapelle, die Wallfahrtsbasilika und die Antoniuskapelle in Bethen

Der im Ortsteil Bethen gelegene sakrale Gebäudekomplex aus Wallfahrtsbasilika, Gnadenkapelle der heiligen Maria, Mutter der sieben Schmerzen, und Antoniuskapelle ist in Deutschland die nördlichste katholische

Wallfahrtsstätte. Wallfahrten zur Gnadenkapelle, die eine aus dem 14. Jahrhundert stammende Pietà als Gnadenbild vorweisen kann, sind seit der Mitte des 15. Jahrhunderts bezeugt. Reformation und Gegenreformation hatten in Bethen das Resultat, dass der Ort noch vor dem Dreißigjährigen Krieg wieder katholisch wurde. Mit dem Wiederaufbau der zerstörten Gnadenkapelle 1670 bekam der Wallfahrtsgedanke wieder ein sichtbares Ziel, woraufhin eine Hochblüte des Wallfahrens für die nächsten zwei Jahrhunderte einsetzte. Als diese religiöse Praxis zurückging, wurde 1858 der neogotische Zentralbau der Antoniuskapelle auf hexagonalem Grundriss mit einem Kreuzrippengewölbe errichtet. Eine Skulptur aus etwa derselben Epoche bildet den Heiligen ab.
Als im Ersten Weltkrieg die Wallfahrtswelle wieder anstieg, fasste man den Plan, eine Basilika zu errichten. Diese neobarocke Wallfahrtsbasilika wurde 1929 geweiht und 1977 durch Papst Paul VI. in den Rang einer „Basilica minor" erhoben. Sie ist reich ausgestattet und besitzt ein kostbares Reliquiar des selig gesprochenen Kardinals Clemens August Graf von Galen. Der Kardinal wurde als Bischof von Münster deutschlandweit bekannt für seine Predigten gegen den von den Nazis begonnenen Vernichtungsfeldzug gegen sogenanntes „lebensunwertes Leben", der Hunderten von behinderten Menschen den staatlich verordneten und herbeigeführten Tod brachte.

Museen

▸ Das Museumsdorf – Das Niedersächsische Freilichtmuseum

Vermutlich der Hauptanziehungspunkt der Stadt ist das preisgekrönte Museumsdorf, das bezüglich der agrarischen Vergangenheit kaum eine Frage offenlässt. Wer sich für alles interessiert, sollte viel Zeit mitbringen, denn es gibt neben den eindrucksvollen bäuerlichen Gebäuden, Gerätschaften, Maschinen und Windmühlen auch im Detail viel zu erkunden und zu erfahren. Bauernhäuser, Speicher, Katen und Werkstätten aus dem ganzen Umland wurden umgesetzt und mit der entsprechenden Ausstattung an authentischem Mobiliar und eingehenden Erläuterungen versehen. Wer Grünkohl nur vom Kohl-und-Pinkel-Teller seiner letzten

Wahrlich kein Spielzeug!

Kohlfahrt her kennt, findet ihn noch ungegart mit Blaukohl und Tabakpflanzen in einem Garten. Auch Kühe, Gänse und Schafe weiden, muhen, mähen oder schnattern auf den Wiesen. Ein Dorfkrug sorgt für Stärkung, im Backhaus kann man nach einem besonderen Rezept gebackenes Brot erwerben und eine Töpferei offeriert ihre Kreationen. Im Herrenhaus Arkenstede passt eine glänzende Rüstung zur noblen Ausstattung.
Neben anderen Sonderveranstaltungen findet jedes Jahr an zwei Wochenenden eine nostalgische Dorfkirmes statt. Geplant ist, demnächst eine Dorfdisco à la Whisky-à-gogo aus den 1970ern und 80ern zu installieren. Insgesamt alles sehr anschaulich, informativ und empfehlenswert.
Kontakt: Bether Str. 6, 49661 Cloppenburg, 04471/ 9l484-0, museumsdorf.de

Möhren wie aus dem eigenen Garten.

Theater und Unterhaltung

Der Kulturbahnhof
Ein moderner Anbau am Bahnhof beherbergt ein variabel nutzbares Kulturzentrum. Eine Studiobühne mit ansteigenden Zuschauerreihen lädt zu Lesungen, Vorträgen, Comedy und Kammerspielen ein, ebenso zu Aufführungen von veritablen Theaterstücken. In einem lichtdurchfluteten Ausstellungsraum, der Kunsthalle im Kulturbahnhof, finden jährlich mindestens drei besondere Kunstpräsentationen statt, die vom Kunstkreis der Stadt kuratiert und ausgerichtet werden. Außerdem gibt es die Kulturkneipe „Bahnhof" mit Bistro, Bar und Bühne. Hier sind stimmungsvolle Jazz- und Bluesabende Trumpf und es werden auch Lesungen und jede Art von Kleinkunst geboten. Und selbst wenn nichts auf dem Programm steht, kann man hier einen schönen Abend allein oder in Gesellschaft verleben.
Kontakt:. Bahnhofsstr. 82, 49661 Cloppenburg, 04471/185218, kulturbahnhof-cloppenburg.de; für die Kulturkneipe: 04471/9574220, bahnhof-cloppenburg.de

Freizeit und Natur

Der Stadtpark
Der Stadtpark liegt zwischen dem Zentrum der Stadt und dem Gelände des Museumsdorfes. Er beherbergt die Fundamente der ehemaligen Burg und die beiden Gebäude des Amtsgerichts (s. o.). Darüber hinaus ist er eine Stätte der Erholung. Ab und an bricht in seine relative Stille die Welt der modernen Unterhaltung ein, weil eine frühlingshafte Mai-Party abgehalten oder ein die Umgebung aufmischendes Konzert veranstaltet wird. Die Veranstaltungen werden häufig von der Stadthalle organisiert.

Das Soestebad
Beim Soestebad handelt es sich um ein kombiniertes Hallen- und Freibad, bei dem innen wie außen jeweils ein Sport- und ein Nichtschwimmerbecken zur Verfügung stehen. Innen gibt es Sprungbretter am Mehrzweckbecken, außen ein separates Sprungbecken mit fünf Brettern. Es gibt zudem Aquafitnesskurse, eine Textilsauna und Baby- und Planschbecken. Die Hauptattraktion schlechthin ist die 95-Meter-Rutsche.
Kontakt: Hagenstr. 28, 49661 Cloppenburg, 04471/2218, soestebad.de

Veranstaltungen und Feste (eine Auswahl)

Cloppenburg ist von jeher für seine Märkte und das Publikum einbeziehenden Veranstaltungen und Feste bekannt.

▸ Juni-Markt
Der viertägige Markt mit über 100 Buden und Fahrgeschäften findet an der Münsterlandhalle um den ersten Sonntag im Juni herum statt. Der Rummel beginnt am Freitagnachmittag und endet am Montagabend.

▸ Mariä-Geburts-Markt
Diese Veranstaltung mit 110 Ausstellern erreicht um den zweiten Sonntag im September herum ihren Höhepunkt, da an diesem Tag auch alle übrigen Geschäfte geöffnet sind. Im Zentrum des Geschehens stehen die Buden auf dem Marktplatz. Der Markt dauert von Freitag bis Montag.

▸ City-Fest
Am letzten Septemberwochenende wird das City-Fest, meist ab Donnerstag oder Freitag bis zum Sonntag, in der Innenstadt gefeiert. Einer der viel beklatschten Wettbewerbe ist der City-Lauf am Samstag. Am Abend davor findet zudem ein internationales Radrennen statt. Darüber hinaus gibt es das ganze Wochenende über Live-Konzerte und jede Menge Straßentheater, dazu ein Programm für Kinder.

▸ Weihnachtsmarkt
Die Fußgängerzone ist der Schauplatz des großen Weihnachtsmarkts, der vom 1. Advent bis zum 29. oder 30. Dezember dauert, also länger als die meisten Weihnachtsmärkte der Region. Neben den traditionellen Ständen wird für die Liebhaber und Anhängerinnen gepflegter Pirouetten, einfacher Rittberger und zweifacher Axel eine 240 m^2 große Eisfläche hergerichtet. Über allem schwebt dabei, fast überflüssig zu erwähnen, der anheimelnde Duft von gebrannten Mandeln und Glühwein.

Dangast

(Ortsteil der Stadt Varel im Landkreis Friesland/Niedersachsen)

An dem Küstenort muss schon früher etwas dran sein, wenn sich Maler wie Karl Schmidt-Rottluff, Max Pechstein, Erich Heckel oder Emma Ritter mehrmals nach Dangast locken ließen oder Franz Radziwill ganze 60 Jahre hier verbrachte, malte und werkelte. Schön, dass man den Strand gratis genießen kann und kein Klotz die Aussicht verschandelt. Überall in Strandnähe finden sich Spuren von Kunst, darunter ein Phallus aus Granit von 4,6 Tonnen Gewicht an der Hochwassergrenze im Sand vor dem Kurhaus, den der Oldenburger Künstler Eckart Grenzer zu verantworten hat. Er hat ihn „Grenzstein" genannt, vielleicht weil er 1984 haarscharf an die Grenzen der öffentlichen Moral ging.

Touristeninformation in der Kurverwaltung Nordseebad Dangast
Edo-Wiemken-Str. 61
26316 Varel-Dangast
04451/9114-0
info@dangast.de
dangast.de

Sehenswertes

▸ Das alte Kurhaus
Am Wochenende treffen sich in Dangast vom robusten Biker, der mit seiner grollenden Harley anrollt, bis zur zartgliedrigen, rotblonden Bloggerin oder nostalgischen Tagebuchpoetin alle, die ein Gespür für die Lockerheit der

Der Strand am Jadebusen.

Lokalität haben. Sie genießen den frischen, selbst gebackenen Rhabarberkuchen vom heißen Blech, der einen Ansturm auf den Tresen auslöst. Vielleicht wollen die Gäste aber auch nur einen Blick auf die gut sichtbar gehängten Gemälde an den Wänden werfen. **Kontakt:** An der Rennweide 46, 26316 Varel-Dangast, ✆ 04451/4404, 🌐 kurhausdangast.de

Das Kurhaus.

Museen

▸ Das Franz-Radziwill-Haus

Es gibt nur wenige Künstlerhäuser, die in dem Zustand anzutreffen sind, in dem sie zur Zeit der Anwesenheit des jeweiligen Künstlers existiert haben. Das Franz-Radziwill-Haus ist eine dieser raren Künstlerbleiben. Da Radziwill als gelernter Maurer dieses Haus mit eigener Hände Arbeit für seine Zwecke umgestaltet hat, kann man es fast schon als seine gemauerte Autobiografie bezeichnen, (was einige auch tun). Seit mehr als 30 Jahren darf man das Haus besuchen und einen Teil seiner Werke vor Ort in Augenschein nehmen. Und wer sein Opus nicht kennen sollte, wird sich wundern, was für ein eindrucksvolles und manchmal seherisch apokalyptisches Werk im scheinbar verschlafenen Dangast seinerzeit entstanden ist. **Kontakt:** Sielstr. 3, 26316 Varel-Dangast, ✆ 04451/2777, 🌐 radziwill.de

Veranstaltungen und Feste

▸ Watt en Schlick Fest

Gegen Ende Juli/Anfang August wird am Strand mit Musikgruppen gefeiert. Sportlicher Höhepunkt ist das Schlickschlittenrennen.

Delmenhorst

(Freie Kreisstadt/Niedersachsen)

Die Stadt an der Delme verdankt der mittelalterlichen Gründung einer (später niedergelegten) Wasserburg einen ausgedehnten, erholsamen und innenstadtnahen Bürgerpark mit einem doppelten Ring von Wassergräben um die ehemalige Burginsel, bestückt mit reichem Baumbestand. Diese Anlage passt zum Aufstieg der Stadt zur größten Industriestadt zwischen Weser und Ems im letzten Drittel des 19. Jahrhunderts. Irgendwo mussten und müssen die hart arbeitenden Menschen ja ausspannen können.
Die größte Firma der Stadt, eine weltweit agierende Wollkämmerei, ging jedoch in mehreren Etappen (erstmals 1931) schließlich 1981 endgültig in die Knie und sorgte damit indirekt für eines der sehenswertesten Nachfolgeprojekte des Industriezeitalters. Auf dem Gelände der „Nordwolle" kann man erleben, was mit alter Bausubstanz und neuen Ideen möglich ist.
Delmenhorst erlangte 1903 den Status einer Stadt erster Klasse und hat gegenwärtig rund 80 000 Einwohner. Es liegt mitten in der europäischen „Metropolregion Bremen-Oldenburg im Nordwesten", wie diese offiziell heißt, und in Delmenhorst hat deren Geschäftsstelle seit 2008 ihren Sitz.

Delmenhorster Wirtschaftsförderungsgesellschaft
Touristinfo & Marketing
Rathausplatz 1
27749 Delmenhorst
04221/99-2299
info@dwfg.de
dwfg.de
Öffnungszeiten: Mo–Mi und Fr 9–12, Do 12–16 Uhr

Stadtführungen zu Fuß, per Rad oder mit dem Bus können unter der obigen Telefonnummer bzw. der E-Mail angemeldet werden. In Anlehnung an das Wirken des Delmenhorster Originals „Jan Tut", eines ehemaligen stadtbekannten Nachtwächters, kann man auch eine abendliche Runde mit einem seiner fiktiven heutigen Nachfolger buchen.

Sehenswertes

▸ Der Wasserturm, das Rathaus und die Markthalle

Aus rund 44 Metern Höhe den Überblick über eine große Stadt gewinnen: das kann man, nachdem man 200 Treppenstufen hinauf zur Aussichtsplattform des Wahrzeichens der Stadt Delmenhorst gestiegen ist. Der Anfang des 20. Jahrhunderts vom Architekten Heinz Stoffregen konzipierte Wasserturm hat zwar seine ursprüngliche Funktion verloren, aber der 500 Kubikmeter fassende Wasserspeicher existiert noch und kann ebenfalls besichtigt werden.
Zum Gebäudeensemble desselben Bremer Architekten gehört das Rathaus, das noch vor Beginn des Ersten Weltkriegs zu Ende gebaut wurde. Er kümmerte sich auch, ähnlich wie Frank Lloyd Wright bei seinen Bauten, um die Innenausstattung bis hin zum Mobiliar. Vieles davon ist verloren gegangen, aber die Stühle und Tische von damals im großen Sitzungssaal sind noch in Gebrauch. Nach

dem Krieg fügte er dem Komplex noch die runde Markthalle hinzu und verband sie durch Arkaden und einen Gedenkhof zur Erinnerung an die Gefallenen des Großen Krieges, wie die Franzosen den Ersten Weltkrieg nennen, mit dem Rathaus. Die Arkaden und der Gedenkhof wurden 1955 abgerissen. Die Markthalle mit ihrer lichten Rotunde dient heute nicht mehr dem Warenumschlag für den täglichen Bedarf, sondern hat sich zu einem beliebten Veranstaltungsort für diverse Feiern und Darbietungen gemausert (Rathausplatz 2, 27749 Delmenhorst, 04221/992239, markthalle-del.de).
Wer seine Schritte Richtung Graftanlagen lenkt, sieht linker Hand das Gebäude des Amtsgerichts. Es wurde 1905 im Stil der Neorenaissance erbaut und hebt sich vom nur drei Jahre später errichteten Rathaus stilistisch so ab, als sei es aus einer völlig anderen Epoche. Im Übrigen hat es die Raumnot der Justizbehörden nur kurzzeitig beheben können.

▸ Die Nordwolle

Auf dem Gelände der ehemaligen Norddeutschen Wollkämmerei & Kammgarnspinnerei sind wesentliche Gebäude erhalten und unter Denkmalschutz gestellt worden. An 23 Stationen eines knapp 2 km langen Rundgangs erfährt man, wozu die einzelnen Gebäude gut waren, wie die Arbeitsprozesse in der Fabrik abgelaufen sind und welche technischen Besonderheiten die Produktion ausgezeichnet haben.
Mittlerweile sind die unterschiedlichsten Institutionen in die für ihre Bedürfnisse zurechtgemachten Fabrikbauten eingezogen: neben einem Technologiezentrum beispielsweise die Volkshochschule, ein Café, ein Restaurant mit Außenbereich und zwei Museen (s. u. Museen). Andere Gebäude wurden zu Wohnungen umgebaut beziehungsweise durch den teilweisen Abriss von Baulichkeiten in ein neues Wohnquartier

Der Wasserturm beim Rathaus.

umgewandelt, das sich an den Dimensionen der vormaligen Gebäude orientiert. Die sich auffallend von den anderen Gebäuden abhebende Villa der früheren Unternehmerfamilie Lahusen wurde äußerlich erhalten, im Innern jedoch zu mehreren Eigentumswohnungen umgestaltet.
Kontakt: Am Turbinenhaus 10–12, 27749 Delmenhorst, delmenhorst.de/museum

Kirchen

▸ Die evangelische Stadtkirche

Nahe am Innenstadtzentrum steht die Stadtkirche „Zur heiligen Dreifaltigkeit“. Sie wurde im Jahr der Großen Französischen Revolution geweiht. Im Rahmen einer Erweiterung der Kirche wurde 1908 der Turm auf 54 Meter erhöht. Am Mauerwerk lässt sich noch immer der Eingriff ablesen. Die Kirche beherbergt eine Grafengruft, in der die vier Mitglieder

der letzten Grafenfamilie von Oldenburg-Delmenhorst in ihren Särgen ruhen. An der Südwand hängen zwei Frühwerke (1908) des in Delmenhorst längere Zeit residierenden und wirkenden Malers Fritz Stuckenberg.
Kontakt: Kirchplatz 20, 27749 Delmenhorst, ✆ 04221/1264-0.

▸ Die katholische Kirche St. Marien
Die katholische Hallenkirche, die manchmal auch „Roter Dom des Nordens" genannt wird, geht darauf zurück, dass die Wollkämmerei als der größte Arbeitgeber vorwiegend Menschen aus Süd-, Südost- und Osteuropa anheuerte, sodass statt der 150 Katholiken um die vorletzte Jahrhundertwende herum plötzlich 5000 in der Stadt ansässig waren und jährlich 300 Taufen (heute im Vergleich 50–60) zu zelebrieren waren. Im Jahr 1900 wurde das Gotteshaus im neogotischen Stil errichtet und außerdem mit einem 72 Meter hohen Turm versehen. Das ließ die Protestanten nicht ruhen. Sie zogen kurz darauf bei ihrer Stadtkirche nach, allerdings ohne es zu übertreiben. Vielleicht ist noch zu bemerken, dass die dreischiffige St. Marienkirche innen einerseits räumlich äußerst monumental wirkt, daher wohl auch die Bezeichnung „Dom", gleichzeitig aber in der Ausschmückung fast schon wieder protestantisch nüchtern. Gerade so, als hätten sich die von fern hergekommenen und kirchlichen Prunk gewohnten Katholiken dem evangelischen Pur(itan)ismus anpassen wollen.
Kontakt: Louisenstr. 30, 27749 Delmenhorst, ✆ 04221/13325.

Museen

▸ Das Haus Coburg
Die 1904 errichtete Villa des Arztes Dr. Hermann Coburg wird von seinem Sohn und Nachfolger gleichen Namens 1961 zum ersten Mal als Ausstellungsstätte in den noch privaten Räumen genutzt. Ein gutes Jahrzehnt später erwirbt die Stadt das Gebäude und wandelt es in die heutige Städtische Galerie um. Die drei Schwerpunkte der Sammlung sind die Arbeiten des lange Zeit in Delmenhorst ansässigen STURM-Künstlers Fritz Stuckenberg und seiner Zeitgenossen, das Werk Arthur Fitgers, der, in Delmenhorst gebürtig, um 1900 herum auch als eine Art Kunstpapst in Bremen gewirkt hat, und die Gemälde und Zeichnungen heutiger Künstler wie Neo Rauch und Norbert Schwontkowski. Sonderausstellungen widmen sich durchaus auch anderen Techniken wie z. B. der Glasmalerei.
Kontakt: Fischerstr. 30, 27749 Delmenhorst, ✆ 04221/14132, 🌐 staedtische-galerie-delmenhorst.de

Das Haus Coburg.

▸ Das Nordwestdeutsche Museum für Industriekultur
Das Museum auf dem Gelände der Nordwolle hat zwei Abteilungen: das Stadtmuseum und das Fabrikmuseum. Die Exponate des Stadtmuseums sind in der 1884 errichteten Lichtstation des ehemaligen Konzerns aufbereitet. Sie bebildern im Wesentlichen die Gründung der Stadt und ihre Entwicklung hin zu einem bedeutenden Industriestandort der Region. Einen besonderen Schwerpunkt bilden dabei die Wanderungsbewegungen

nach Übersee und diejenigen, die in mehreren Wellen in die Stadt führten, vor allem auch nach dem Zweiten Weltkrieg (die Stichworte hierzu sind: Flüchtlinge aus dem Osten, Gastarbeiter aus dem Süden und Spätaussiedler nach 1989). Ein weiterer Schwerpunkt behandelt die Zeit der Naziherrschaft in der Stadt.
Das sich über 2300 m² Ausstellungsfläche erstreckende Fabrikmuseum gibt Einblicke in den Ablauf der Produktion der Wollkämmerei und kann dabei auf funktionstüchtige Maschinen zurückgreifen. Gleichfalls thematisiert werden die Betriebsorganisation und der Arbeitsalltag der Beschäftigten. Der spektakuläre Zusammenbruch des Firmenimperiums und seine Auswirkungen auf die übrige Wirtschaft und Gesellschaft sind weitere wesentliche Schwerpunkte. Die beiden Museumsabteilungen und der gesamte Nordwolle-Komplex sind ein Muss für jeden Interessierten.
Kontakt: Am Turbinenhaus 10–12, 27749 Delmenhorst, ✆ 04221/29858-20, 🌐 delmenhorst.de/museum

▸ Die Museumsmühle Hasbergen
Die an der Delme gelegene und grundsätzlich noch funktionstüchtige Wassermühle wurde ursprünglich mit einem unterschlächtigen Wasserrad betrieben. Von 1950 bis 1986, als man ihren Betrieb einstellte, kam eine Turbine zum Einsatz. Fünf Jahre später wurde die Mühle in ein Museum umgewandelt, in dem man alles, was mit der Technik einer solchen Mühle zusammenhängt, erfahren kann. Darüber hinaus enthält das Museum eine Sammlung verschiedener Handmühlen und neuerdings auch eine umfangreiche Kollektion von Waagen und Gewichten.
Kontakt: Hasberger Dorfstr. 1, 27751 Delmenhorst, ✆ 04221/41803.

▸ ☺ Die Museumseisenbahn „Jan Harpstedt"
Mehrmals im Jahr zuckelt eine Museumseisenbahn von Delmenhorst nach Harpstedt und zurück. Ein Weg der nostalgischen Fahrt dauert ungefähr eine Stunde. Auf der Internetseite der Betreiber kann man erfahren, über welchen Fahrzeugpark die Eisenbahnfreunde verfügen und welche Lok gerade zum Einsatz kommt. Dort wird auch das jährliche Kalendarium mit zusätzlichen Sonderfahrten angezeigt.
Kontakt: Delmenhorst-Harpstedter Eisenbahnfreunde, ✆ 04244/2380, 🌐 jan-harpstedt.de

Industriemonument außer Dienst.

Theater und Unterhaltung

▸ Das Theater Kleines Haus
Die zur Spielstätte genutzte Aula des Max-Planck-Gymnasiums bringt alles auf die Bretter, was in Deutschland Rang und Namen hat. Die Palette reicht vom Klavierkonzert über jegliche Form von Comedy bis zur Operette und zu allen Varianten des Schauspiels. Auch der charismatische Sohn der Stadt, Tim

Fischer, kommt offensichtlich immer mal wieder gern zurück, um hier sein Publikum mit seinen Chansons zu betören.
Kontakt:. Max-Planck-Str. 3, 27749 Delmenhorst, 04221/16565, konzert-theaterdirektion.de

Die Divarena
Unweit der Autobahnabfahrt Delmenhorst-Deichhorst residiert eine Veranstaltungsstätte, deren Fokus auf Comedy, Konzerte und Partys gerichtet ist. Hierher kommen neben allseits bekannten Größen auch mal zukunftsträchtige Newcomer.
Kontakt: Gustav-Stresemann-Str. 1, 27753 Delmenhorst, 04221/8505161, divarena.de

Das Amateurtheater ProSzenium
Jedes Jahr bringen die Akteure ein Stück auf die Bühne und sie scheuen nicht vor Hochkarätern zurück. Sie touren im Übrigen auch in der Region und waren bei den Amateurtheatertagen auf Baltrum mit einer Produktion ihres Nachwuchses vertreten, was beim Publikum sehr, sehr gut ankam.
Kontakt: Bremer Heerstr. 13 a, 27751 Delmenhorst, 04221/916578, proszenium-delmenhorst.de

Freizeit und Natur

Die Graftanlagen
Wer sich stadtnah in der Natur ergehen will und für wen das gelegentliche Geschnatter von Enten und Gänsen Musik ist, dem bietet sich hier ein Ort der Behaglichkeit. Es gibt einen Bienenlehrpfad und ein bisschen Vorsicht in der Nähe der eifrigen, stachelbewehrten Immen ist schon geboten. Am Eingang zur Burginsel gleich hinter der Wassermühle befindet sich das gräfliche Gartenhaus, in dem man sich trauen (lassen) kann. Wer sich selbst gern in eine Ente setzt, also eine überdimensioniert mechanische,

Im Park.

kann mit bloßer eigener Muskelkraft rund um die Fontäne kreiseln (Bootsverleih: April–September tägl. 12–19 Uhr).
Am Rande des Terrains lässt sich die eigene Koordination und Geschicklichkeit überprüfen und im Zweifelsfall üben, denn im Sommer hat eine Minigolfanlage geöffnet. Für Kinder gibt es einen besonders ausgestatteten Spielplatz und für diejenigen, die noch an ihrer körperlichen Fitness arbeiten müssen oder wollen, wurde ein jedermann zugänglicher Fitnessparcours eingerichtet.

Die Graft-Therme
Am Rande der Graftanlagen befindet sich ein vielseitig nutzbares Wellnessbad. Es besitzt zwei 25-Meter-Sportbecken, eines innen, das andere außen, und ein Nichtschwimmerbecken. Die Wassertemperatur beträgt konstant um die 27 °C. Ein abgetrenntes

Sprungbecken verfügt über ein Dreimeterbrett. Außerdem gibt es einen Saunabereich, diverse Rutschen, ein Solebecken und einen Whirlpool. Man kann sich sogar im Inneren bräunen lassen, denn die Folie der Kuppel lässt die UV-Strahlung durch. Es gibt Frühschwimmerzeiten: Mo–Fr 6.30–8 (und wer in die Sauna geht, kann bis 22 Uhr bleiben).
Kontakt: Am Stadtbad 2, 47753 Delmenhorst, 04221/283150, grafttherme.de

Skaterbahn
In unmittelbarer Nähe der Graft-Therme neben dem großen Parkplatz befindet sich eine Skaterbahn. Der gesamte Parcours wurde 2014 restauriert und auf den neuesten Stand gebracht. Zugelassen sind laut Anschlag Skateboards, Inline-Skates und BMX-Räder ohne „Pegs".

Billard etc.
Im Hardball Café gibt es 11 Billard- und zwei Snookertische, sechs Dartgeräte und ein Kickergerät. Wer zudem pokern will, findet zwei Pokertische vor.
Kontakt: Cramerstr. 183, 27749 Delmenhorst, 04221/13813, hardball-cafe.de

Bowling und Kegeln
Im Jute Sports Bowling Center stehen 20 digitalisierte Bahnen zur Verfügung. Außerdem gibt es in ausreichender Auswahl sowohl Kugeln unterschiedlichen Gewichts, unterschiedlicher Bohrungen und Fingerspannweiten als auch Leihschuhe praktisch jeglicher Größe (26–50). Neben Bowling kann auch Billard und Darts gespielt werden. Im Übrigen besitzt das Hotel Goldenstedt mehrere vollautomatische Bundeskegelbahnen.
Jute Sports Bowling Center: Weberstr. 7, 27753 Delmenhorst, 04221/2833053, jute-sports-bowling.de
Hotel Goldenstedt: Urselstr. 18, 27751 Delmenhorst, 04221/99896-0, hotel-goldenstedt.de

Veranstaltungen und Feste (eine Auswahl)

Der Kramermarkt
Auf den Graftwiesen findet zweimal im Jahr, nämlich im April/Mai und im September, der **Kramermarkt** statt. Neben Fahrgeschäften, allen möglichen Imbissständen zum Schnabulieren und Los- und Schießbuden, gibt es einen Umzug und ein Feuerwerk, das auf der Burginsel abgebrannt wird. Die jeweils aktuellen Details findet man unter delmenhorst.de. Das Gleiche bezüglich der Einzelheiten gilt auch für das dreitägige **Delmenhorster Stadtfest** (Mitte Juni), das dreitägige **Bier-Fest** (Mitte/Ende September), das mit über 120 Ausstellern bestückte eintägige **Kartoffelfest** (Mitte Oktober) und all die anderen Veranstaltungen, mit denen der Festkalender reichlich gefüllt ist.

Dörverden

(Landkreis Verden/Niedersachsen)

Die Ortschaft mit nicht ganz 10 000 Seelen besteht aus knapp einem Dutzend Ortsteilen. Bereits auf der Autobahn wird der Besucher auf die Hauptattraktion von Dörveden hingewiesen: das Wolfcenter.

Touristeninformationen zu Dörverden und gewünschten Gästeführungen unter mittelweser-tourismus.de

Sehenswertes

Das Kulturgut Ehmken Hoff
Die beiden restaurierte Bauernhäuser, die unter Denkmalschutz stehen, sind für sich sehenswert, werden aber auch für vielfältige Veranstaltungen, z. B. Konzerte, Kunstausstellungen oder Buchpräsentationen,

genutzt. Neben wechselnden Sonderausstellungen gibt es eine ständige Ausstellung mit archäologisch bedeutsamen Fundstücken aus der Region. Ehrenamtliche Helfer sind dabei, den Baubestand des Areals zu erweitern und zusätzliche gärtnerische Akzente zu setzen.
Kontakt: In der Worth 11–15, 27313 Dörverden, 04234/9433007, ehmken-hoff.de

Die St.-Annen-Kirche
Im Ortsteil Westen von Dörverden steht eine 800 Jahre alte Kirche. An ihrer Stelle befand sich ursprünglich eine Art Burg mit einem Turm, um die Aller zu überwachen und Waren- und Wegezölle zu kassieren. Die Kirche war zunächst rein romanisch und erhielt im Laufe der Zeit gotische Einsprengsel. Vielleicht weil die Kirche an den Seiten nicht hoch genug war, beließ man es bei runden Stichbögen anstatt der üblichen Spitzbögen. Zwei Dinge sind bemerkenswert: Einmal ist es der runde Turm, der von der ursprünglichen Burg herrührt, und zum anderen der ungewöhnliche Kanzelaltar.
Kontakt: Fährstr. 5, 27313 Dörverden-Westen, 04239/338, kirche-westen.de

Museen

Die Bügeleisensammlung
Mindestens 550 Exemplare unterschiedlichster Bügeleisen hat Werner Blum bei sich gesammelt und aufbewahrt. Das schwerste wiegt 12,5 kg, das älteste ist 285 Jahre alt.
Kontakt: Auf dem Loh 21A, 27313 Dörverden, 04234/934616, Besichtigung nach telefonischer Anmeldung.

Freizeit und Natur

Das Wolfcenter
Muss man Wölfe fürchten? Die Diskussion um den Schutz der wieder in Deutschland lebenden Wölfe wird auf allen Ebenen und in vielen Medien geführt. Im privaten Wolfcenter südlich von Dörverden besteht die Gelegenheit, sich intensiv mit diesem Thema auseinanderzusetzen. Mehrmals am Tage finden Führungen und kommentierte Fütterungen in einem 5,2 ha großen Tierpark mit vier – davon drei belegten – Wolfsgehegen statt. Zwei Plattformen ermöglichen einen Blick über die hohen Zäune hinweg auf die Tiere. Ein Zeittunnel im Haupthaus des Wolfcenters erläutert chronologisch, was sich in den letzten 15 000 Jahren in der Region getan hat.

Der weiße Wolf.

Alle Themen, die das Klima, die Land- und Forstwirtschaft und die Bezüge der Menschen zum Wolf, dem Jagd- und Haushund und zu den übrigen domestizierten Tiere betreffen, werden auf einer ausführlichen Zeitleiste abgehandelt. Spezielle Artikel befassen sich mit den Eigenschaften und Besonderheiten des Wolfs oder halten einzelne bemerkenswerte Ereignisse fest, wie beispielsweise den Abschuss des letzten niedersächsischen Wolfs im 19. Jahrhundert, bevor er in den 1990ern wieder eingewandert ist.
Weitere Räume zeigen themenzentrierte Ausstellungen. Es gibt zudem jeweils ein Gehege für Präriehunde und für Ziegen. Man kann in zwei Baumhäusern, Ferienzimmern oder in Tipis auf dem Gelände übernachten. Für Kinder gibt es einen Spielplatz. Ein Lokal lädt zum Frühstück oder zu einer Jause.

Darüber hinaus organisiert das Center Vorträge, in denen die Diskussionen aus den Medien mit Experten fortgeführt werden können.
Kontakt: Kasernenstr. 2, 27313 Dörverden, 04234/94311-0, wolfcenter.de

Dötlingen

(Landkreis Oldenburg/Niedersachsen)

Die Ortschaft Dötlingen gehört mit Worpswede und Dangast zu den Orten, die um die vorletzte Jahrhundertwende herum eine Vielzahl von Künstlern anzogen, sodass man von Künstlerkolonien sprach. Dötlingen erschien ihnen reizvoll wegen der Landschaft an der Hunte und dem ursprünglichen dörflichen Leben. Viele blieben über mehrere Jahre und länger und pflegten untereinander einen intensiven künstlerischen Austausch. Als Frauen an Kunstakademien des Deutschen Reiches noch keine Zulassung erhielten, waren sie darauf verwiesen, ihre Kunst in privaten Malschulen, wie sie der Künstler Georg Müller vom Siel in Dötlingen als Erster gründete, zu lernen und zu vervollkommnen. Von daher verwundert es nicht, dass unter den Dötlinger Künstlern viele Frauen zu finden sind. Die über hundertjährige Tradition als Künstlerdorf ist der Gemeinde anzumerken, denn Galerien und Ateliers bestimmen das Ortsbild. Ganz zu schweigen von den Cafés und Restaurants und davon, dass die Naturlandschaft nach wie vor zum Schauen, Wandern und Radeln einlädt.

Geführte Touren durch den Ort und die nähere Umgebung kann man bei der Gemeinde Dötlingen unter 04432/950 112 buchen. Weitere Informationen unter doetlingen.de

Sehenswertes

Die Kirche St. Firminus

Im Zentrum des Ortes, etwas abgesetzt von der übrigen Bebauung, erhebt sich die nach dem Heiligen Firminus benannte Kirche aus Feldsteinen im Unterbau und gebrannten Ziegeln darüber. Firminus lebte in für Christen ungesicherten Zeiten, denn als er vermutlich um 303 den Märtyrertod starb, hatte die neue, als subversiv empfundene Religion noch nicht die Anerkennung des römischen Staats erhalten. Ihm zu Ehren findet übrigens in Pamplona, wo er geboren wurde, die Fiesta San Fermin statt und das Rot der Halstücher der Beteiligten soll an seine Enthauptung erinnern. Die bodenständig wirkende und ursprünglich romanische Kirche wurde in drei Bauphasen erweitert und stammt in ihrer heutigen maßgeblich gotischen Gestalt aus der zweiten Hälfte des 13. Jahrhunderts. Auffällig ist eine Winkelempore, deren Bemalung durch den Kirchenmaler Hermann Oetken aus dem Jahre 1948 stammt. Noch neueren Datums (1957) ist die Orgel, die von der Firma Führer in Wilhelmshaven geschaffen wurde.
Kontakt: Dorfring 25, 27801 Dötlingen, 04433/313.

Die 1000-jährige Eiche

Die Altersangabe „1000-jährig“ für den traurigen Rest einer Eiche ist nicht wörtlich zu nehmen, sondern soll nur heißen „sehr alt“. Der Baum steht auf einer Wiese im Ortszentrum nahe dem Tabkenhof und hat vermutlich etwa 400 bis maximal 600 Jahre hinter sich gebracht. 1980 fuhr ein Blitz in die Eiche und gut 20 Jahre später verlor sie einen Ast ohne erkennbaren äußeren Grund. Von daher erhebt sich heute bis auf eine Höhe von etwa sechs Metern ein zerklüfteter Stamm, aus dem in rund vier Metern der letzte große, noch grünende Ast abzweigt.

Noch schlägt sie aus ...

Die Eiche war in der Vergangenheit ein beliebter Treffpunkt der Dorfbewohner.

▸ Der Tabkenhof

Das mit 58 Metern Länge und 17 Metern Breite größte niedersächsische Hallenhaus mit Reeteindeckung in Nordwestdeutschland fiel 1942 einem Bombenabwurf zum Opfer und brannte ab. Das seit 1830 im Besitz der Familie Tabken befindliche Haus wurde kurz nach dem Krieg als Fachwerkbau wieder aufgebaut. Es erstreckt sich zwischen der alten Dorfeiche und der Kirche des heiligen Firmin.

▸ Das Püttenhaus

Der ehemalige Speicher, der als solcher der Pfarrei der Kirche St. Firminus diente, wurde 1936, als ein neues Pfarrhaus gebaut wurde, abgerissen und an seinen jetzigen Standort versetzt. Im Dritten Reich diente er der Hitler-Jugend, später der Unterkunft von Vertriebenen. Das Püttenhaus ist heute Veranstaltungsort, Ausstellungsraum und Trauamt.

Kontakt: Heideweg 8–10, 27801 Dötlingen.

▸ Die Megalithgräber

Im Ort und in der näheren Umgebung von Dötlingen gibt es mehrere vorgeschichtliche Großsteingräber. Das Grab am Schießstand (Am Schießstand, 27801 Dötlingen) ist zwischen 3500 und 2800 v. Chr. (Jungsteinzeit) errichtet worden und wurde bis in die Bronzezeit als Bestattungsstätte benutzt. Die Grabkammer hatte ursprünglich eine Länge von 18 Metern und eine Breite von 2,20 Metern. Sie ist in Ost-West-Richtung angelegt. Als der örtliche Schützenverein seinen Schießstand einrichtete, wurde das Grab auf zwei Drittel seiner Größe reduziert. Von ursprünglich 22 Tragsteinen sind 15 und von neun Decksteinen sind nur noch zwei erhalten. Allerdings wurde der Versuch unternommen, das Grab so weit zu restaurieren, dass eine Andeutung seiner originalen Gestalt erhalten blieb. Bei Grabungen in den 1950er-Jahren wurden 600 kg Tonscherben, um die 100 Feuersteingeräte und Schmuck, darunter eine Bernsteinkette, gefunden. Zwei Kilometer östlich von Dötlingen im Ortsteil Aschenstedt liegt abseits des Wegs

Das restaurierte Grab.

in einem Gehölz das etwa ähnlich alte Großsteingrab Gerichtsstätte (Am Sande), von dem noch sieben Steine vorhanden sind. Der volkstümliche Name hat mit der Jungsteinzeit nichts zu tun, sondern rührt aus feudalen Zeiten des 18. Jahrhunderts her, als die Herren des Anwesens Aschenbeck an den imposanten Steinen Gericht über sogenannte Forstfrevler hielten.
Schon nicht mehr auf Dötlinger Gebiet, aber von hier gut zu erreichen, findet man links der Hunte auf einer von Heide überwachsenen sandigen Ebene vier wegen ihrer Größe beeindruckende Megalithgräber, die den Namen Glaner Braut tragen. Glane ist eine Ortsbezeichnung. Was die Braut im Namen soll, ist Gegenstand von Spekulationen. Das größte von ihnen ist 50 m lang und bis zu acht Meter breit, das zweitgrößte immerhin noch 30 m lang. Die restlichen beiden sind nicht länger als sechs Meter. Eine Schautafel am Ende des zu ihnen führenden Weges durch die Hunte-Auen erläutert die Besonderheit der der Sage nach von Hünen errichteten Begräbnisstätten.

Freizeit und Natur

▸ ☺ Der Swin-Golf Club Iserloy
Das Schweinegolfspiel ist dem konventionellen Golf nachempfunden, nur dass nicht auf gemähten Greens gespielt wird. Es gibt einen Universalschläger: die Vorderseite für den weiten Abschlag, die Rückseite fürs Einlochen. Die Golfbälle sind etwas größer und nicht so hart wie die regulären Golfbälle. Die Anlage im Ortsteil Iserloy kann auf einem 9er- (Zeitdauer bei vier Partnern ungefähr zwei bis drei Stunden) oder einem 18er-Kurs (etwa vier Stunden) gespielt werden. Das dazugehörige Landcafé hat für die Pause selbstgebackenen Kuchen im Angebot.
Kontakt: Stedinger Weg 64, 27801 Dötlingen-Iserloy, ✆ 04433/94024, 🌐 swingolf-iserloy.de

▸ ☺ Der Wild- und Freizeitpark Ostrittrum
Über 50 Tierarten sind im Wildpark vertreten, davon allein fünf mit dem Namensvorsatz „Zwerg", wie Zwergesel oder Zwergotter. Luchs, Wildschwein und Damwild stammen aus unseren Breiten, Emu und Nandu aus der südlichen Hemisphäre. Dort war, zumindest ideell, auch ein weißes Känguru zu Hause. Zwei Abenteuerspielplätze und ein Märchenwald machen aus dem Wildpark einen Freizeitpark. Auch kulinarisch ist vorgesorgt.
Kontakt: Rittrumer Kirchweg 29, 27801 Dötlingen-Ostrittrum, ✆ 04487/7166, 🌐 freizeitpark-ostrittrum.de

Veranstaltungen und Feste

Einer der kulturellen Höhepunkte des Jahres ist die **Festwoche der Dötlingen Stiftung** (in der letzten Augustwoche). Neben Konzerten, Lesungen und einer Modenschau finden auch Theateraufführungen statt. Meist wird das Fest beschlossen mit einem **Kunst- und Antiquitätenmarkt** (Näheres unter 🌐 doetlingen-stiftung.de).

Etelsen

(Gemeinde im Flecken Langwedel/Landkreis Verden/Niedersachsen)

In der infrastrukturell wohlversorgten Gemeinde leben knapp 7000 Einwohner auf einem Terrain, das man als Weser-Aller-Flachland bezeichnet. Jedoch prägen, wie man spätestens beim Schloss feststellen kann, auch bewaldete Hügelformationen die abwechslungsreiche Landschaft.

Informationen über die Flecken Langwedel und Etelsen und mögliche Gästeführungen unter 🌐 touristik-langwedel.de

Sehenswertes

▸ Das Schloss Etelsen und der Schlosspark

Wer es nicht besser weiß, könnte meinen, im Schlosspark von Etelsen ein Schloss der Weserrenaissance vor sich zu haben. Es besitzt die klare architektonische Gliederung, das vorherrschende Baumaterial Backstein und die zierenden Einfassungen aus Haustein. Der Architekt Karl Hantelmann aus Hannover war ein Schüler Conrad Wilhelm Hases, der so sehr als eifriger Verfechter der Gotik und damit der Neogotik auftrat, dass man seinen Stil wohl nicht ganz ernsthaft „Hasik" nannte. Hantelmann wurde in der Mitte der 1880er-Jahre von den Brüdern von Heimbruch beauftragt, auf ihrem Grundbesitz ein Schloss zu bauen. Er errichtete das Schloss im Stil der Neorenaissance. Allerdings war es in der Gründerzeit Usus, sich bei anderen Stilepochen nach Gusto zu bedienen, weshalb das Gebäude zur Schauseite hin oder an der Westfront auch barocke Elemente aufweist.

Es blieb unter verschiedenen Besitzern Herrensitz bis 1922. Dann stand es ein paar Jahre leer. Im Dritten Reich schulte die SA ihr Personal in seinen Räumen. Nach dem Zweiten Weltkrieg wurde es kurzzeitig britisches Lazarett und 1947 bis 1953 Krankenhaus. Nach weiteren sechs Jahren Leerstand verwandelte ein Bremer Kaufmann den Schlosspark in einen Tierpark mit exotischen Tieren wie Löwen und Elefanten und das Schloss diente als Restaurant. Als der Zoo nicht mehr zog, begannen Park und Schloss zu verwildern und zu verkommen. Dann trat der Denkmalschutz in Aktion und stellte alles zunächst unter seinen Schutz. Daraufhin wurden zwei Vereine nacheinander tätig, einer für die Rettung des Schlosses und einer für die Pflege des Parks.

1983 übernahm der Landkreis Verden das Schloss und stellte es bestens restauriert dem Bildungswerk der Niedersächsischen Wirtschaft als Tagungsstätte (und als Tagungshotel) zur Verfügung. Außerdem ist es mittlerweile für etliche Veranstaltungen, besonders für seine Konzerte, im ganzen Umkreis bekannt und beliebt. Wer im Park joggen will, dem stehen zusätzlich wetterfeste Fitnessgeräte zur Verfügung.

Kontakt: Bremer Str. 2, 27299 Langwedel-Etelsen, 04235/9300-0, schloss-etelsen.de

Ein neogotischer Wasserspeier.

▸ Das Mausoleum im Schlosspark

Der bereits beim Schlossbau angesprochene Architekt Hase ist ebenfalls der Baumeister eines 15 m hohen neogotischen Mausoleums im Schlosspark. Es sieht einer Kapelle mit einem kleinen eingefriedeten Vorhof ähnlich. Bei ungünstiger Witterung wirkt es mit seinen fratzenhaften Wasserspeiern ziemlich schaurig, weil ihm das Leichte der Hochgotik fehlt.

Es wurde 1873 noch vor dem Neubau des Schlosses errichtet und war die hochherrschaftliche Grabstätte der adeligen Besitzer des Schlosses. Graf Christian zu Reventlow, der 1922 starb, war die letzte Person, die dort in einem Sarkophag zur letzten Ruhe gebettet wurde. Doch seine Totenruhe war von kurzer Dauer, denn die SA veranlasste 1937, dass alle dort Ruhenden auf den Daverdener Friedhof umgebettet wurden. Als besonderes Kuriosum kann gelten, dass in der Zeit, als der Schlosspark ein Tiergarten war, das Mausoleum als Löwenzwinger fungierte. Heute finden darin Ausstellungen statt.

Fischerhude

(Landkreis Verden/Niedersachsen)

„Die Woche in Fischerhude war herrlich. Das Dorf wirkte märchenhaft auf mich“ (Otto Modersohn an Paula Modersohn-Becker am 10. August 1906). So oder so ähnlich wird Fischerhude bis heute vielfach gesehen. Das „Dorf der Bauern und Künstler“, wie es gern genannt wird, ist ein viel besuchter Ort, nicht nur am Wochenende. Das liegt wohl daran, dass man die Mischung aus dörflicher Bodenständigkeit und dem besonderen Klacks genialen Künstlertums, vor allem in einer Gegenwart gesichtsloser Bautätigkeit anderswo, an diesem Ort sehr schätzt.
Maler, Bildhauer, Keramiker, Musiker, Tänzer und Schriftsteller beiderlei Geschlechts haben es seit dem Beginn des 20. Jahrhunderts in einem lockeren Verbund und im Austausch mit Worpswede als eine weitere Künstlerkolonie der Region geprägt.
Über Deiche, Wald- und Wiesenwege ist Fischerhude mit dem Rad und auf Rollen von der Großstadt aus gut zu erreichen. Seine erlesenen Cafés und Lokale in Gärten unter alten Eichen ziehen Gäste ebenso an wie seine Boutiquen, Lädchen und Galerien. Liebevoll umgestaltete Bauernhäuser setzen dem allgemeinen ländlichen Eindruck ein Sahnehäubchen auf. Wer mit dem Auto kommt, stellt es ab und pilgert und spaziert durch den Ort und die Umgebung. Die unbegradigten Wümme-Arme stehen unter Naturschutz und ziehen Wanderer und mittlerweile sogar erste Biber an.

Die Tourismusportale
Informationen im Internet unter fischerhude.com und flecken-ottersberg.de

Der neoromanische Kirchturm.

Sehenswertes

▸ Das Dorfzentrum
Der Dorfkern um die Liebfrauenkirche mit Wegen, die, wenn sie nicht asphaltiert sind, einerseits aus grobem Kopfsteinpflaster bestehen und andererseits mit einer glatter Ziegelsteinoberfläche versehen sind, besticht. Zudem ist der Dorfkern nicht kompakt bebaut und lässt viel Raum für Grasland, Gehölze, Gebüsch und Gärten. Es gibt kaum Neubauten, die die ländliche Atmosphäre stören, falls überhaupt. Modernes ist weitgehend integriert. Die Ausgestaltung ist eher liebevoll, kaum protzig.

▸ Die Liebfrauenkirche und die Kirchhofmauer
Die im klassizistischen Stil 1841 erbaute Liebfrauenkirche steht inmitten eines nicht mehr für Begräbnisse genutzten Kirchhofs.

Ihr Turm, 1863 hochgezogen, dokumentiert bereits eine andere Stilepoche. Der aufklärerische Klassizismus des fast nüchternen Kircheninneren machte nach der das Mittelalter verehrenden Romantik der Neoromanik Platz. Als passend zum Klassizismus möchte man die Altarfenster bezeichnen, die von Klaus Luckey entworfen und 1987 eingesetzt wurden.

Kirchhofmauer.

Ungewöhnlich an diesem Friedhof ist seine Einfriedung. Man holte 39 historische Grabmäler vom Wilstedter Friedhof zurück, die es dort gab, weil an diesem Platz eine Zeit lang Fischerhuder Bürger begraben worden waren, und mauerte sie in die Kirchhofmauer ein. Sie sind ein Zeitdokument über die Stellung der Menschen zum Sterben in den verschiedenen Epochen seit 1651, dem Datum des ältesten Grabsteins. Zumal, weil nicht alle Inschriften verblasst, nicht alle Ornamente verwittert sind. Hier gilt tatsächlich: Memento mori!
Kontakt: Kirchstr. 6, 28870 Fischerhude.

▸ Ein Zimmer im Gasthof Berkelmann
Genau genommen ist es die nördliche Stube im Restaurantbereich, auf der das besondere Augenmerk ruht. Sie wurde im Art déco-Stil ausgestaltet, und zwar durch den prominenten Bremer Architekten Eduard Scotland auf Anregung des Besitzers Berkelmann selbst und des mindestens ähnlich bekannten Künstlers und Architekten Bernhard Hoetger. Das Restaurant existiert seit 1791. Zu den Gästen in seinen Fremdenzimmern gehören Paula Modersohn-Becker, Otto Modersohn, Rainer Maria Rilke und Heinrich Vogeler, um nur die für die Region markantesten zu erwähnen.
Kontakt: Zum Dieker Ort 13, 28870 Fischerhude, ✆ 04293/344, 🌐 haus-berkelmann.de

Museen

▸ Das Otto Modersohn Museum
Otto Modersohn (1865–1943) gilt als der Entdecker Fischerhudes für die Kunstwelt. Er gehörte ursprünglich zu den Gründern der Künstlerkolonie in Worpswede, aber er zog sich ab 1899 mehr und mehr aus der Gemeinschaft zurück. 1908 übersiedelte er nach Fischerhude, das er schon viel früher und des Öfteren mit Fritz Overbeck oder mit Paula Becker, seiner zweiten Gattin, besucht hatte. Die Fischerhuder Phase seines Schaffens begann. Sie beschränkte sich aber nicht nur auf die in der Region gemalten Bilder, sondern auch auf die bei Reisen und Aufenthalten in Franken und im Allgäu geschaffenen Werke. Das Museum trägt seinem Gesamtwerk vom jungen bis zum reifen, anerkannten Maler Rechnung. Etwas abseits vom Zentrum, jenseits des Rilke-Cafés, in dem einst Clara Westhoff-Rilke gelebt hat, dienen zusammenhängende umgebaute,

lichte Fachwerkscheunen als Ausstellungsräume, die zum Ort und zum Werk passen.
Kontakt: In der Bredenau 95, 28870 Ottersberg-Fischerhude, 04293/328, modersohn-museum.de

▸ Das Heimathaus Irmintraut

Auf dem Areal des Heimathauses Irmintraut ist ein Museumsdorf im Kleinen versammelt. Neben dem mindestens 250 Jahre alten Haupthaus gibt es ein Backhaus, einen Speicher und einen Bootsschuppen mit den Gerätschaften, dem Mobiliar und der Ausstattung einer vergangenen bäuerlichen Wohn-, Arbeits- und Seinskultur in ihrem ursprünglichen Ambiente.
Kontakt: Kirchstr. 2, 28870 Ottersberg-Fischerhude, 04293/7186.

▸ Die Kunstschau in Buthmanns Hof

Die Ausstellungen des Kunstvereins im ersten und zweiten Stock des Bauernhauses zeigen die ungebrochene Tradition des künstlerischen Schaffens in Fischerhude. Ausstellungen wie „Catos Welt“ blicken zurück, andere greifen feministische Themen wie die „Malweiber“ auf und wieder andere lenken den Blick auf Entwicklungen in weitere „Künstlerregionen“, falls man das so ausdrücken will. Es gibt Einzel- und Sammelausstellungen, die immer sehr inspirierend sind.
Kontakt: Im Krummen Ort 2, 28870 Ottersberg-Fischerhude, 04293/786676, kunstverein-fischerhude.de

Das Otto Modersohn Museum.

▸ KAFF „Kunst am Fluss Fischerhude“

Im Zentrum des Kunstmuseums, das 2016 in einer ausgebauten Fachwerkscheune eingerichtet wurde, steht das Werk Werner Zöhls (1926/2012) in all seinen Phasen und das von Künstlern aus seinem Umfeld. Zöhl, der nach dem Zweiten Weltkrieg in Bremen und Fischerhude ansässig wurde, kommt vom Expressionismus her, hat sich aber auf seinen zahlreichen Auslandsaufenthalten auch anderen Einflüssen geöffnet. Jährlich werden zwei Sonderausstellungen durchgeführt.
Kontakt: In der Bredenau 83, 28870 Ottersberg-Fischerhude, 04293/7105, kaffischerhude.de

▸ Die Galerie Dorfbuchhandlung Fischerhude

Die Kombination aus Buchhandlung und Galerie im ehemaligen Pferdestall der angrenzenden Gaststätte zeigt auf zwei Ebenen Gemälde zeitgenössischer Malerinnen und Maler. Unter den angebotenen Buchtiteln sind neben Neuveröffentlichungen von Romanen viele regionale und künstlerische Themen vertreten.
Kontakt: In der Bredenau 1 a, 28870 Ottersberg-Fischerhude, 04293/492.

Ganderkesee

(Landkreis Oldenburg/Niedersachsen)

Mit 25 Ortsteilen und circa 32 000 Einwohner ist Ganderkesee die größte Gemeinde im Landkreis Oldenburg. Über die Ortsgrenzen hinaus ist es bekannt für etwas im Norden eher Ungewöhnliches, nämlich für seinen Fasching, der wie im Rheinland am 11.11. beginnt und am Aschermittwoch endet. Der Hauptort macht einen sehr modernen Eindruck, nur wenige historische Gebäude sind erhalten geblieben. Ein Kleinod ist die Kirche St. Cyprian und Cornelius mit ihrer Schnitger-Orgel.

Tourist-Information Ganderkesee
Mühlenstr. 2–4 (Rathaus)
27777 Ganderkesee
04222/44-207
gemeindeganderkesee.de
tourismus@ganderkesee.de
Öffnungszeiten: Mo/Di 8–16, Mi 7–12, Do 8–18 und Fr 8–12 Uhr.
Gästeführungen
Ein Team von neun Gästeführerinnen und -führern bietet informative Spaziergänge, Halbtages- und Ganztageswanderungen an, außerdem auch geführte Radtouren ins Umland, beispielsweise bis nach Hude oder nach und durch Delmenhorst (gemeindeganderkesee.de).

Sehenswertes

Die Kirche St. Cyprian und Cornelius

Die spätgotische dreischiffige Hallenkirche in der Mitte des Hauptortes wurde im frühen 15. Jahrhundert mit einem romanischen Feldsteinturm, der rund 300 Jahre älter ist, zusammengefügt. Im Innern fallen an der rechten Wand zwei sogenannte hölzerne Priechen auf. Das sind von den Sitzplätzen der übrigen Gemeinde abgesetzte Emporen, die für bestimmte Mitglieder höherer Stände reserviert waren. In der Sakristei wurden Wandmalereien aus der Zeit um 1500 freigelegt und restauriert. Das Schmuckstück der Kirche ist eine 1699 von Arp Schnitger geschaffene Orgel. Eine vollständige Überprüfung und gründliche Überholung aller Teile, die 2005 abgeschlossen wurde, haben die Orgel in einen Zustand versetzt, der dem ursprünglichen vermutlich sehr nahe kommt, sodass man sich von ihr wie mit einer musikalischen Zeitmaschine in barocke Klangwelten zurückversetzen lassen kann. Da freut sich auch der aus der Statistik wohlbekannte evangelische Gelegenheitschrist auf den Ohrenschmaus beim sonntäglichen Gottesdienst.

Die Arp-Schnitger-Orgel.

Die Hünensteine und ein Hügelgrab

Bei Steinkimmen, einem Ortsteil der Gemeinde Ganderkesee, befinden sich die

Überreste dreier Großsteingräber, die zwischen 4800 und 5500 Jahre alt sind. Sie werden den Megalithgräbern der Trichterbecherkultur zugerechnet. Gut zugänglich hinter einem Parkplatz an der Bergedorfer Landstraße sind die 30 vollzählig vorhandenen Tragsteine eines Ganggrabs „Steinkimmen II" unter Bäumen zu finden. Von den Decksteinen sind jedoch nur noch zwei zu sehen. Die Kammer des Grabs war 22,5 m lang und bis zu 2,2 m breit. Zählt man die Einfassung dazu, dann hatte das Grab eine Länge von 28 und eine Breite von 7 Metern. „Steinkimmen I" am Alten Postweg ist weniger gut erhalten, allerdings hat man dort bei zufälligen Grabungen Keramikreste, Pfeilspitzen aus Feuerstein und ein Kupferröllchen gefunden. „Steinkimmen III" wurde bis auf wenige Reste bereits vor über 200 Jahren ausgeschlachtet, um für das Mausoleum der Großherzogin Elisabeth von Oldenburg auf dem Gertrudenfriedhof das Fundament zu schaffen. Noch trauriger sieht es um die bis vor hundert Jahren existenten, rund 80 bekannten oder auf alten Karten verzeichneten Hügelgräber der Umgebung aus. Von diesen Gräbern, vorwiegend aus der Bronzezeit, die 2700 bis 3700 Jahre überdauert hatten, sind alle bis auf eins bis zur Unkenntlichkeit zerstört oder unauffindbar.
Lediglich in der Nähe des Hexenbergs am Flughafen gibt es ein vom Orts- und Heimatverein Ganderkesee gehegtes und liebevoll gepflegtes unversehrtes Hügelgrab von 1,60 Meter Höhe. Andere mit einer Höhe von bis zu vier und einem Durchmesser von bis 20 Metern wurden nach kurzen Notuntersuchungen, wenn überhaupt, unter den Pflug genommen.

Shopping unter der Blumenpracht in Ganderkesee.

▸ Der Sender Steinkimmen
Weithin sichtbar ist bei Steinkimmen ein Sendemast des NDR zu erkennen. Die Höhe des Gittermasts beträgt 285 Meter. Dieser Mast ersetzte im Jahr 2017 seinen vermutlich berühmteren Vorgänger, der in der Mitte der 1950er-Jahre mit einer Höhe von 298 Metern nur zwei Meter kürzer als der Eiffelturm und damit zeitweise das höchste Bauwerk Deutschlands und das vierthöchste Europas war. In den 60 Jahren ihrer Existenz mehrfach technisch und baulich umgewandelt, galt die rotweiße, schlanke, kerzengerade in den Himmel ragende Metallsäule im neuen Jahrtausend aus Kostengründen bald nicht mehr als erneuerungsfähig, zumal kein Farbfernsehen und damit nur noch Radiosendungen von dort ausgestrahlt werden konnten. So musste sie dem neuen Mast weichen, der aufgrund seiner Gitterbauweise nur noch 25 Prozent des Materials des vorigen benötigte.

Freizeit und Natur

▸ ☺ Das Freibad und das SaunaHuus
Wegen Umbauarbeiten war das Freibad die gesamte Saison 2019 geschlossen. Im Frühjahr 2020 soll es wiedereröffnet werden. Dazu mehr unter der Rubrik Bäder bei 🌐 gemeindeganderkesee.de. Im Übrigen ist das Freibad immer nur in der Sommersaison geöffnet. Das Hallenbad steht den Badegästen

außerhalb der Sommersaison in der Regel ab 1. September zur Verfügung. Das zum Komplex des Freibads gehörende SaunaHuus verfügt über fünf verschiedene Saunen mit Temperaturen zwischen 55 und 95 °C. Sicherlich interessant ist das Immenhuus, in dem ein spezieller Saunahonig auf die Haut aufgetragen wird, dort schmilzt und für Pflege und porentiefe Reinigung sorgt.
Kontakt: Heideweg 2, 27777 Ganderkesee, 04222/805849-0, saunahuus.de

Das Hallenbad
Das Hallenbad besitzt ein 25-Meter-Schwimmerbecken, das bei Bedarf zu bestimmten Zeiten durch einen Hubboden teilweise in ein Nichtschwimmerbecken verwandelt werden kann. Außerdem gibt es ein Ein- und ein Dreimeterbrett. Samstags bis donnerstags ist das Wasser auf 28 °C erwärmt, am Freitag sogar auf 30 °C, eine unübersehbare Einladung an fröhliche Warmduscher und andere verfrorene Zeitgenossen.
Kontakt: Am Steinacker, 27777 Ganderkesee, 04222/805849-0, saunahuus.de/baeder

Veranstaltungen und Feste

Der Fasching
Mitten in der Norddeutschen Tiefebene feiert Ganderkesee mit bewegender Inbrunst seinen Fasching mit allem, was dazugehört: mit Büttenabenden in einer großen Sporthalle, Kinderfasching und Kindertanz, einem großen Umzug am Samstag vor Rosenmontag durch das Zentrum des Hauptortes und in einem Festzelt am Rosenmontag. Es sollen sogar schon Rheinländer gesichtet worden sein. fasching-ganderkesee.de

Weitere Feste (eine Auswahl)
Das Jahr über gibt es weitere Veranstaltungen wie das **Schützenfest** mit langer Tradition (Ende Juni/Anfang Juli), einen dreitägigen Herbstmarkt, der dem Ortsnamen gemäß **Ganter-Markt** (Mitte September) heißt, bei dem die Rathausstraße und der Ortskern mit Buden, Fahrgeschäften und am Samstag auch mit Flohmarktangeboten überquillt, und einen dreitägigen **Weihnachtsmarkt** (Anfang Dezember), der mit seinen Gewürz- und Glühweindüften von Zimt und Nelken die Mengen in den Innenstadtstraßen euphorisiert.

Gnarrenburg

(Landkreis Rotenburg (Wümme)/ Niedersachsen)

Der Ort im und am Moor besteht aus gut zwölf Ortsteilen mit rund 9000 Einwohnern, von denen ein Drittel im Hauptort zu Hause ist. Die im Ortsnamen anklingende Burg verschwand bereits im 15. Jahrhundert. An eine wirtschaftliche Blütezeit erinnert das Glasmuseum. Die Museumsbahn, die auf der Strecke zwischen Osterholz-Scharmbeck und Bremervörde in Gnarrenburg eine Haltestelle hat, ist ein Hinweis auf die Bedeutung des Ortes für den Tourismus im Teufelsmoor.

Touristik Gnarrenburg e. V.
Hindenburgstr. 64
27442 Gnarrenburg
04763/627 111
touristik-gnarrenburg.de
info@touristik-gnarrenburg.de

Museen

Das Glasmuseum
Im Bahnhofsgebäude, das übrigens von Heinrich Vogeler entworfen wurde, befindet sich das Glasmuseum. Es zeugt vom einstigen Aufstieg der Gemeinde von Bauern und

Torfarbeitern zu einem seinerzeit weithin berühmten Industriestandort für Glaswaren. Entscheidenden Anteil an dieser Entwicklung hatte die Patentierung eines Tropfenzählers, der seither vor allem in der Medizin zu jeder Flasche beispielsweise mit Hustentropfen dazugehört. Mehr dazu im Museum.
Kontakt: Bahnhofstr. 15, 27442 Gnarrenburg, So 14–18 Uhr, Termine nach Vereinbarung über 04763/627111 (Touristik Gnarrenburg) oder via Internet: glasmuseum-gnarrenburg.de.

Das Glasmuseum im Bahnhof.

Der historische Moorhof
Im Ortsteil Augustendorf, etwa vier Kilometer vom Ortszentrum in Gnarrenburg entfernt, hat ein Heimatverein einen Moorhof mit Rauchhaus, Torfscheune, Schaf- und Schweinestall und einem Backofen restauriert, sodass man einen Eindruck bekommen kann, wie in einer Siedlung im Teufelsmoor gelebt und gearbeitet wurde. Während spezieller Aktionstage im Mai, Juni und September wird der Steinbackofen angeworfen und die Besucher können sich an den Backwaren bedienen.

Grasberg

(Landkreis Osterholz/Niedersachsen)

Grasberg ist eine ausgesprochen junge Gemeinde, nicht weil es im Ort keine Rentner oder Greise gäbe, sondern weil die Gegend bis ins 18. Jahrhundert als unbewohnbar galt. Es bedurfte der Initiative des in der Gegend weithin bekannten Jürgen Christian Findorff, der als erste Maßnahme zur Kolonisierung der dortigen Moorflächen auf einem eher trockenen Sandhügel, der mit Gras bewachsen war, eine Kirche bauen ließ. Das war um 1785 herum.
Er bestärkte damit die Moorkolonisten, im Jahr 1776, als ganz andere Kolonisten ihre Unabhängigkeitserklärung im fernen Amerika erklärten, an der Besiedlung auf dem gewissen Terrain um den „Grasberg" herum festzuhalten.
Viele Besucher kommen heute hauptsächlich aus dem einfachen Grund, dass sie den Klang einer Arp-Schnitger-Orgel hören, ja erleben möchten. Andere kommen, um sich in einer der Galerien oder bei einer Töpferei umzusehen.

Gästeinformation Grasberg
Speckmannstr. 30
28865 Grasberg
04208/91750
stark@grasberg.de
grasberg.de

Sehenswertes

▸ Die Grasberger Kirche und ihre Orgel

Bereits 1788 gelang es dem „Königlichen Moorcommissair“ Findorff, für seine neu erbaute Kirche für 500 Reichstaler eine Orgel zu erwerben. Es handelt sich um eine eher zierliche Stadtorgel, die ursprünglich vom großen Orgelbaumeister des Barock, Arp Schnitger aus Schmalenfleth, für das Hamburger Waisenhaus gebaut worden war. Das bereits dem Verfall preisgegebene und von Fachleuten aufgegebene Instrument wurde nach jahrzehntelangem Herumwerkeln von 1980 bis 1985 durch die Orgelwerkstatt Hillebrand im Hannoverschen umfassend restauriert und in den ursprünglichen „barocken“ Zustand versetzt. Das „gerettete“ Instrument gehört seitdem wieder zu den etwa 30 bis 35 funktionsfähigen Schnitger-Orgeln, die den Klang ihrer Epoche (die Orgel wurde ursprünglich 1694 hergestellt) originalgetreu reproduzieren können. Seither werden in der Kirche (außer dem Gottesdienst) vor allem Kirchenmusikkonzerte unter dem Titel „Grasberger Kirchen-Konzerte“ veranstaltet.

Museen

▸ Das Museum Findorff-Hof

Die in zehn Jahren intensiver Aufbauarbeit von den Mitgliedern des Findorff-Heimatvereins errichtete bäuerliche Hofanlage umfasst ein repräsentatives Bauernhaus in Fachwerkbauweise, ein Backhaus, eine Scheune, eine Wagenremise und ein Spritzenhaus. Hinzu kommen eine Flechtwerkscheune, ein Bleicherhäuschen, ein Schiff- und ein Bienenschauer, ein Ziehbrunnen und ein Göpel. Die Gebäude sind rund 25 Jahre alt, das Baumaterial wurde aber teilweise aus verfallenen älteren Häusern entnommen. Im Haupthaus sind Gegenstände ausgestellt, die früher auf einem Bauernhof gang und gäbe waren, wie beispielsweise ein Webstuhl, und können bei einer Führung besichtigt werden. Mehrmals im Jahr wird der Steinbackofen im Backhaus angeworfen und es gibt Backwaren aller Art zu kosten. Eine feuerrote Feuerwehr-Handdruckspritze von 1925 steht im Spritzenhaus, andere agrarische Maschinen und Geräte in der Scheune. Ein alter Ackerwagen hat seinen Platz in der Remise. In dem Schiffschauer ist ein Torfkahn untergebracht. Manchmal gibt es auch ein Konzert oder ein Kaffeetrinken im Haupthaus.

Kontakt: Am Schiffgraben 7, 28879 Grasberg, ☏ 04208/9175-0.

▸ Die Galerie im Moor

Sicher spielt die Nähe Worpswedes zu Grasberg eine Rolle dabei, dass sich eine Galerie im Ort ansiedelt. Die Galerie im Moor stellt mehrmals im Jahr moderne Künstler und Künstlerinnen vor, kann aber auch auf einen Bestand zurückgreifen, aus dem die Werke Horst Janssens vielleicht die bekanntesten sind.

Kontakt: Grasdorfer Str. 15, 28879 Grasberg, ☏ 04208/1224, 🌐 galerie-im-moor.de

Veranstaltungen und Feste

▸ ☺ Die Dorfparade in Schmalenbeck

Die Dorfjugend des Ortsteils Schmalenbeck wollte im heimischen Rahmen eine Veranstaltung, wie sie in Berlin seinerzeit Furore gemacht hatte: die „Love Parade“. Gedacht, getan! Was im ersten Jahr, 1998, wie ein ziemlicher Flop mit einem Wagen und knapp zwei, drei Dutzend Besuchern begann und unverhohlen Spott auslöste, ist nun jedes Jahr das Event im Ort, das mit 30 Wagen an die 2000 Schaulustige anlockt, weil die Dorfjugend sich schlichtweg nicht von widrigen Umständen unterkriegen ließ (am dritten Juliwochenende, siehe auch unter 🌐 dorfparade.eu oder 🌐 grasberg-vereine.de).

Großenkneten

(Landkreis Oldenburg/Niedersachsen)

Die großen Waldgebiete auf dem Terrain von Großenkneten sind ein beliebter Anziehungspunkt für Menschen, die eine erholsame Wanderung oder Radtour in der freien Natur unternehmen möchten. Der Ortsteil Ahlhorn, Sitz eines Niedersächsischen Forstamts, wird besonders gern angelaufen, weil das Naturschutzgebiet der Ahlhorner Fischteiche sehr idyllisch ist.

Touristeninformation in Großenkneten
Markt 1
26197 Großenkneten
04435/600117

Sehenswertes

In der Ahlhorner Heide nördlich des Endeler Gehöfts befindet sich mit dem Visbeker Bräutigam bei einer Länge von knapp 105 m und einer Breite von bis zu neun Metern eine der größten Megalith-Anlagen der jungsteinzeitlichen Trichterbecherkultur überhaupt. Sie war ursprünglich mit 170 Findlingsblöcken eingefasst.
Ein Grabanlage sehr viel jüngeren Datums befindet sich im Ortsteil Sage. Es handelt sich dabei um den Kriegsgräberfriedhof der Commonwealth War Graves Commission. Auf dem Sage War Cemetery sind 970 Angehörige der Armeen des britischen Commonwealth begraben: Briten, Kanadier, Australier, Neuseeländer und 22 aus Polen. Unter ihnen sind 157 Personen, von denen man nichts weiß, außer dass sie für den Commonwealth ihr Leben lassen mussten. Die meisten waren Soldaten und Offiziere der alliierten Luftwaffe, die im Nordwesten und auf den Ostfriesischen Inseln abgestürzt sind oder abgeschossen wurden.
In Sage befindet sich außerdem eine der weltgrößten und modernsten Erdgasaufbereitungsanlagen. Die Firma Exxon entzieht dem aus dem Boden geholten Sauergas auf weitgehend umweltverträgliche Weise Schwefelwasserstoff.

Freizeit und Natur

Lehrpfad
In einem kleineren Ortsteil, in Bakenhus, gibt es bei dem gleichnamigen Biohof einen Trinkwasser-Lehrpfad.
Kontakt: Bakenhuser Esch 8, 26197 Großenkneten, 04435/951-11, bakenhus.de

Boote auf dem Fischteich.

▸ **Kanufahren**
Wer gern auf dem Wasser unterwegs ist, dem ist eine Kanutour auf der Hunte zu empfehlen. Im Ortsteil Amelhausen gibt es in Hunte-Nähe einen Kanuverleih.
Kontakt: kanu4you Hasenberg 5, 26197 Großenkneten-Amelhausen, 04433/9687082, kanu4you.com

Kriegsgräber in Sage.

Hagen im Bremischen

(Landkreis Cuxhaven/Niedersachsen)

Die gut 1000 Einwohner der Einheitsgemeinde verteilen sich auf 26 Ortsteile in 16 Ortschaften. Hagen liegt rechts der Weser, nur wenige Kilometer südlich von Bremerhaven. Nach dem Zweiten Weltkrieg hat die Gemeinde zahlreiche Flüchtlinge aus dem Osten auf einem Westpreußensiedlung genannten Terrain eines ehemaligen Arbeitslagers aufgenommen. Mittlerweile bekommt Hagen Zuzug aus dem Bundesland Bremen, nicht zuletzt wegen seiner ländlichen Idylle.

Touristik-Information Gemeinde Hagen i. B.
Amtsplatz 3
27628 Hagen im Bremischen
04746/87-0
info@hagen-cux.de
hagen-cux.de
Öffnungszeiten: Mo–Fr 8–12, Do zusätzlich 14–18 Uhr

Sehenswertes

▸ **Die Burg zu Hagen**
An der Stelle des heutigen Gebäudes gab es seit dem 12. Jahrhundert eine Burg, die aufgrund der feuchten und moorigen Umgebung fast so gut wie eine Wasserburg geschützt war. Von den aufständischen Stedinger Bauern wurde sie dennoch einmal gestürmt. Die Burg, wie sie sich heute präsentiert, muss kurz nach 1502 auf die heutige Länge von 30 m und die Breite von 10 m vergrößert worden sein, denn die dendrochronologische Untersuchung der Deckenbalken ergab für die Fällung der Bäume dieses Jahr. In der Folge wird das Gebäude als Amtshaus, Kapelle, Wohnstätte und Gefängnis genutzt. Seit 1988 dient die grundlegend restaurierte Burg als Kulturstätte und Standesamt. Neben Ausstellungen sind in der Hauptsache Konzerte und vergleichbare Veranstaltungen im Angebot.
Kontakt: Burgallee 1, 27628 Hagen im Bremischen, 04746/6043, burg-zu-hagen.de

Freizeit und Natur

▸ **Die Piratenburg**
Kinder und auch Erwachsene werden mit einer breiten Palette von Spielmöglichkeiten angesprochen. Ganz witterungsunabhängig kann man hier nach Herzenslust Pirat sein, es sei denn man möchte unbedingt Piraten-Golf spielen, dann muss man sich wohl oder übel raus ins Gelände begeben und auf naturbelassenem Terrain spielen.

Kontakt: Pferdehamm 4, 27628 Hagen im Bremischen, 04746/938115, piratenfeste.de

Hude

(Landkreis Oldenburg/Niedersachsen)

Die Gemeinde besteht aus 20 Ortsteilen und hat 16 000 Einwohner. In den Annalen der Geschichte wird sie im 13. Jahrhundert das erste Mal erwähnt, weil am Ort die Zisterzienser ein Kloster errichten. Deshalb und wegen der Umgebung, die zum Wandern und Radeln einlädt, kommt heutzutage die Mehrzahl der Besucher nach Hude.

Touristik-Palette Hude e. V.
Parkstr. 53 a
27798 Hude
04408/8090950,
touristik-palette-hude.de
info@touristik-palette-hude.de
Öffnungszeiten: Mo–Fr 10–12.30 Uhr

Gästeführungen
Eine pdf-Datei auf der Webseite der Touristik-Palette Hude enthält die Telefonnummern und E-Mail-Adressen aller Gästeführer und ihre besonderen Ausflugsangebote. Außerdem gibt sie Tipps für eigenständige Unternehmungen. Interessant könnte auch eine Kutschfahrt werden, auf die dort hingewiesen wird.

Sehenswertes

Die Klosterruine

Fast fühlt man sich an Ruinen im tropischen Regenwald erinnert, wenn man sich der Klosterruine von Hude nähert. Besonders im Sommer, wenn das Laub dicht steht, muss man an manchen Stellen schon zweimal hinschauen, um die wenigen, jedoch mächtig aufragenden Backsteinbögen und -mauern der im 16. Jahrhundert gebrandschatzten und danach wieder aufgegebenen Klosterkirche der Zisterzienserabtei zu entdecken. Bei ihr handelte es sich um ein 60 m langes und 30 m breites dreischiffiges gotisches Gotteshaus, dessen Kreuzgang fast vollständig verschwunden ist, weil er, wie andere Teile der Kirche und der Klostergebäude auch, als Steinbruch für eher profane Bauten genutzt wurde. Dem Abbau wurde jedoch durch die seit 1687 im Besitz des Anwesens befindliche Familie von Witzleben Einhalt geboten, sodass heute zumindest der Eindruck von der Imposanz des Bauwerks erhalten ist.
Als sich in der Romantik eine mystisch angehauchte Begeisterung für das christliche Mittelalter in Deutschland und England ausbreitete, wurden Ruinen wie die von Hude plötzlich zum beliebten Gegenstand von Gedichten, Gemälden und Zeichnungen. Auf dem Gelände befinden sich eine Klosterschänke mit Übernachtungsmöglichkeit, das ehemalige Abtshaus, eine Wassermühle, ein Museum in einem früheren Ballsaal und Galerien und Ateliers.
Kontakt: klosterhude.de

Die Klosterruine.

Die St.-Elisabeth-Kirche mit Friedhof

Die ehemalige Torkapelle der Zisterzienserabtei ist erhalten und infolge der

Die St.-Elisabeth-Kirche.

Reformation zur evangelisch-lutherischen Pfarrkirche von Hude geworden. Innerhalb des ursprünglichen Klosterkomplexes erfüllte sie die Funktion einer Gebetsstätte für Laien und Arme, da Laien, mit Ausnahme der sogenannten Laienbrüder und -schwestern, in der Regel keinen Zugang zum eigentlichen Kloster hatten, aber natürlich Gott dienen durften und sollten. Deutlich wird das auch an der inneren Ausgestaltung der Kirche, die entgegen der sonstigen Kargheit an bildnerischen Werken in einem Reformkloster gerade durch bildliche Darstellungen versuchte, den analphabetischen Laien die biblische Botschaft zu vermitteln.

Die Kirche ist von einem Friedhof umgeben, der eine eigene Abteilung für die Mitglieder des Adelsgeschlechts derer von Witzleben hat. Das Sandsteinportal mit zwei Totenschädeln und einem schmiedeeisernen Tor führt auch zur 1963 errichteten Gedenkstätte für Generalfeldmarschall Erwin von Witzleben, einem Widerstandskämpfer des 20. Juli 1944 gegen Hitlers Regime. Er wurde auf ausdrücklichen Befehl Hitlers durch Erhängen umgebracht, sein Leichnam verbrannt und seine Asche in alle Winde zerstreut, sodass es kein wirkliches Grab für ihn geben sollte.

Kontakt: Kirchstr. 4, 27798 Hude.

▸ Das Skulpturenufer

Etwa zwei Kilometer vom Kloster und der Wassermühle entfernt, an der Berne bachaufwärts, erreicht man nach einem kleinen Wald eine Wiese, auf der sehr unterschiedliche Gebilde in der Landschaft stehen oder liegen. Der ortsansässige Künstler Wolf E. Schultz hat in Zusammenarbeit mit der Gemeinde Hude einen Skulpturenpark mit ungefähr 40 seiner Arbeiten aus Stein, Holz und Metall gestaltet. Der Park ist frei zugänglich und die Skulpturen können, nachdem man ihre Wirkung auf sich in freier Natur erlebt hat, käuflich erworben werden.

Kontakt: Vielstedter Kirchweg, 27789 Hude; das Atelier des Künstlers befindet sich im Ladillenweg 28, 27798 Hude; er ist erreichbar über ✆ 040/63865790, 🌐 wolf-e-schultz.de

▸ ☺ Der Planetenlehrpfad

Zu einem Spaziergang kosmischen Ausmaßes lädt der Planetenweg ein, der von der weithin sichtbaren Sonne bei Wüsting bis nach Hude führt oder umgekehrt. Unterwegs begegnet man in der richtigen Reihenfolge und den entsprechenden realen Abständen, allerdings verkleinert auf das Verhältnis von einer Milliarde zu eins, den Planeten unseres Sonnensystems bis zu Uranus und Neptun. Auf diese Weise schrumpft die Entfernung von 6 Milliarden Kilometern auf sechs gemütlich zu bewältigende Kilometer zusammen. Die leuchtend gelbe

Sonne wurde aus dem Treibstofftank einer Ariane-Rakete gefertigt.
Kontakt: Freiherr-von-Münnich-Straße, 27798 Hude.

Freizeit und Natur

Das Naturbad
Das Waldschwimmbad unweit des Klosters hat eine ruhige und idyllische Lage und, was manchen besonders ansprechen wird, ungechlortes Wasser. Die physikalisch-biologische Aufbereitung des eigenen Grundwassers sorgt dafür, dass keine allergenen oder chemischen Reizstoffe im Wasser die Badenden beeinträchtigen. Neben dem Schwimmerbecken mit einer Ausbuchtung für die Springer vom Dreimeterbrett gibt es ein Nichtschwimmer- und ein Planschbecken. Außerdem gibt es eine kleine Kletterwand, eine Rutsche und einen Grillplatz.
Kontakt: Linteler Str. 5, 27798 Hude, 04408/7484, hude.de

Das Hallenbad
Das Hallenbad hat ein 25-Meter-Schwimmerbecken mit vier Bahnen. Der Hallenboden kann zu bestimmten Zeiten für Nichtschwimmer angehoben werden. Ein Planschbecken bietet Spaß für die Kleinsten.
Kontakt: Auf dem Klüterort 13, 27798 Hude, 04408/2202, hude.de

Jade

(Landkreis Wesermarsch/Niedersachsen)

Exotischer kann in Norddeutschland ein Ortsname kaum klingen, aber auch der nahe gelegene Jadebusen hat, folgt man den Namensforschern, nichts mit dem fernöstlichen grünlichen Schmuckstein zu tun. Zuerst bekam wohl der Fluss seinen Namen, der schlicht eine Bezeichnung für ein fließendes Gewässer war. Der Jadebusen hat sich erst durch mehrere Sturmfluten im späten Mittelalter herausgebildet, weil sich die ansässigen Friesen untereinander und mit anderen Anrainern nicht grün waren, sodass sie die Deichpflege vernachlässigten. Mehrere, zum Teil bedeutende Orte wurden Opfer der See und erst kurz vor Jade ließ sich das Meer schließlich dauerhaft eindämmen. Jade hat mit allen Ortsteilen rund 5000 Einwohner. Auf seinem Terrain liegt der Bollenhagener Moorwald, der als Ausgleichsfläche für den JadeWeserPort zu einem Eichenmischwald aufgeforstet wurde.

Jade Touristik
Bäderstr. 23
26349 Jade
04455/1458
info@ruhigundgemuetlich.de
ruhigundgemuetlich.de
Öffnungszeiten: Mo/Di/Do/Fr 10–12, Mi 14–17, So 13–18 Uhr.

Freizeit und Natur

Der Jaderpark
Der Tier- und Freizeitpark zielt auf Erwachsene mit Kindern bis etwa 14 Jahren ab und ist in vier Themenparks unterteilt: Es gibt den Tierpark mit über 600 Tieren und 105 Arten, den Freizeitpark mit Wildwasser- und Achterbahnen plus Karusselle, Wellenrutsche, Trampolinanlage und einiges mehr. Außerdem den Abenteuerpark, der einer afrikanischen Steppe mit Giraffen, Zebras und Straußen gleicht und der auf einer Westernbahn umrundet werden kann, und den Spaßpark mit der sogenannten Spielscheune, die in einer umgebauten Reithalle mit Hüpfburg, Klettermöglichkeiten und einem Ballspielfeld ausgestattet ist. Ein Streichelzoo ist ebenso vorhanden wie ein Imbiss und ein Restaurant.

Kontakt: Tiergartenstr. 69, 26349 Jade-Jaderpark, 04454/91130, jaderpark.de

Kirchlinteln

(Landkreis Verden/Niedersachsen)

Die Einheitsgemeinde besteht aus 17 Ortsteilen mit insgesamt knapp 10 000 Einwohnern. Die früheste urkundliche Erwähnung liegt über tausend Jahre zurück und betrifft den Ortsteil Holtum. Der Turm der St.-Petri-Kirche im Hauptort stammt noch aus dem 12. Jahrhundert. Nach dem Zweiten Weltkrieg hatte Kirchlinteln einen große Zulauf von Flüchtlingen aus den deutschen Ostgebieten und aus den deutschsprachigen Siedlungsgebieten auf dem Balkan. Die gute Anbindung an Bremen sorgt heute für den Zuzug von Pendlern aus der Großstadt.

Tourismus-Information
Lintler Krug
Hauptstr. 11
27308 Kirchlinteln
04236/942 255
tourismus@kirchlinteln.de
kirchlinteln.de
Öffnungszeiten: Mo–Fr 9–13 Uhr.

Natur und Freizeit

▸ Die Wacholderheide

Südöstlich von Kirchlinteln befindet sich das Naturschutzgebiet Hühnermoor, das seit 1997 ausgewiesen ist. Der westliche Teil war bereits 1930 unter Schutz gestellt worden. Es handelt sich um die Wacholderheide von Ramelsen, die etwa vier Kilometer von Kirchlinteln entfernt ist. Diese Heidefläche ist durchsetzt mit meist schlanken Wacholderbäumen, die je nach Wuchs wie grüne Kerzen oder spitze Hüte in der Landschaft stehen. Auf der Internetseite der Tourismus-Information Kirchlinteln kann man eine Beschreibung der Fahrradtour von Kirchlinteln in die Wacholderheide von Ramelsen abrufen, mit zwei Rückwegvarianten.

Veranstaltungen und Feste

▸ Der Lintler Rübenmarkt

Das Volksfest wird seit 1660 gefeiert. Am Freitag ist traditionell der große Bieranstich im Festzelt. Am Samstag wird auf dem Flohmarkt gefeilscht. Die Kinder können Bungee springen, Karussell fahren oder ihre Laternen spazieren tragen. Inzwischen nehmen die Erwachsenen ihr plattdeutsches Katerfrühstück ein. Die Disco für alle im Festzelt beschließt einen geselligen Tag (Scharnhusenplatz, svkirchlinteln.de, letztes Wochenende im September).

Lemwerder

(Landkreis Wesermarsch/Niedersachsen)

Lemwerder war jahrzehntelang ein Hotspot der Flugzeugtechnik und des Flugzeugbaus. Ein Verein möchte gerne ein entsprechendes Museum aus der Taufe heben. Technologie kann der Ort gleichwohl bieten. Von der rechten Weserseite aus Richtung Lemwerder sieht man, dass große Reedereien dort ihren Sitz oder ihre Werft haben. Ab und zu bekommt der weniger begüterte Teil der Menschheit die Gelegenheit, riesige Luxusjachten zu Gesicht zu bekommen, bevor sie ihren finanziell potenten Eigentümern übergeben werden.

Tourismus-Information unter
lemwerder.de/tourismus.

Drachen am Himmel.

Theater und Unterhaltung

▸ Das BEGU

Das Begegnungszentrum hat ein umfassendes Programm zu bieten. Kleinkunst und Kabarett sind ebenso vertreten wie Konzerte, Lesungen und szenische Aufführungen. Darüber hinaus werden vom Kinder- und Jugendzirkus bis zum Töpferkurs Workshops angeboten, die Menschen aller Fähigkeiten ansprechen und einbeziehen. Ausdruck dieses Bemühens ist das mit viel Engagement betriebene Integrationstheater „Eden". Kulinarisch unterstützt wird das Projekt durch die Familie Rauch, die dafür ihr rauchfreies „Rauchcafé" in Bremen aufgegeben hat.
Kontakt: Edenbütteler Str. 5, 27809 Lemwerder, ✆ 0421/688610, 🌐 begu-lemwerder.de

Veranstaltungen und Feste

▸ ☺ Das Drachenfest

Am dritten Augustwochenende jeden Jahres wird es seit 1991 am Himmel über Lemwerder besonders bunt. Aus der ganzen Region und darüber hinaus kommen Drachenbauer an die Weser zum Ritzenbütteler Sand und lassen ihre Kreationen aufsteigen. Manche darunter sind so skurril gestaltet, dass man das ursprüngliche Bild, das der Name Drachen anklingen lässt, nur mit dem Blick des modernen Kunstsachverständigen oder Aerodynamikers erkennen kann.

Lilienthal

(Kreis Osterholz/Niedersachsen)

Entlang der Hauptstraße schlängelt sich Lilienthal zwischen Wiesen und Waldstücken an Wörpe und Wümme ins weite Land. Eine Umgehungsstraße hat das verkehrstechnische Rückgrat des Ortes entlastet. Zur Arbeit und zu Freunden nach Bremen fährt man mit Auto, Fahrrad oder der relativ neuen Linie der Bremer Straßenbahn, die auch die Wege im langgestreckten Ort selbst kürzer macht. Von den knapp 20 000 Einwohnern pendeln nicht wenige über die Landesgrenze ins benachbarte Bremen, einige von ihnen kommen ursprünglich sowieso von dort.
Das historische Zentrum um Rathaus und Klosterkirche liegt etwas abseits vom Hauptverkehrsstrang. Die Bebauung ist eine Mischung aus einigen historisch zu nennenden Bauern- und Amtshäusern und vielen modernen Gebäuden wie das Rathaus und die herausgeputzten Wohnstätten der Zugezogenen. In einige Wege, die zum Ortskern führen, ist ein Lilienstein in den Asphalt oder das Pflaster eingelassen. Schon an der Grenze zu Bremen weist eine nachgebaute Konstruktion auf ein Sonderthema der Ortsgeschichte hin: auf den visuellen und geistigen Griff nach den Sternen.

Tourismusinformationen im Netz unter 🌐 gaesteinformation-lilienthal.de oder 🌐 lilienthal.de

Sehenswertes

▸ ☺ Das Telescopium

Von Bremen aus gesehen, am Eingang Lilienthals auf der linken Straßenseite, erhebt sich eine scheinbar altertümliche Konstruktion:

ein Gerät zur Beobachtung der Planeten und Sterne, wie es vor über 200 Jahren dem Astronomen Johann Hieronymus Schroeter gedient hat, um seine Himmelsobservationen im Amtsgarten hinter der Klosterkirche zu machen. Der originalgetreue Nachbau des Schroeterschen Instruments, eines Newton-Spiegelteleskops, wurde 2015 eingeweiht und kann seither von Gruppen mit mindestens neun Personen in einer Führung besichtigt werden. Je nach Wetterlage können Mondkrater, Strukturen auf der Sonnenoberfläche, das Ringsystem des Planeten Saturn oder die Wolkengürtel auf dem Jupiter beobachtet werden.
Kontakt: Hauptstr. 1, 28865 Lilienthal, 0171/6152337, telescopium-lilienthal.de

▸ Die Klosterkirche St. Marien und Amtsgarten

Die Gründung eines Klosters fällt mit der ersten Nennung von Lilienthal in eins. Zunächst

Der Neubau des Schroeterschen Teleskops.

1232 als Holzkirche errichtet, wurde St. Marien schon 1262 durch ein gleichnamiges Gotteshaus aus Stein ersetzt. Im Barock und im 20. Jahrhundert gab es bauliche Veränderungen, aber in toto ist das Erscheinungsbild der heutigen Kirche das des 13. Jahrhunderts. Aus dieser Zeit stammen sowohl ein Steinrelief mit einer sitzenden Madonna als auch eine besonders wohltönende Glocke im Turm. Die Orgel von Johann Hinrich Röver stammt aus dem Jahre 1884 gehört zu dessen größten Werken und bedeutendsten romantischen Instrumenten.
Ursprünglich gab es weit mehr Klostergebäude. Sie wurden aber alle samt einem Kreuzgang in der Vergangenheit abgerissen. Der Klostergarten wurde mit der Auflösung des Klosters 1648 in einen Amtsgarten umgewandelt. Hier errichtete Johann Hieronymus Schroeter bis zu seinem Tod 1816 vier Observatorien, die seinerzeit die größte Sternwarte Europas darstellten. Eine Schautafel informiert darüber. Heutzutage finden sowohl in der Klosterkirche als auch im Amtsgarten Konzerte statt.
Kontakt: Klosterstr. 14, 28865 Lilienthal.

Museen

▸ Das Schulmuseum

Unterricht wie anno dazumal: Wer das in der Ausstattung eines Schulzimmers wie vor hundert Jahren erleben möchte, ist hier richtig. In der Regel meldet man sich als Gruppe an, die im Übrigen nicht einheitlich oder vom selben Jahrgang sein muss, und schon beginnt das rückwärts blickende pädagogische Experiment.
Kontakt: Alte Schule Falkenberg, Falkenberger Landstr. 67, 28865 Lilienthal, 0170/1516384, klassentreffen.de

▸ Das Heimatmuseum

Das kleine Heimatmuseum beherbergt einige „spannende", wie es heißt, Ausstellungs-

stücke zur Geschichte Lilienthals und eine Bibliothek mit rund 3000 Büchern.
Kontakt: Emmi-Brauer-Haus, Feldhäuser Str. 16, 28865 Lilienthal, 04298/6011, heimatverein-lilienthal.de

Der Lilienhof

Auf dem Lilienhof im Ortsteil Worphausen sind zwei Vereine untergebracht, von denen der eine einen historischen Bauernhof mit den üblichen Gebäuden, wie Bauernhaus, Backhaus, Schafstall, Speicher und Scheune den Interessierten nahebringt und der andere ein Handwerkermuseum einrichtet, in dem ausgestorbene oder aussterbende Gewerke anhand von Ausstellungsstücken vorgestellt werden. Einige werden aber auch in Aktion gezeigt und so wiedererweckt. So kann man zum Beispiel an einem Schmiedekurs teilnehmen. Nicht alles ist bereits fertig und vorführreif, aber daran wird emsig gearbeitet.
Kontakt: Worphauser Landstr. 26 a, 28865 Lilienthal, 04792/9519170, lilienhof-worphausen.de

Das Kutschenmuseum

Im Ortsteil Trupe hat ein Verein in einer großen Scheune ein Kutschenmuseum mit mehr als 30 funktionstüchtigen Fahrzeugen eingerichtet. Die Skala reicht von der grellgelben Postkutsche bis zum tiefschwarzen Leichenwagen. Die Variationsbreite der unterschiedlichen Modelle ist enorm. Unter den Exponaten sind ein paar Schlitten, vor die man einst Pferde spannte.
Kontakt: Trupe 10, 28865 Lilienthal, 04292/1223, hermann.cronjaeger@ewe.net

Theater und Unterhaltung

Das Kulturzentrum Murkens Hof

Seit 1993 ist der restaurierte ehemalige Gasthof aus dem Jahre 1773 zu einem Kulturzentrum umgestaltet worden. Es beherbergt eine Bibliothek mit Artothek, die VHS und eine Galerie der Lilienthaler Kunststiftung. Man betritt das Areal durch einen hölzernen Torbogen. In den Räumen des Fachwerkbaus finden Ausstellungen, Vorträge, Konzerte, Lesungen, Filmvorführungen und ähnliche Veranstaltungen statt, darunter Tagungen und Workshops oder auch mal eine ostfriesische Teezeremonie. Auf dem Gelände befindet sich das Café „boccia" mit einem beschaulichen Sommergarten und einem Bouleplatz.
Kontakt: Klosterstr. 25, 28865 Lilienthal, 04298/929-117, murkens-hof.de

Der Torbogen zur Kultur.

Die Freilichtbühne

Im Ortsteil Frankenburg werden seit über dreißig Jahren von ehrenamtlichen Ensemble-Mitgliedern mit großem Erfolg und viel Begeisterung jährlich zwei Theaterstücke eingeübt und aufgeführt. Eines ist mehr auf Kinder und Jugendliche gemünzt, das andere eher auf Erwachsene. Meist können beide beides gut genießen. Hinzu kommen einige Sondervorstellungen. 2019 stand beispielsweise das Dschungelbuch nach Rudyard Kipling auf dem Programm. Die Freilichtbühne bietet Platz für rund 600 Zuschauer. Die Theaterschule des Freilichttheaters führt mit ihren Eleven im Winter die in der Ausbildung erarbeiteten Stücke im Warmen auf.
Kontakt: Höge 2, 28865 Lilienthal, 04298/30198, fblilienthal.de

Freizeit und Natur

▸ Der Jan-Reiners-Weg

Teilweise auf der Bahntrasse von 1900 angelegt, führt der Jan-Reiners-Weg von Bremen nach Lilienthal. Er ist eine beliebte, meist fernab vom Hauptverkehr geführte Fahrradstrecke, die am Horner Bad über die Autobahn, dann am Neubauviertel des Borgfelds vorbei und über die Wümme Lilienthal erreicht. Im Ort fährt man durch ruhige Siedlungen und kann auf den gut ausgeschilderten Wegen über Lilienthal hinaus bis nach Worpswede gelangen.

▸ ☺ Die Kanuscheune

Am Ortseingang von Lilienthal an der Wörpe ist die Verleihstation der Kanuscheune. Sie verfügt über 1er-Kajaks, 2er-Kajaks, 2/3er-Canadier und 4er-Canadier. Die Anlieferung und Abholung der Boote geschieht nach Absprache mit den Mitarbeitern durch die Kanuscheune. Die in der Nähe fließende Wümme ist das bevorzugte Paddelrevier.
Verleihstation: Hauptstr. 2, 28865 Lilienthal, ☏ 0162/9003614, 🌐 kanuscheune.de

Paddeln im Angebot.

▸ ☺ Das Hallenbad

Im auf mindestens 28 °C beheizten Hallenbad ist das Schwimmerbecken 25 m lang und 12,5 m breit und das Lehrschwimmbecken 8 x 12,5 m groß. Außerdem gibt es ein auf 30 °C erwärmtes Kleinkinder-Planschbecken. Am Montagnachmittag ist Warmbadezeit mit mindestens 30 °C Wassertemperatur in allen Becken.
Kontakt: Zum Schoofmoor 7, 28865 Lilienthal, ☏ 04298/31155, 🌐 hallenbad-lilienthal.de

Martfeld

(Gemeinde innerhalb der Samtgemeinde Bruchhausen-Vilsen/Landkreis Diepholz/ Niedersachsen)

Die Gemeinde hat das Privileg, 1179 namentlich in einer Urkunde erwähnt zu werden, die Papst Alexander III. persönlich signiert hat. Martfeld hat etwas mehr als 2700 Einwohner und liegt rund 30 km südlich von Bremen. An die Stelle eines Theaters ist mit der „Kastanie" eine Begegnungsstätte eigener Art entstanden. Die Rührigkeit der Gemeinde zeigt sich auch in einer eifrig gepflegten Partnerschaft mit dem französischen Ort La Bazoge in der Loire-Region.

Siehe unter Bruchhausen-Vilsen *i*

Sehenswertes

▸ Die Feldmühle und die Fehsenfeldsche Mühle

Auf dem Gebiet der Gemeinde gibt es zwei Mühlen. Die Feldmühle ist die älteste Windmühle der Samtgemeinde. Sie wurde 1583 erstmals urkundlich erwähnt. Sie ist allerdings nicht das Original, denn 1848 wurde sie zu einem dreistöckigen Galerie-Holländer umgebaut. Nachdem die Mühle bereits 1851 durch Blitzschlag völlig abbrannte, wurde sie sofort wieder errichtet. Noch vor der letzten Jahrtausendwende wurde sie innen und außen vollständig restauriert.

Die Fehsenfeldsche Mühle ist ein weiterer dreistöckiger Galerie-Holländer, der 1871 nach dem deutsch-französischen Krieg erbaut wurde. Der Mahlbetrieb wurde 1971, also fast bis auf den Tag nach hundert Jahren, eingestellt. Heute dient die 1991 mit vier intakten Mahlgängen ausgestattete, restaurierte Mühle als beliebter Ort für „Mühlenhochzeiten".

Theater und Unterhaltung

Die Kastanie

Es ist von allem etwas: Es ist Lokal, Kochstudio, Kochschule, Theater, Erlebnisgastronomie, Musikimprovisation und noch einiges mehr. Lassen Sie sich überraschen, aber schauen Sie vorher auf die Webseite.
Kontakt: Hollen 30, 27327 Martfeld, 04255/1594, diekastanie.de

Freizeit und Natur

Das Hallenbad

Das nur während der kühleren Jahreszeit öffentliche Hallenbad in dem Ort in der Nähe von Bruchhausen-Vilsen verfügt über ein kleines Schwimmbecken von 8 x 16,7 Metern. Die Wassertemperatur wird immer auf mindestens 26 °C gehalten, am Warmbadetag Mittwoch sogar auf 30/31 °C erhöht.
Kontakt: Schulstr. 11, 27327 Martfeld, 04255/487, bruchhausen-vilsen.de

Meyenburg

(Ortschaft in der Gemeinde Schwanewede/ Landkreis Osterholz/Niedersachsen)

Das Dorf fällt auf durch seine weitgehend stimmige Geschlossenheit in der Bebauung. Ein ehemaliger Damm bildet im denkmalgeschützten Dorfkern eine Achse mit malerischen niedersächsischen Dach- und Ständerhäusern, die größtenteils erhalten und, soweit nötig, modernen Wohngewohnheiten angepasst wurden. In Meyenburg gibt es auch ein Rittergut mit einem schlossartigen Renaissancegebäude. Die ehemals adelige Besitzerfamilie kann auf einen Stammbaum verweisen, der bis zurück ins 13. Jahrhundert gesichert ist. Das Gut ist für fremde Besucher jedoch nicht zur Besichtigung freigegeben.

Touristische Informationen erhält man unter dem Stichwort Meyenburg auf schwanewede.de

Sehenswertes

Die St.-Luciae-Kirche

In einer Gemeinschaftsaktion der Dorfgemeinschaft wurde die aus dem Jahre 1857 stammende Kirche vor nicht allzu langer Zeit in ihren vermuteten früheren Zustand zurückversetzt. Sie kann mehrere Besonderheiten aufweisen. Der Turm ist noch der der Vorgängerkirche und wurde 1752 hochgezogen. Der Altar ist ein Kanzelaltar. Die Orgel stammt aus der Schule des berühmten Orgelbauers Arp Schnitger und wird für ihren Klang hoch geschätzt. Das denkmalgeschützte Geläut besteht aus einer kleineren Glocke aus dem Jahre 1512 und einer größeren, die so alt ist wie der Turm.
Kontakt: Meyenburger Damm 11, 28790 Schwanewede-Meyenburg, info@kirchengemeinde-meyenburg.de

Die Wassermühle

Bereits Anfang des 14. Jahrhunderts gab es an der heutigen Stelle eine Mühle. Sie wurde 1856 beseitigt und durch eine neue ersetzt. Bis zu ihrer Außerdienststellung 1970 wurden zahlreiche

Veränderungen vorgenommen. Für den Antrieb wurde beispielsweise eine effektivere Turbine eingesetzt. Als man sich entschloss, die Mühle der Nachwelt zu erhalten, wurde wieder auf ein traditionelles Mühlrad zurückgegriffen. Im heutigen funktionsfähigen Zustand lassen sich alle Abläufe bestens vorführen und erläutern. In der Mühle finden Ausstellungen und kleinere Veranstaltungen statt. Ein Mühlencafé am Mühlendamm gibt es auch.
Kontakt: Mühlendamm 11, 28790 Schwanewede-Meyenburg, **Ansprechpartner:** Karl-Ernst Wenkel, ✆ 04209/3328.

Oldenburg

(Kreisfreie Stadt/Niedersachsen)

Die charmante Großstadt im Oldenburger Land ist nicht nur unaufdringlich schön, sondern besticht zudem mit einem reichen kulturellen Angebot. Aufgrund der relativ (im Vergleich zu anderen Städten) geringen Zerstörungen durch den Zweiten Weltkrieg hat sich ein ziemlich geschlossenes Stadtbild erhalten, in dem eine erkleckliche Reihe an Gebäuden aus der Gründerzeit enthalten ist und in dem die gräfliche, herzogliche und großherzogliche Ausgestaltung noch immer deutlich zu erkennen ist.
So ist die Innenstadt von einem Grüngürtel umgeben, der in etwa den alten Wallanlagen mit dem Stadtgraben entspricht. Ein Schloss mit Schlossgarten und Schlossplatz liegt auf dem südlichen Areal der Innenstadt. Das Schloss bietet Besuchern ein kulturhistorisches Museum, der Platz dient populären Festlichkeiten und der Garten wird von den Bürgern behutsam zur Erholung genutzt. Das Prinzenpalais in unmittelbarer Nähe wartet mit einer Galerie neuer Meister auf. Die ausgedehnte Fußgängerzone, die praktisch die gesamte Innenstadt einbezieht, gehört zu den ersten, die in der Bundesrepublik eingerichtet wurden, und ist ein echter Gewinn, weil man sich unbeschwert mit der Vielfalt der exquisiten Läden und Lokale vertraut machen kann.
Menschen aus Bremen und anderen Regionen kommen zum Einkaufsbummel und der unvermeidlichen Kaffeepause zwischendurch. Übrigens auch, um am Abend die vorzüglichen Darbietungen des Oldenburger Theaters zu goutieren oder das dick gepackte Programm der Kulturetage zu genießen. Schließlich führt am Horst-Janssen-Museum kein Weg vorbei. Alles ist fußläufig gut zu erreichen oder mit dem Fahrrad, für das ein ausgedehntes und gut ausgeschildertes Wegenetz geschaffen wurde. Es gibt jedenfalls viel zu sehen und zu erleben.

Fremdenverkehrsamt Oldenburg
Lange Str. 3
26122 Oldenburg
✆ 0441/36 16 13-66
oldenburg-tourismus.de
info@oldenburg-tourist.de
Öffnungszeiten: Mo–Fr 9.30–18 und Sa 10–16 Uhr

Stadtführungen
Das Fremdenverkehrsamt Oldenburg organisiert Führungen mit speziellen Schwerpunkten wie beispielsweise dem Schloss und dem Schlossgarten. Abends geleitet der sehenswert retrogewandete Stadtschreiber seine Gäste durch die Dämmerung. Zudem gibt es geführte Radtouren mit literarischen und kulinarischen Pausen und auch eine Kanu-Tour auf dem Fluss Haaren und dem ehemaligen Stadtgraben mit entsprechenden Erläuterungen. Näheres unter oldenburg-tourismus.de

Das Schloss.

Sehenswertes

▸ Das Schloss

An der Stelle des heutigen Schlossgebäudes wurde anfangs des 12. Jahrhunderts zur Sicherung der Handelswege von und nach Ostfriesland eine Burg durch die Grafen von Oldenburg errichtet. Rund 400 Jahre später wurde sie zu einer Wasserburg ausgebaut. Noch vor dem Dreißigjährigen Krieg ließ der letzte Graf von Oldenburg, Anton Günter, nach italienischem Vorbild die mittelalterlichen Burgbauten in eine vierflügelige Residenz umgestalten, obwohl, wie sich bald zeigen sollte, die Zeiten des Festungsbaus noch nicht vorüber waren.

Mit Unterbrechungen blieb das mehrfach erweiterte Schloss bis zur Abschaffung der Adelsherrschaft 1918 gräfliche, herzogliche und großherzogliche Residenz. Nach dem Ersten Weltkrieg übernahm der Freistaat

Flohmarkt am Schlossplatz.

Oldenburg das Gebäude und ließ es zum Landesmuseum umgestalten. Das Gebäude selbst mit seinen unterschiedlich gestalteten Sälen ist allein schon den Besuch dieses Museums (s. u. Museen) wert.

▸ Die St. Lamberti-Kirche

Am Markt wecken die Ausmaße von St. Lamberti Erwartungen, die im Innern überraschend anders erfüllt werden als gedacht. So wie die Kirche sich heute darstellt, ist sie das Produkt eines grundlegenden Umbaus im Jahre 1795 und weiterer Umgestaltungen im folgenden Jahrhundert. Die neogotische, rote Backsteinummantelung der äußeren Gestalt mit den angefügten fünf Türmen, deren höchster mit 86 m Höhe das höchste Gebäude der Innenstadt markiert, kontrastiert mit der hellen, klar gegliederten klassizistischen Rotunde im Inneren. Ein in der Mitte in der Höhe hängendes Kreuz (von Ludger Hinse) schillert und changiert, sobald man sich bewegt, in zarten Farben. Zwei Sarkophage im Vorraum erinnern an die einstige adelige Herrschaft. Neben Gottesdiensten finden in der Kirche Konzerte, Filmvorführungen mit Orgelbegleitung, Universitätspredigten und Vorträge statt.

Kontakt: 🌐 kirchengemeinde-oldenburg.de
🌐 lamberti-kirchenmusik.de

▸ Das Rathaus

Am Markt, in unmittelbarer Nachbarschaft zu St. Lamberti, erhebt sich das alte Rathaus aus dem Jahre 1888. Sein ungewöhnlicher dreieckiger Grundriss folgt dem der beiden Vorläuferbauten aus dem Mittelalter (1355) und der Renaissance (1635). An diese Vorgängerbauten erinnern die neogotischen Schmuckelemente und die der Neorenaissance des jetzigen Gebäudes. Eine Besonderheit im Innern ist die wiederentdeckte und 2005 freigelegte und restaurierte Wandbemalung im Ratssaal. Sie war ein Jahr vor der Eröffnung des neuen Rathauses vom Maler Friedrich Wilhelm Adel und seinem Sohn Heinrich in 24 Tagen vollendet worden. Ein Projekt von Christian Gude mit dem Titel „Hörgang Altes Rathaus (17 MB)“ kann man sich herunterladen unter 🌐 oldenburg-tourismus.de/oldenburg-entdecken/hoergang-altes-rathaus. Es verspricht ein akustisches Spiel mit der eigenen Wahrnehmung vor Ort. Sehenswert ist auch der Treppenaufgang.

Das Rathaus.

▸ Der Pulverturm

Als einziges Relikt der ehemaligen Stadtbefestigung mit Stadtmauern und Türmen gilt der gedrungene Pulverturm aus Backstein am Schlosswall. Er wurde 1529 als Geschützturm am Eversten Tor errichtet. Später diente er mit der aufgesetzten Kuppel bis ins 19. Jahrhundert hinein als Pulvermagazin. Daher sein Name. Noch zur Zeit der letzten adeligen Regenten wurde er als Eiskeller für das Schloss genutzt. Seit 1966 steht er unter Denkmalschutz und beherbergt wechselnde Kunst- und Keramikausstellungen.

Der Pulverturm.

▸ Der Lappan

Der 1468 errichtete und an die Kirche eines Siechenhauses angedockte („angelappte") Glockenturm ist das einzige Überbleibsel des einstigen Armenfürsorge- und Krankenhauskomplexes „Zum Heiligen Geist" am nördlichen Rand der Innenstadt. Nach der Verlegung des Armen- und Siechenhauses nach weit außerhalb der Stadttore diente der Lappan zunächst als Soldatenunterkunft und dann als bewohnter Wachtturm. Sein Türmer war verpflichtet, die Uhr in Gang zu halten und dreimal am Tage die Glocken zu läuten. Eine frühe Bürgerinitiative (1891) verhinderte seinen beabsichtigten Abriss. Heute ist das Wahrzeichen der Stadt ihr Info-Zentrum für den Tourismus (s. o. unter Fremdenverkehrsamt).

▸ Das Degodehaus

Das letzte verbliebene mittelalterliche Patrizierhaus der Stadt wurde 1502 errichtet und 1617 in seine heutige Form gebracht. Der Fachwerkbau hat als einer der wenigen die verheerende Feuersbrunst von 1676 überstanden. Seit 1860 trägt das Haus den Namen des neuen Besitzers und Kaufmanns aus Jever. Wilhelm Degodes richtete eine Kaffeerösterei ein und verkaufte Kolonialwaren wie seinen stadtbekannten Kaffee, Kakao und Tee. An der Stirnseite ist die letzte grundlegende Renovierung vermerkt. Das Degodehaus ist in Privatbesitz und dient im Erdgeschoss als Verkaufsstätte. Im Innern wurde 1992 in einem hinteren Raum unter dem Stuck ein fast 40 m² großes Deckengemälde aus dem Jahre 1645 wiederentdeckt. Es zeigt in allegorischer Darstellung die damals bekannten vier Kontinente und kann

Der Lappan.

während der üblichen Öffnungszeiten des Geschäfts betrachtet werden.
Kontakt: Markt 24, 26122 Oldenburg.

Das Degodehaus.

▸ Das Peter-Friedrich-Ludwig-Hospital (Kulturzentrum PFL)

Das klassizistische Krankenhaus, angeregt durch Herzog Peter I. Friedrich Ludwig von Oldenburg, wurde erst nach dessen Tod begonnen und 1841 mit der eindrucksvollen sechssäuligen Eingangsfront vollendet. Es wurde im Laufe des folgenden Jahrhunderts durch weitere Hospitalgebäude ergänzt und diente bis 1984 als städtische Klinik, zuletzt mit einer Abteilung für innere Medizin. Nach der Umwandlung des Hospitals in ein Kulturzentrum befinden sich seit 1992 die Stadtbibliothek und verschiedene Büros und Veranstaltungsräume für das Kulturamt, diverse Kulturzentren, Natur- und Umweltschutzverbände im Haupthaus.

Kontakt: Peterstr. 3, 26121 Oldenburg, 🌐 oldenburg.de

▸ Das Forum St. Peter und seine Forumskirche

Das Forum St. Peter umfasst ein modernes Gebäude, in dem man sich trifft, um Vorträge und Lesungen zu hören oder an Diskussionen teilzunehmen, aber auch, um zu meditieren oder gemeinsam zu speisen, und die katholische Forumskirche St. Peter zu besuchen, in der Gottesdienste abgehalten werden, aber auch Konzerte stattfinden. Forum und Kirche sind darauf ausgelegt, den gelegentlichen Besucher einzulassen oder anzusprechen. Das dreischiffige Kirchengebäude ist 1885 geweiht worden und trägt die Stilmerkmale der Neogotik. Seine Orgel wurde 1972 vom Orgelbauer Siegfried Sauer aus Höxter installiert. Bemerkenswert ist ein buntes hängendes Kreuz, das bei Sonnenschein schöne Farbeffekte erzeugt.
Kontakt: für die Kirche: Peterstr. 20, für das Forum: Peterstr. 22–26, 26121 Oldenburg, ☏ 0441/390306-0, 🌐 forum-st-peter.de

▸ Der Historische Landtag und das ehemalige Staatsministerium

Am Theodor-Tantzen-Platz in der Nähe der Dobbenteiche befinden sich die beiden vom Stuttgarter Architekten Paul Bonatz entworfenen Regierungsgebäude des ehemaligen Großherzogtums und – kurz darauf – Freistaates Oldenburg, beide errichtet in den Anfangsjahren des Ersten Weltkriegs. Paul Bonatz gilt als eher traditionalistischer Baumeister. Sein Name war in jüngster Zeit im Zusammenhang mit dem Teilabriss und Umbau des vom ihm gestalteten Stuttgarter Hauptbahnhofs in den Schlagzeilen. Das dreiflügelige Staatsministerium hat einen Portikus mit acht dorischen Säulen, die sich über zwei Stockwerke erheben. Das Landtagsgebäude ist schmächtiger, wird jedoch von einer Reihe mit zehn ionischen Säulen geziert. Im Staatsministerium waltete einst als oberste Regierungsinstanz der Ministerpräsident des Landes seines Amtes, im seit 1848 zugelassenen Landtag beriet sich die Volksvertretung. Mit der endgültigen Auflösung des Freistaates Oldenburg nach der Gründung der Bundesrepublik Deutschland und seiner Eingliederung in das Bundesland Niedersachsen zogen verschiedene Behörden in die Gebäude ein. Der Plenarsaal des Landtags und andere Räumlichkeiten werden für Sitzungen, Besprechungen und kulturelle Veranstaltungen genutzt. Im Staatsministerium ist der Sitz der Polizeidirektion.

Kontakt: Tappenbeckstr. 1 und Theodor-Tantzen-Platz 8, 26122 Oldenburg.

Die Hubbrücke.

Die Cäcilien- und die Amalienbrücke

Beide Brücken führen in Sichtweite voneinander über die kanalisierte Hunte und beide haben Vorgänger, mit denen im Laufe der Zeit verschiedene Varianten des Brückenbaus durchdekliniert wurden. Die Cäcilienbrücke ist noch immer eine Hubbrücke, die jedoch bei großer Hitze das Problem hat, dass sich aufgrund der deutlichen Ausdehnung des Baustoffs Metall der Hub nicht problemlos bis gar nicht durchführen lässt. Sie wird dann auf einer Höhe fixiert, bei der sie Schiffe unter sich durchfahren lässt, aber nur Radfahrer und Fußgänger sie – und das über Treppen – passieren können.

Die Amalienbrücke, die zunächst 1893 als Zug-, dann 1926 mit der Cäcilienbrücke baugleich als Hubbrücke errichtet wurde, konnte dem gewachsenen Verkehrsaufkommen nicht mehr gerecht werden, weshalb sie abgerissen und 1981 durch eine durchgängige Straßenbrücke ersetzt wurde. Diese neue Brücke ist insofern bemerkenswert, als sie an beiden Enden jeweils eine Sitzbank besitzt, die durch einen pilzförmigen Schirm beschützt wird. Diese ausladenden Schirme erscheinen wie eine Rückerinnerung an ein Design im Art déco-Stil. Bemerkenswert ist vor allem aber auch, dass man sich 1981 vorstellen konnte, jemand würde sich in Fahrbahnnähe setzen, um im Wirbel der Abgase zu rasten.

Die Eisenbahn-Rollklappbrücke über die Hunte

Die in ihrer Art größte Eisenbahnklappbrücke Europas wurde von 1946 bis 1954 anstelle einer Drehbrücke, die im Krieg zerstört wurde, nach dem Scherzer-Prinzip neu konzipiert und gebaut. William Donald Scherzer war der Sohn einer in die USA ausgewanderten deutschen Familie, der in Zürich Ingenieurwesen studiert hatte. Seine spezielle Erfindung des Rollklappprinzips erlaubt ein relativ schnelles Hochklappen und Senken der Eisenbahnbrücke, wobei die jeweils zu hebenden 156 Tonnen der Brückenbestandteile durch ein auf dem Ende einer

abgerundeten Zahnschiene ruhendes, 500 t schweres Gegengewicht in einem relativen Gleichgewicht gehalten werden, was beim Heben der Brückenflügel vergleichsweise wenig Energie erfordert. Bei der Oldenburger Huntebrücke lassen sich beide Brückenschenkel je nach Bedarf gleichzeitig oder einzeln bewegen. Zwischen 10- und 20-mal am Tag, je nach Schiffsverkehr, wird die Rollklappbrücke betätigt. Ganz in der Nähe ist der denkmalgeschützte, 33 Meter hohe Bahnwasserturm, der Dampfloks mit Wasser aus der Hunte versorgte. Jetzt ist er zu einem Großraumbüro für mehrere Architekten und Immobilienfirmen umgestaltet.
Kontakt: Stau 144, 26122 Oldenburg.

▸ Der Hafen
Oldenburg hat wie Hamburg und Bremen seine Hafenumgebung für ein neues Konzept entdeckt, das über den Warenumschlag hinausgeht. Es heißt mehr oder minder „Leben am Wasser". Das schließt neue Wohngebiete mit Grünanlagen, gestaltete Hafenpromenaden zum Flanieren, Kunst im öffentlichen Raum, Lokale mit jeweils großzügigen Außenbereichen und Anlegestellen für Freizeitsportjachten ein. Ein alter Kran auf knappem Schienenstrang markiert den Beginn des neuen Viertels, während neue Kräne das Hafenareal weiter aufmischen.

▸ Der St.-Gertruden-Kirchhof
Was gibt es innerhalb der längsten Friedhofsmauer Niedersachsens zu sehen? Eine Friedhofskapelle, die gleichzeitig das einzige Sakralgebäude Oldenburgs ist, das aus dem Mittelalter stammt und intakt ist. Dazu von außen ein Mausoleum aus dem Jahre 1785 als Grablege einiger Mitglieder des Oldenburger Adelshauses. Grabstätten aus mehreren Jahrhunderten, die die vielfältigen Moden, Inschriften und künstlerischen Ausgestaltungen des Abschieds von Verstorbenen wiedergeben – und eine sagenumwobene Linde, die gleich hinter dem Friedhofseingang vor der Kapelle steht. Der wohl bekannteste Spruch der Totenstätte lautet lakonisch: „O:ewich:is:so:lanck." In der damit ausgedrückten Niedergeschlagenheit steckt der Keim der erhofften Endlichkeit der unvorstellbaren Ewigkeit. Unter den Toten sind viele Bürger der Stadt mit Rang und Namen. Auch zwei als Aufrührer unter der Herrschaft Napoleons hingerichtete Männer. Nicht zu vergessen Horst Janssen, dem und dessen Werk die Stadt ein Museum gewidmet hat.

Museen

▸ Das Landesmuseum für Kunst und Kulturgeschichte
Das Schloss ist allein durch die bestechend schönen Salons und Prunksäle ein echter Glanzpunkt. Im großen Schlosssaal kann man sich beispielsweise das Schauspiel eines Hofballs, der sich von 1898 bis 1918 alljährlich unter dem über hundertflammigen Deckenleuchter abspielte, lebhaft vorstellen. Die Gemälde von Arthur Fitger an Wand und Decke, die noch nichts von der schlichten, manchmal erschütternd ehrlichen Bodenständigkeit einer Kunst von Paula Modersohn-Becker ahnen lassen, verstärken den verklärenden Eindruck. Die Bandbreite des Museums ist enorm. Auf drei Ebenen sind die Exponate der herzoglichen Sammlungen ebenso zu besichtigen wie die Accessoires aus dem höfischen und bürgerlichen Alltag aller Epochen. Hinweise auf die Geschichte der Stadt als Ausgangspunkt von Regional-, Fern- und Seehandel, der schon im späten Mittelalter ganz Europa einbezog, finden sich in großer Zahl. Sonderausstellungen und Veranstaltungen in den historischen Räumen ergänzen das weit gefasste Spektrum.
Kontakt: Schlossplatz 1, 26122 Oldenburg, 0441/40570-400, landesmuseum-ol.de

▸ Das Prinzenpalais

Das Prinzenpalais gehört zusammen mit dem Augusteum zur Troika des Landesmuseums für Kunst und Kulturgeschichte. Es beherbergt die Galerie Neue Meister. Die Exponate umfassen alle Stilrichtungen, die seit dem 19. Jahrhundert in der Region und anderswo unter Künstlern Anhänger gefunden haben. Hervorzuheben sind Werke von Anselm Feuerbach, der Worpsweder Künstler, des deutschen Impressionismus und Expressionismus, einschließlich der Brücke-Maler, die ihre schöpferischen Sommer in Dangast verbrachten, und die von Franz Radziwill, der sich nicht so leicht einordnen lässt und der ebenfalls mit Dangast verbunden ist. Insgesamt ein sehr anregender Überblick über die Strömungen der Kunst der letzten 200 Jahre.
Kontakt: Damm 1, 26135 Oldenburg, ☏ 0441/40570-400, 🌐 landesmuseum-ol.de, **Öffnungszeiten:** Di–So 10–18 Uhr.

Restaurieren im Prinzenpalais.

Das Augusteum.

▸ Das Augusteum

Die Galerie Alte Meister umfasst Gemälde vom 15. bis zum 18. Jahrhundert und konzentriert sich auf Werke aus Italien, den Niederlanden, Frankreich und Deutschland. Nach der aufwendigen Renovierung des Museums von 2013 bis 2015 ist das Haus auf dem neuesten technischen Stand und verfügt über zwei Geschosse für seine Exponate, die zum Teil schon anfangs des 19. Jahrhundert zusammengetragen wurden. Tischbein, dessen Darstellung Goethes in kaum einer deutschen Literaturgeschichte fehlt, verkaufte seine Sammlung mit 80 Gemälden, darunter auch eigene, an den Oldenburger Herzog Peter Friedrich Ludwig und half in der Folge, die Kollektion zu vergrößern. Die vielleicht bekanntesten Künstler in der Ausstellung sind der flämische Barockmaler Jacob Jordaens, der Italiener Guido Reni und nicht zuletzt der deutsche Maler Lucas Cranach.
Kontakt: Elisabethstr. 1, 26135 Oldenburg, ☏ 0441/40570-400, 🌐 landesmuseum-ol.de, **Öffnungszeiten:** Di–So 10–18 Uhr.

▸ Das Landesmuseum Natur und Mensch

Im Fokus des Museums steht die Landschaft Nordwestdeutschlands mit ihrer Geologie, ihrer Fauna und Flora und die Frage, welchen Einfluss der Mensch seit der Steinzeit auf

diese Region links und rechts der Hunte genommen hat. Damit liegt der Schwerpunkt im Einzelnen auf dem charakteristischen Quartett von Moor, Marschland, Geest und Küste. Auf drei großflächigen Stockwerken können die zahlreichen Ausstellungsgegenstände besichtigt werden. Besondere Bonbons sind das Aquarium mit der marinen Tier- und Pflanzenwelt der Hunte, ein Querschnitt durch die verschiedenen Schichten des Moors und ein Naturalien-Cabinett im Stile vergangener Zeiten. Sonderausstellungen mit aktuellen Themen runden die Präsentation ab.
Kontakt: Damm 38–44, 26135 Oldenburg, 0441/40570-300, naturundmensch.de, **Öffnungszeiten:** Di–Fr 9–17, Sa/So 10–18 Uhr.

Das Horst-Janssen-Museum

Horst Janssens vorrangiges Medium war das Papier. In erster Linie, um darauf zu zeichnen, zu aquarellieren, zu drucken, auch zu schreiben und zu kommentieren. Von daher hat sich das Museum darauf spezialisiert, in seinen Sonderausstellungen Künstlerinnen und Künstler zu präsentieren, die sich von ihrer Arbeitsweise her gut mit Horst Janssen vergleichen oder in Beziehung setzen lassen. Das umfangreiche Werk Janssens selbst wird im vierteljährlichen Rhythmus gegen Werke im Fundus ausgetauscht, sodass auch die Dauerausstellung immer etwas Neues von ihm zu bieten hat. Darüber hinaus warten sein Hamburger Arbeitszimmer, ein von ihm bemalter Stutzflügel und die Druckerpresse, auf der zahllose seiner Radierungen gedruckt wurden, auf interessierte Besucher.
Kontakt: Am Stadtmuseum 4–8, 26121 Oldenburg, 0441/235-2891, horst-janssen-museum.de

Das Stadtmuseum

Das Stadtmuseum versammelt in zwei Gründerzeitvillen, die miteinander verbunden sind, Exponate, die der reiche Kaufmannssohn Theodor Francksen ursprünglich für die Ausgestaltung seiner ererbten Villa erworben hat. Da seine Sammelleidenschaft aber seine eigenen Räumlichkeiten schließlich sprengte, kaufte er die benachbarte Villa. Schließlich vermachte er 1914 Sammlung und Villen der Stadt und einer daraufhin nach ihm benannten Stiftung, die wiederum im Sinne des Stifters weitere Objekte und Sammlungen, die mit der Geschichte und Gesellschaft Oldenburgs verknüpft sind, hinzufügte. Der heutige Besucher erhält einen Begriff davon, wie sich eine bürgerliche Bildungselite in der Gründerzeit einrichtete, welchen Bezug sie zur zeitgenössischen und traditionellen Kunst hatte und was sie an der eigenen Stadt und Region schätzte. Fein ausgestaltete Interieurs der Extraklasse! Über 7000 Druckgrafiken, darunter Francisco de Goya, Max Klinger und japanische Farbholzdrucke! Und einen

Das Horst-Janssen-Museum.

Museumsgarten, der zu einem Kunstspaziergang einlädt, gibt es auch.
Kontakt: Am Stadtmuseum 4–8, 26121 Oldenburg, 0441/2352886, stadtmuseum-oldenburg.de

Das Edith-Russ-Haus für Medienkunst

Das Haus organisiert regelmäßig Ausstellungen, in denen Künstler (und ihre Produktionen) vorgestellt werden, die sich mittels der neuen Medien ausdrücken. Avantgarde in ungewöhnlichen Dimensionen!
Kontakt: Katharinenstr. 23, 26121 Oldenburg, 0441/2353208, edith-russ-haus.de

Das Computer-Museum

Dieses Museum bedient alle diejenigen, denen die Anfänge der verschiedenen Heimcomputer gegenwärtig sind und die wie damals Pack-Man von Arcade und dergleichen mehr spielen möchten. An einem oder mehreren der 23 betriebsbereiten Computersysteme oder der 24 intakten Spielekonsolen der ersten Generationen ist der Besucher aufgefordert, deren erstaunliche Einsatzmöglichkeiten neu zu erleben.
Kontakt: Bahnhofsplatz 10, 26122 Oldenburg, 0441/21768722, computermuseum-oldenburg.de

Theater und Unterhaltung

Das Oldenburgische Staatstheater

Das Oldenburger Mehrspartentheater verfügt über besondere Spielstätten: das prunkvolle Große Haus, das intime Kleine Haus, den für Experimentelles bestens geeigneten Spielraum und an einem anderen Ort: die Exerzierhalle. Die Aufführungen gehören zum Besten, was man im Norden Deutschlands erleben kann, egal ob große Oper, verzückendes Ballett oder ergreifendes Schauspiel. Auch das Junge Theater für Jüngere und Junggebliebene spielt eine große Rolle. Mit Sparte 7 werden aktuelle Strömungen aufgenommen und mit Interessierten in vielerlei Form verhandelt. Das Niederdeutsche Schauspiel und damit die Pflege des Niederdeutschen kommen jährlich mit drei Aufführungen zur Geltung. Auch wenn man nicht alles versteht, ein Vergnügen ist es allemal. Wer einmal hier war und einer Aufführung beigewohnt hat, kommt immer wieder.
Kontakt: Theaterwall 28, 26122 Oldenburg, Theaterkasse 0441/2225-111, staatstheater.de

Die Kulturetage

Die Liste der auftretenden Gäste scheint endlos. Jeder, der in der Welt der Musik, der Comedy – kurz: der Unterhaltung – in Deutschland unterwegs ist, kommt ein Mal oder gern öfters hierher. Es gibt jährlich sich wiederholende Events wie u. a. den Oldenburger Kultursommer, die Oldenburger Kabarett-Tage und das „Voices-Festival", außerdem eigene Theaterproduktionen im „theater k" und ein Kino („Cine k") für den besonderen Film. Die Vielfalt der Veranstaltungen hat für jeden Geschmack etwas zu bieten und so ist es auch gewollt.
Kontakt: Bahnhofstr. 11, 26122 Oldenburg, 0441/924800, kulturetage.de

Das Theater Laboratorium

In einer früheren Turnhalle findet täglich Theater statt, oft für die Kleinen, häufig unter Einsatz von Puppen. Das Programm umfasst ebenso eine Reihe von Lesungen und eine Konzertreihe. Wer zu früh kommt, muss es nicht bereuen, im Gegenteil, ein wunderschönes Café mit Garten stimmt auf das Herrlichste auf die kommende Vorstellung ein (Kleine Str. 8, 26121 Oldenburg, 0441/16464, theater-laboratorium.org). Um jungen Schauspielern und Dramaturgen eine eigene Werkstatt zu bieten, wurde die Probenbühne „Limonadenfabrik" eröffnet.

Der Fokus liegt fast ausschließlich auf Kinder- und Jugendtheater.
Kontakt: Kleine Straße 8, 26121 Oldenburg.

Im Laboratorium des Schauspiels.

▸ Das „theater unikum" – Oldenburger Universitätstheater

Eine Universitätsstadt hat natürlich ein Uni-Theater. Es gibt zwei Bühnen, die von einem eigenen Ensemble und von Gästen bespielt werden. Ein Kino mit dem verheißungsvollen Titel „Gegenlicht" gehört ebenso zu den Nutzern. Am Anfang oder auch während des Semesters kann man sich im zugehörigen Chillout-Infocafé mit den Akteuren unterhalten und vielleicht möchte man ja in irgendeiner Form partizipieren.
Kontakt: Campus Uhlhornsweg 49–55, 26129 Oldenburg, 0441/7982658, theater-unikum.de

▸ Das „theater wrede +"

Das seit 2000 in einer eigenen Spielstätte agierende Privattheater versteht sich als ein experimentelles Theater abseits der ausgetretenen Pfade, das allen Generationen progressive Schauspielkunst einschließlich der innovativen Nutzung der neuen Medien bieten möchte. Junge Künstler sollen ihre „Flausen", wie es heißt, erkunden und ausleben können. Wichtig ist der Crew auch die internationale Vernetzung, die zu wechselseitigen Gastspielen führt. Mit diesen Bestrebungen wurde das „theater wrede +" bundesweit und international mehrfach als preiswürdig angesehen.
Kontakt: Klävemannstr. 16, 26122 Oldenburg, 0441/9572022, theaterwrede.de

▸ Das Theater hof/19

In einer auf die neue Funktion umgestalteten ehemaligen Werkhalle spielt seit Beginn des dritten Jahrtausends ein Freies Theater klassische, moderne und selbst erarbeitete Stücke. Ab und zu gastieren Schauspieler von anderen Bühnen oder gar ein ganzes Ensemble. Der Zuschauerraum mit 100 Plätzen trägt dazu bei, eine intensive und intime Atmosphäre zu schaffen.
Kontakt: Bahnhofstr. 19, 26122 Oldenburg, 0441/9555601, theaterhof19.de

▸ Noch mehr Unterhaltung

Mit den bisher genannten Aufführungsstätten sind keineswegs alle Möglichkeiten ausgeschöpft, um in Oldenburg einen vergnüglichen, unterhaltsamen und anregenden Abend zu verbringen. Im Folgenden handelt es sich nur um eine Auswahl an Klubs, Zentren und Spielstätten. Im ständigen Wechsel präsentiert das **Wilhelm 13 – Musik- und Literaturhaus** (Leo-Trepp-Str. 13, 26121 Oldenburg, 0441/691634, wilhelm13.de) Konzerte unterschiedlicher Stilrichtungen und Lesungen bekannter Autorinnen und Autoren. Im **Cadillac,** dem Zentrum für Jugendkultur (Huntestr. 4a, 26135 Oldenburg, 0441/2353800, cadillac.oldenburg.de), ist vorwiegend härtere Musik Trumpf. Im **Polyester Klub** (Am Stadtmuseum 15, 26121 Oldenburg, 0441/93657492, polyester-klub.de) sind Partys und Jamsessions angesagt. Ähnliches gilt für den **Molkerei-Klub** (Bloherfelder Str. 2, 26129 Oldenburg, 0441/36167705, molkerei-klub.de), das **Cubes** (Baumgartenstr. 3, 26122 Oldenburg, 0441/12508, cubes-oldenburg.de) mitten in der Innenstadt

Flänzburch bei Tage.

und den **Amadeus Tanzspeicher** (Mottenstr. 21, 26122 Oldenburg, ✆ 0441/26346, 🌐 amadeus-ol.de), wo sich erfahrungsgemäß mittwochs vor allem studentisches Publikum einfindet. Ein gelungener (oder aus der Not geborener?) Einfall sorgte bei der **umBAUbar** (Stau 25–27, 26122 Oldenburg, ✆ 0441/39010651, 🌐 umbaubar.net) für ständigen Wandel, genauer für Ortswechsel. Vielleicht ist ja am neuen Ort am Hafen Schluss damit. Angesagt sind Konzerte und Tanzen, Lesungen oder im Wohnzimmer auch mal Kickern. Schon am Nachmittag hat die am Rande der Innenstadt gelegene **Flänzburch** (Friedensplatz 2, 26122 Oldenburg, ✆ 0441/36164803, 🌐 die-flaenzburch.ch) geöffnet (ab 16, Sa ab 14 Uhr, So geschlossen). Neben Konzerten gibt es beispielsweise auch mal einen Markt mit „Handgemachtem“, um zu stöbern, zu gucken oder zu kaufen. Ziemlich freundlich und retro alles.

▸ Die Weser-Ems-Hallen

Um jegliche Art von Großveranstaltung zu ermöglichen, wurde der Gebäudekomplex der Weser-Ems-Hallen errichtet. Die Planungen dafür reichen bis ins Jahr 1938 zurück, wurden aber erst in der Wirtschaftswunderzeit Mitte der 1950er-Jahre konkret. Nach mehreren Erweiterungen, Umbauten und Renovierungen umfasst der Komplex heute eine Kongresshalle, eine Messehalle, mehrere Festsäle unterschiedlicher und variabler Größe und zwei Arenen: die architektonisch besonders gelungene runde kleinere EWE-Arena und die große EWE-Arena, die beide nicht nur für Sportveranstaltungen der EWE Baskets und der Handballdamen des VfL Oldenburg mit ihrer großen Resonanz beim Publikum ausgelegt, sondern ausdrücklich als Mehrzweckhallen konzipiert sind. Von der Hobby-Messe bis zum Musical, vom Umweltkongress bis zur Oldtimer-Ausstellung, von Kebekus' „Pussynation“ bis zum Klassik-Konzert ist hier alles möglich.

Kontakt: Europaplatz 12, 26123 Oldenburg, ✆ 0441/8003-0, 🌐 weser-ems-hallen.de

Freizeit und Natur

▸ Der Schlossgarten

Zwischen dem Schloss und dem Schlossgarten gibt es eine Art psychologischer Barriere, denn seit 1960 trennt eine vielbefahrene Straßenflucht die einstige Einheit. Das sollte aber niemand davon abhalten, die idyllische Anlage zu besuchen. Vor rund 200 Jahren ließ

Die Messehalle.

Herzog Peter Friedrich Ludwig den Park als englischen Landschaftsgarten anlegen und in dieser Weise wurde er rund 50 Jahre betreut und gepflegt. Unter Großherzog Nikolaus Friedrich Peter verschob sich die Perspektive und man versuchte möglichst viele unterschiedliche Bäume und seltene Pflanzen einzubringen. Seit 1978, der Schlossgarten war schon seit 60 Jahren in staatlichem Besitz, wurde er als Gartendenkmal unter Schutz gestellt. Führungen machen mit dem Rosengarten, dem Küchengarten, dem Tropen- und Kakteenschauhaus und den historischen Gebäuden vertraut. Gegenüber dem Augusteum gibt es die Möglichkeit, Tretboote auszuleihen, um sich auf dem Wasserlauf längs der wenig befahrenen Elisabethstraße am Garten entlang zu bewegen. An den Schlossgarten schließt sich eine weitere erholsame Parkanlage an, die rund um die Uhr geöffnet ist, das Eversten Holz an der Hauptstraße, umgeben von Wohnbezirken.
Kontakt: Gartenstr. 37, 26122 Oldenburg, 0441/9558957, schlossgarten-ol.de

Der Botanische Garten
Der Botanische Garten mit einer Fläche von 3,71 ha untersteht der Carl-von-Ossietzky-Universität und ist bis auf ein 1,1 ha großes Terrain der Öffentlichkeit zugänglich. Ein Kernbereich ist seit über 100 Jahren eine Abteilung mit ursprünglich 1200 nach Familien getrennt gruppierten Pflanzenarten aus Ostfriesland und dem Oldenburger Land. Der Garten hat vom Arzneigarten bis zum Tropenhaus alles, was man von einem botanischen Garten erwarten kann. Neueste Errungenschaft ist ein Subtropenhaus.
Kontakt: Philosophenweg 39–41, 26121 Oldenburg, 0441/798-6900, uol.de/botgarten

Der Hörgarten
Der wissenschaftlich unterfütterte und künstlerisch gestaltete Themengarten zum Hören vermittelt anschaulich und spielerisch an neun Installationen, was es mit der Akustik auf sich hat. Vom Flüsterspiegel bis zum Modell des Innenohrs dreht sich alles um den Schall und seine Hörbarkeit und das an der freien Luft.
Kontakt: Marie-Curie-Str. 2, 26129 Oldenburg, 0441/2172-00, hoergarten.de

Schwimmbäder
Das **Olantis Huntebad** ist ganzjährig geöffnet und bietet alles, was man sich von einer Wellness-Oase wünscht. Allein der Sauna-Innenbereich verfügt über ein Kräuterdampfbad, ein Sanarium, ein Himalaya-Sole-Bad und natürlich eine Erlebnis- und Schnacksauna.
Im Außenbereich gibt es einen Saunagarten und einen Saunapool, dazu ein Schwedenhaus und eine Erdsauna. Im Außenbecken der sogenannten Erlebniswelt kann man selbst im Winter bei 31 °C schwimmen. Im Innenbereich steht den sportlichen Schwimmern ein 25-Meter-Becken (28 °C) und ein Dreimetersprungturm zur Verfügung. Außerdem gibt es viele Angebote von Yoga über Massagen bis zu Aqua-Jogging.
Ein weiterer Höhepunkt ist die 80-Meter-Doppelrutsche. Da sollte für jeden etwas dabei sein.
Kontakt: Am Schloßgarten 15, 26122 Oldenburg, 0441/3613160, olantis.com,
Öffnungszeiten: Mo–Fr 6.30–21, Sa 6.30–20, So und feiertags 10–20 Uhr.
Das **Hallenbad Eversten** ist für Frühschwimmer gedacht. Die Wassertemperatur ist auf 27 °C hochgeregelt, damit der frühe Vogel noch ein wenig das Gefühl der kurz zuvor noch genossenen Bettwärme spürt.
Kontakt: Brandsweg 50, 26131 Oldenburg, 0441/51474, olantis.com
Ebenfalls in erster Linie für Frühschwimmer ist das **Hallenbad Kreyenbrück** vorgesehen. Seine Wassertemperatur beträgt 28 °C.

Kontakt: Brandenburgerstr. 40, 26133 Oldenburg, 0441/44292, olantis.com
Das **Freibad Am Flötenteich** verfügt über ein 50-Meter-Schwimmerbecken mit acht Bahnen. Es gibt ein eigenes Nichtschwimmerbecken und ein abgetrenntes Sprungbecken mit einem Drei-Meter-Brett, außerdem eine große Rutsche und ein Planschbecken für Babys.
Kontakt: Mühlenhofsweg 80, 26125 Oldenburg, 0441/32828.
Das **BTB-Bad** ist das vereinseigene Bad des Bürgerfelder Turnerbunds mit einem Schwimm- und einem Bewegungsbad. Die Wassertemperatur liegt im Schwimmbad bei 29 °C und im Bewegungsbad bei 33 °C.
Kontakt: Alexanderstr. 207, 26121 Oldenburg, 0441/80993-0, btb-oldenburg.de
Das **Uni-Bad** war bei Redaktionsschluss wegen Renovierungsarbeiten geschlossen.
Kontakt: Uhlhornsweg 49–55, 26129 Oldenburg, 0441/7982220, uol.de/hochschulsport/unibad-und-sauna

Bouldern und Klettern

Oldenbloc, Melkbrink 76, 26121 Oldenburg, 0441/20055985, oldenbloc.de
UP Kletterzentrum, Dietrich-Dannemann-Str. 87, 26203 Hundsmühlen, 0441/5050832, kletterzentrum-ol.de

Bowling

Das Bowling Center verfügt über 34 vollautomatische, computerisierte Bahnen und hat Leihschuhe im Angebot.
Daneben gibt es elf Poolbillard-Tische und einen Snooker-Tisch, außerdem E-Dart-Geräte und Fahrsimulatoren. Sportveranstaltungen, die von Sky übertragen werden, können auf großen Bildschirmen verfolgt werden.
Kontakt: Emsstr.18, 26135 Oldenburg, 0441/52050, bc-ol.de

Minigolf

Schwarzlichtgolf 3D ist eine Minigolfbahn mit 18 Löchern in einem geschlossenen Raum, der mit Schwarzlicht in fluoreszierenden Farben ausgeleuchtet ist. Es gibt noch eine Fläche mit einem Laser Maze, also mit einem Parcours, bei dem man dadurch gewinnt, dass man in kurzer Zeit nicht in die Laser-Lichtschranken läuft.
Kontakt: Ammerländer Heerstr. 246, 26129 Oldenburg, 0441/77798011, schwarzlichtgolf-oldenburg.de

Veranstaltungen und Feste (eine Auswahl)

Der Nikolaimarkt

Immer am Pfingstwochenende findet auf dem Schlossplatz dieser Kunsthandwerksmarkt statt. Rund 90 Aussteller präsentieren ihre Kreationen und damit niemand hungrig nach Hause gehen muss, gibt es auch Stände mit kulinarischen Angeboten, die man schwer ablehnen kann. nikolai-markt.de

Der Kultursommer

Der Oldenburger Kultursommer ist jedes Jahr im Juli ein Höhepunkt im Festkalender der Stadt mit über 80 Veranstaltungen für Jung und Alt an verschiedenen Örtlichkeiten. Die Skala reicht vom klassischen Konzert bis zum Open-Air-Kino und das meiste ist draußen und umsonst. kultursommer-oldenburg.de

Das Kleinkunstfest JAPZ

Beim JAPZ durchzieht die Stadt eine heitere Feierstimmung, denn an allen Ecken und Plätzen wird auf Bühnen oder zur ebenen Erde musiziert, jongliert, gespielt, gezaubert, gesungen, geturnt und getanzt. In rund 28 Vorführungen und Improvisationen wird vom Bauchredner bis zum Seifenblasenproduzent so viel pure Lebensfreude versprüht, da möchte man doch, vor allem wenn die Sonne scheint, unbedingt dabei sein (an einem Wochenende in der 2. Augusthälfte).

Gaukler in der Stadt.

▸ Das Stadtfest

Auf mehr als einem Dutzend Bühnen und Plätzen wird die Innenstadt in einen vielgestaltigen Klangkörper verwandelt. Über 200 musikalische Gigs und Gags von 80 Livebands und 30 DJs sorgen an drei Tagen allerorten für ziemlich beste Laune und ziehen rund doppelt so viele Besucher an, wie die Stadt Einwohner hat. Dazu wird am Schlossplatz eifrig gekocht, sodass jeder gut durchhalten kann (🌐 stadtfest-oldenburg.de, Ende August).

▸ Das Filmfest

In der Regel findet Mitte September das Filmfest statt, das vor allem den unabhängigen Filmemachern gewidmet ist. Innerhalb weniger Tage kommen rund 50 Filme zur Aufführung und Jahr für Jahr strahlt cineastischer Glamour auf die Stadt an der Hunte ab, gern auch durch deutsche Stars und Sternchen (🌐 filmfest-oldenburg.de).

▸ Der Kramermarkt

An den Weser-Ems-Hallen findet der Kramermarkt statt, den es seit über 400 Jahren gibt. Ursprünglich zur Belebung des Handels gedacht, entwickelte er sich im Laufe der Zeit mehr und mehr zu einem Volksfest mit Schaubuden und Fahrgeschäften. Wie beim Freimarkt in Bremen gilt die Zeit des Kramermarktes als fünfte Jahreszeit in der Stadt. Ungezwungener wird's nicht mehr (Ende September–Anfang Oktober).

▸ Die KIBUM

Die größte nichtkommerzielle Messe Deutschlands für Kinder- und Jugendliteratur KIBUM wird von der Stadt gemeinsam mit der Uni Oldenburg ausgerichtet und dauert elf Tage. Neben Buchpräsentationen und Autorenlesungen kommt es zu Filmvorführungen, Vorträgen, Workshops, Ausstellungen und anderen Aufführungen. Ein starker Beitrag zum Thema „Lies mal wieder ein Buch" oder zwei (🌐 kibum.de, um die Novembermitte).

▸ Der Lambertimarkt

Jedes Jahr findet auf dem Schlossplatz einer der größten Weihnachtsmärkte im Nordwesten statt. Über 120 Aussteller bieten ihre Produkte an. An der Lambertikirche ist in einem Vorlesezelt Vorlesezeit. Außerdem kommt täglich gegen 16 Uhr der Weihnachtsmann vorbei und verteilt an die Guten und Braven, die er selbstredend das ganze Jahr über alle genau im Blick hatte, kleine Gaben und Geschenke (von Ende November bis zum 22. Dezember täglich 11–20.30 Uhr, Fr/Sa eine Stunde länger).

Osterholz-Scharmbeck

(Kreisstadt des Kreises Osterholz/ Niedersachsen)

Die selbstständige Gemeinde ist im Kreis Osterholz die einzige Stadt. Sie hat diesen Status seit 1929 inne und heute über 30 000 Einwohner. Es gibt sie in dieser Doppelkonstellation aus zwei Gemeinden seit 1927. Sie liegt westlich des Teufelsmoors und ist mit vielen Grünflächen wie den beiden Stadtparks gesegnet, weswegen sie auch als „Gartenstadt am Teufelsmoor" tituliert wird.
Dass die 1920er nicht der Anfang aller Besiedlung waren, belegt eindrucksvoll ein vermutlich mehr als 5000 Jahre altes Großsteingrab, keine 250 Meter vom Rathaus entfernt auf einem kleinen Hügel. Man ist sich sicher: nur Sesshafte haben solche vorgeschichtlichen Mausoleen aus Findlingen gebaut. Urkundlich erwähnt werden beide Ortsteile erstmals im 11. bzw. 12. Jahrhundert. Scharmbeck war ein Zentrum der Tuchweberei bis ins 20. Jahrhundert hinein, weshalb es in der Vergangenheit am Scharmbecker Bach zahlreiche Walkmühlen gab. Sie sind alle verschwunden. Es gibt aber noch eine Wassermühle, die als Kornmühle seit dem 13. Jahrhundert belegt ist, mit einem funktionstüchtigen Mühlrad, und zwar hinter der St.-Willehadi-Kirche und dem Marktplatz.
Die Zigarrenindustrie, die mit dem Namen Reemtsma verbunden ist, wurde bis 1992 betrieben, als das letzte „Zigarrenhaus" schloss. Von den einstigen großen Firmen der Maschinenindustrie ist noch die FAUN Umwelttechnik im Geschäft. Ansonsten ist jedem in der Region und darüber hinaus die Möbelfabrik Meyerhoff ein Begriff.
Ein „Campus" genanntes großzügiges Bildungszentrum mit modernen Gebäuden als Hingucker verfügt über diverse Einrichtungen wie ein Lern-, ein Medien- und ein Bildungshaus, dazu noch in unmittelbarer Nähe Sportstätten wie das Allwetterbad.

Tourist-Information der Stadtmarketing GmbH
Marktplatz 8
27711 Osterholz-Scharmbeck
04791/985 006
info@stadtmarketing-ohz.de
stadtmarketing-ohz.de

Stadtführungen
Die Stadt bietet zwei Führungen an mit den Themen: „Auf den Spuren der Klosterleute von St. Marien" und „Rund um den Scharmbecker Marktplatz und Gut Sandbeck". Nähere Auskünfte zu den Terminen erhält man von Sigrid Grimsehl unter 04793/89 39 und Brigitte Richter unter 04791/5 78 10 oder im Internet unter osterholz-scharmbeck.de

Sehenswertes

Der Marktplatz
Ein Ort mit hoher Aufenthaltsqualität ist der Marktplatz mitten im Ortsteil Scharmbeck.

Am Campus.

Der Marktplatz.

Man kann unter dem ausladenden Laubdach der Kaiser-Wilhelm-Eiche oder an einem kleinen Teich mit Fontäne und Wasservögeln sitzen. Ins Auge fallen die St.-Willehadi-Kirche und der Feuerwehrturm, gern Schlauchturm genannt, den eine Zeit lang die Skulptur eines Bullen, des Wappentiers der Stadt, zierte. Der Bulle im Wappen verweist auf die Viehmärkte, für die die Stadt einst bekannt war. In unmittelbarer Nähe des Marktplatzes befinden sich mehrere Einkehrmöglichkeiten, darunter auch das einstige, eher alternative Kultlokal „Stagges" in neuer Aufmachung. Die evangelische St.-Willehadi-Kirche geht auf eine Gründung im Jahr 850 zurück – damals als Holzkirche. Die erste Steinkirche an dieser Stelle wurde 300 Jahre später begonnen und die Feldsteine des Turmes stammen noch aus dieser Zeit. Ihre Orgel wurde vom Orgelbauer Erasmus Bielfeldt aus Stade in der Mitte des 18. Jahrhunderts geschaffen und sie entspricht noch weitgehend dem Original. Der 17 Meter hohe und 1926 errichtete Schlauchturm diente einst der Feuerwehr zum Trocknen der Schläuche, die aus Hanf gefertigt waren und bei nachlässiger Lagerung leicht schimmeln konnten. Im modernen Anbau, der baulich auf den denkmalgeschützten Schlauchturm abgestimmt wurde, hat sich nach langem Hin und Her verschiedenster Pächter ein beliebtes griechisches Lokal niedergelassen.

▸ Das Mahnmal am Platz der jüdischen Synagoge

Unweit des Marktplatzes, an der Bahnhofstraße gegenüber der Einmündung „Hinter der Wurth", wurde am 9. November 2006 an der Stelle der bis 2004 bestehenden jüdischen Synagoge, ein Mahnmal zum Gedenken an die jüdischen Opfer des deutschen Faschismus errichtet. 19 Stelen

sind um eine runde, mehrfach gebrochene Granitplatte gruppiert. Die polierte Platte trägt die 23 Namen der jüdischen Bürger, die im Dritten Reich ermordet oder in den Tod getrieben wurden. Eine Gedenktafel an der Wand des Nachbarhauses weist auf die Geschehnisse hin. Das Mahnmal wurde vom ortsansässigen Steinmetzmeister Wolfgang Strauß geschaffen.
Kontakt: Bahnhofstr. 105,
27711 Osterholz-Scharmbeck.

▸ Die Mühle von Rönn

Ein deutlich sichtbares Wahrzeichen der Stadt ist die jenseits des Stadtparks auf einem erhöhten Standort in Scharmbeck errichtete Windmühle, die nach der letzten Besitzerfamilie benannt ist. Der viergängige Galerie-Holländer ist die jüngste in der Stadt errichtete Mühle. Ihr Bau war spätestens 1883 abgeschlossen. Zweimal, nämlich 1886 und 1939, wurden ihre Mühlenflügel bzw. ihr Mühlenkreuz durch Orkanstürme erheblich beschädigt. Der Mühlenbetrieb wurde in der Folge auf andere Antriebsarten umgestellt, was aber nicht verhindern konnte, dass er eingestellt wurde. 1992 kaufte die Stadt den nun denkmalgeschützten Galerie-Holländer. Mittlerweile befinden sich eine Biologische Station, ein Mühlenmuseum und ein Mühlencafé in dem seit 2004 grundlegend renovierten Relikt früherer Energieübertragung. Drum herum gibt es einen Bauerngarten.
Kontakt: Lindenstr. 40, 27711 Osterholz-Scharmbeck, 04791/5021039.

▸ Die Klosterkirche St. Marien

Im Ortsteil Osterholz befindet sich die Klosterkirche St. Marien. Sie war das Gotteshaus eines ursprünglich für Nonnen und Mönche vorgesehenen Benediktiner-Klosters, das bereits im 12. Jahrhundert gegründet wurde. Bei der 1182 in Auftrag gegebenen Kirche handelt es sich um eine Basilika im romanischen Stil, die

Die Windmühle mit Museum und Mühlencafé.

ursprünglich dreischiffig und mit zwei Westtürmen versehen angelegt war.
Ein Brand im Jahre 1345 machte einen Neuaufbau notwendig. Unter dem Moorkommissar Findorff wurden die letzten entscheidenden Modifikationen vorgenommen, sodass der heutige Zustand in etwa wiedergibt, was damals im 18. Jahrhundert verändert wurde. Das zugehörige Gemeindehaus stammt aus dem Jahre 1562. Von den Klostergebäuden selbst sind nur die Grundmauern unter dem heutigen Kindergarten geblieben. Eine seinerzeit nicht selbstverständliche historische Besonderheit zeichnet das 1650 aufgegebene Kloster aus: Gegen Ende seiner Existenz bot es trotz aller religiös motivierten Kriege davor sowohl evangelischen als auch katholischen Nonnen Wohnrecht und eine Heimstatt. Die letzte verstarb 1692 in ihrer Zelle.
Kontakt: Klosterplatz 6,
27711 Osterholz-Scharmbeck.

Der Hünenstein
Es ist selten, dass ein Großsteingrab inmitten einer Stadt so erhalten bleibt, dass man eine ziemlich realistische Vorstellung von der ursprünglichen Anlage erhält. Es sind noch zehn Tragesteine und zwei Decksteine erhalten, wobei einer von ihnen mit 30 Tonnen zu den schwersten Decksteinen eines solchen Grabs in Deutschland gehört. Das Alter des Ganggrabs wird auf bis zu 6000 Jahren geschätzt. Es wird angenommen, dass bei früheren Grabungen im 18. Jahrhundert Urnen, Pfeilspitzen und eine Axt in der Nähe des Hünensteins gefunden wurden. Über den Verbleib ist jedoch nichts Genaues bekannt. Die Anlage ist jederzeit zugänglich: Kreuzung Osterholzer Straße und Am Hünenstein.

Das älteste Bürgerhaus
In der Hundestraße an der Ecke Sandbeckstraße befindet sich das älteste Bürgerhaus der Stadt. Der Fachwerkbau stammt aus dem Jahre 1626 und beherbergt eine Einrichtung des Diakonischen Werkes. Die zungenbleckenden Fratzen links und rechts an der Fassade des Gebäudes, heißt es, waren eine Art spätmittelalterliche Feuerversicherung, denn sie sollten böse Geister abschrecken und das Unheil vom Hause abwenden.
Kontakt: Hundestr. 11, 27711 Osterholz-Scharmbeck.

Das Meeresaquarium
Eine kostenfreie Attraktion stellt das tropische Meeresaquarium im Gebäude der Sparkasse Rotenburg Osterholz dar. Über 250 meist farbenfrohe Meeresfische tummeln sich in konstant auf 24 °C gehaltenem Salzwasser. Außerdem ist es mit Korallen und Schwämmen bestückt. Einmal in der Woche reinigt eine Taucherin den 6,7 m hohen Zylinder aus 5 cm dickem Kunststoffglas, der einen Durchmesser von 2,5 m hat. Bis zu 32 000 Liter Meerwasser kann das Aquarium an diesem ungewöhnlichen Ort fassen. Von seiner Art gab es, als es 1997 installiert wurde, nur zwei: eines in Singapur und eines in Genua.
Kontakt: Bahnhofsstr. 45, 27711 Osterholz-Scharmbeck, ✆ 04791/15283.

Der Hünenstein.

Museen

Die Museumsanlage
Auf dem Gelände des Wirtschaftshofes des ehemaligen Osterholzer Klosters wurden in sechs historischen Gebäuden und einem modernen Anbau vier eigenständige Museen eingerichtet: das Heimatmuseum, das Norddeutsche Vogelmuseum, das Museum für Schifffahrt und Torfabbau und ein Mitmachmuseum. Das Heimatmuseum ist im größten Gebäude, dem Findorffhaus, und in einem 1701 errichteten Niedersächsischen Bauernhaus, einem sogenannten Rauchhaus, aus Scharmbeckstotel untergebracht. Themenschwerpunkte sind die Ur- und Vorgeschichte, die Industriegeschichte der Region und die bürgerliche Wohnkultur seit dem Barock. Im reetgedeckten Rauchhaus liegt das Hauptaugenmerk auf der bäuerlichen Lebensweise und den dazu gehörenden Einrichtungs- und Gebrauchsgegenständen. Eine Flechtwerkscheune und ein Backhaus komplettieren das Ensemble.

Das Mitmachmuseum ist in einer um 1800 gebauten Hofscheune aus dem Dorf Bilohe, einem Ortsteil von Ohlenstedt im Landkreis Osterholz, untergebracht. Im Zentrum stehen Lebensformen der Vergangenheit und das Kennenlernen heimischer Handwerkstechniken, vor allem für Kinder und Jugendliche.

Das Museum für Schifffahrt und Torfabbau beherbergt eine Sammlung von Boots- und Schiffstypen, die vor allem für den Torftransport benutzt wurden. Prachtstück ist eine aus dem Moor geborgene, 20 m lange und sorgfältig konservierte Torfschute, die einst große Lasten beförderte.

Ein besonderer Höhepunkt ist das Norddeutsche Vogelmuseum. Auf drei Stockwerken und 800 m² Ausstellungsfläche bekommt man einen Überblick über die gesamte Vogelwelt Mitteleuropas. Über 220 Vogelarten und mehr als 450 Exemplare werden gezeigt, beschrieben und dem Besucher nahegebracht. Dazu erklingt der Gesang unserer Gartenvögel. Die lebensecht gestalteten Dioramen „Wattenmeer“ und „Hammeniederung“ sind einzigartige Hingucker.

Kontakt: Bördestr. 42, 27711 Osterholz-Scharmbeck, 04791/13105, museumsanlage-osterholz-scharmbeck.de

Theater und Unterhaltung

▸ Das Gut Sandbeck

Das ehemalige Herrenhaus aus dem Jahre 1575 wurde im Stil der Weserrenaissance als Teil einer Wasserburg erbaut und wird vom Scharmbecker Bach umflossen. Es dient seit 1981 als Kulturzentrum. Die zugehörige Große Scheune wird von der Scharmbecker Spieldeel e. V. (firmiert auch unter TiO) als Theatersaal genutzt. Das Ensemble studiert im Jahr drei plattdeutsche (aber auch hochdeutsche) Dramen ein und beglückt sein Publikum mit über 60 Vorstellungen in der Saison von Oktober bis März. Vertreten sind alle Schauspielgenres, auch Krimis und Musikstücke.

Für Kunstinteressierte kuratiert der Kunstverein laufend Ausstellungen regionaler und überregionaler Kunst. Darüber hinaus richtet er Kurse und Workshops in allen Kunstgattungen, darunter auch in digitaler Bildbearbeitung, aus. Für Kinder gibt es extra Kurse. Ab und zu wird auch gefeiert. Oder man lädt sich Puppenspieler ins Haus. Auf dem Gut finden zudem „fürstliche“ bürgerliche Hochzeiten statt und wenn man es irgendwo musizieren hört, dann liegt das daran, dass hier die Kreismusikschule residiert. Ende Juli/Anfang August findet zudem auf dem Gelände ein Open-Air-Wochenende mit Blues- und Rockmusik statt.

Kontakt: Sandbeckstr. 13, 27711 Osterholz-Scharmbeck, 04791/17-257, gut-sandbeck.de

Das Kulturzentrum Kleinbahnhof.

▸ Das Kulturzentrum Kleinbahnhof (KUZ)

Mitte der 1980er-Jahre wurde ein un- bzw. umgenutztes architektonisches Kleinod im

Sinne des Architekten restauriert und in ein alternatives Kulturzentrum verwandelt. Beim Architekten handelt es sich um keinen geringeren als Heinrich Vogeler, der beim Bau des Bahnhofsgebäudes bereits Abschied von seinen Jugendstilträumen genommen hatte. Von einer besseren Welt darf im KUZ aber nicht nur geträumt, sondern auch ihre Verwandlung zur Diskussion gestellt und geplant werden. Dass dabei das Vergnügen nicht zu kurz kommt, wird durch Konzerte, Spielabende und jede Menge Begegnungen bestärkt.
Kontakt: Am Kleinbahnhof 1, 27711 Osterholz-Scharmbeck, 04791/13138, kulturzentrum-kleinbahnhof.de

Freizeit und Natur

Das Allwetterbad

Aus einem ehemaligen Freibad ist ein Allwetterbad mit einer Sauna und der ersten Teleskophalle für ein Schwimmbad in Deutschland geworden. Toll daran ist schon mal als Erstes, dass es ganzjährig geöffnet ist. Für Schwimmer gibt es drei 50-Meter-Bahnen, für Springer ein Ein-, ein Drei- und ein Fünfmeterbrett. Ein Becken mit einer Tiefe von 0,75 m ist für Nichtschwimmer reserviert. Außerdem gibt es innen und außen Planschbecken. Durch einen Außenschwimmkanal kann man auch im Winter ins Freie schwimmen und die Wärme des Wassers genießen. Das Spaßbecken bietet mehrere Massagemöglichkeiten an. Für Fans von Kneippkuren gibt es ein Kaltwasserbecken zum Wassertreten. Neben mehreren Saunen gibt es ein Massagezentrum und das integrierte Fitnessstudio „Balance". Es ist also alles da, um sich wohlzufühlen und fit zu werden oder zu bleiben.
Kontakt: Am Barkhof 12, 27711 Osterholz-Scharmbeck, 04971/94030, allwetterbad.de

Die Ohlenstedter Quellseen

An den Ohlenstedter Quellseen findet in der warmen Jahreszeit mancher sein Schwimm- und Wohlfühldorado. Sie liegen allerdings bis zu 10 km außerhalb der Stadt jenseits der Langen Heide zwischen Ohlenstedt und Hülseberg. Ihre Attraktivität hat dazu geführt, dass sich an sonnigen Wochenenden bis zu 10 000 Badelustige an den Ufern und im Wasser tummeln. Die drei Seen haben mehrere lange, helle Sandstrände mit jeweils einem Nichtschwimmerbereich und einem gemeinsamen FKK-Strand. Motorboote sind nicht zugelassen und Surfen ist nur außerhalb der Badesaison erlaubt.
Es gibt eine mit den Besucherzahlen gewachsene Infrastruktur, die einen Zeltplatz, Spielplätze, Imbissbuden und Lokale einschließt. Außerdem befindet sich hinter den Stränden eine erkleckliche Ansammlung von Ferienhäusern. Während der Ferien wird der Badebetrieb von 10–18 Uhr überwacht, außerhalb dieser Zeit nur an den Wochenenden. Es wird ein Eintrittsgeld verlangt.
Kontakt: Büttel, 27711 Osterholz-Scharmbeck, 04791/1451.

Der Tiergarten Ludwigslust

Der Landgasthof Ludwigslust wurde ab 1963 von der neuen Besitzerfamilie zunächst um Volieren und schließlich ab 1972 um einen Tierpark erweitert und damit attraktiver gemacht. Ungefähr 50 Tierarten und über 200 Tiere sind auf einem 4 ha großen Zoogelände versammelt, darunter Affen, Bären, Kängurus und Luchse. Regelmäßig brüten auch Störche auf dem Terrain. Bei Kindern kommen der Streichelzoo und der Spielplatz gut an.
Kontakt: Garlstedter Kirchweg 31, 27711 OHZ-Buschhausen, 04791/5271, tiergarten-ludwigslust.de

Paddeln

Das Lokal „Schamaika" an der Hammebrücke außerhalb der Stadt verleiht Kanus stundenweise, halbtags oder auch ganztags, darunter Kanus für 10 Personen. Man kann in Ferienwohnungen, einem Heuhotel oder auf dem Zeltplatz übernachten bzw. im Restaurant essen. Ein Teil des Personals sind Menschen mit Behinderungen, die sich sehr liebevoll um ihre Gäste kümmern,

Mit dem Kanu unterwegs.

auch wenn es manchmal etwas dauert. Es herrscht eine fröhliche, entspannte Stimmung. Im Übrigen gibt es eine Sporthalle und das Angebot, mit dem Torfkahn auf der Hamme umherzuschippern.
Kontakt: Teufelsmoorstr. 33, 27711 Osterholz-Scharmbeck, 04796/951079, schamaika.de

▸ Bowling und Minigolf etc.
Im Maribondo Freizeitcenter kann man auf 14 Bahnen seine Bowling-Kugel in die Kegel donnern lassen oder auf 11 Schwarzlichtbahnen Minigolf spielen. Außerdem kann man seinen Miniboliden über eine 35 m lange Holzbahn steuern, Billard spielen, flippern und tun, was sonst noch Spaß macht.
Kontakt: Bahnhofstr. 26, 27711 Osterholz-Scharmbeck, 04791/964340, maribondo-freizeitcenter.de

▸ Boule spielen etc.
Am Mehrgenerationen-Spielplatz im Klosterholz ist eine Boule-Bahn angelegt, es stehen aber auch Fitnessgeräte bereit zur körperlichen Ertüchtigung in guter Waldluft. Für Kinder und Jugendliche gibt es Spielgeräte wie eine Kletterspinne.
Kontakt: Osterholzer Str. 16, 27711 Osterholz-Scharmbeck.

Veranstaltungen und Feste (eine Auswahl)

In Osterholz-Scharmbeck wird offensichtlich gern und viel gefeiert. Der viertägige **Scharmbecker Maimarkt** (Mitte bis Ende Mai, manchmal auch erst Anfang Juni) in der Innenstadt mit Buden und Fahrgeschäften ist beileibe nicht das erste große Event im Festkalender, aber aufgrund der Jahreszeit und der Kombination mit einem Flohmarkt gut besucht. Beim dreitägigen **Stadtfest** (stadtfest-ohz.de, meist Mitte Juli) verwandelt sich die Innenstadt, wie es heißt, in den „heißen Fleck im Norden“. Auf zwei Bühnen treten rund ein Dutzend fetzige Bands, sonore Shantychöre und jugendliche Tanzgruppen auf. Für Kinder steht eine Spielmeile bereit. Außerdem bieten Imbissbuden und Verkaufsstände ihre Produkte an. Am Sonntagvormittag findet auf dem Marktplatz ein Freilichtgottesdienst statt. Traditionell und bodenständig geht es auch beim **Buschhausener** (Ende Mai), beim **Scharmbeckstoteler** (Anfang Juni) und beim **Scharmbecker Schützenfest** (Erste Juliwoche in der Ritterhuder Straße) zu. Bereits Mitte August beginnen in allen Ortsteilen die mehrtägigen **Erntefeste,** die ab Ende September von den **Herbstfesten und -märkten** abgelöst werden. Der **Weihnachtsmarkt** in der Innenstadt fällt eher kurz aus und beschränkt sich in der Regel auf das Wochenende um den 2. Advent.

Ein Stein und ein Halbmond

Dangst und sein Skandalönchen

Heute reibt man sich verwundert die Augen. Wie kann es sein, dass es 1984 mit der Aufstellung einer eher schlichten, nur teilbehauenen Skulptur gelang, einen derartigen, wenn auch kurzzeitigen, Wirbelsturm im Blätterwald auszulösen? Menschen protestierten in Briefen an die Kurverwaltung und drohten damit, erst dann wieder nach Dangast zu kommen, wenn der Stein des Anstoßes beseitigt ist. Worum geht es eigentlich? Errichtet worden war ein 3,2 Meter hoher Grenzstein, der als „Riesen-Penis" (O-Ton BILD) gesehen wurde und die Menschen aufbrachte. Der „Skandal" verbreitete sich deutschlandweit. Selbst nationale und regionale Nachrichtensendungen meinten nicht umhinzukönnen, den Wirbel um den Phallus zur besten Sendezeit zu dokumentieren. In der Woche nach der Aufstellung des Grenzsteins und vor allem am darauffolgenden Wochenende wälzte sich aus dem Umland eine alle Parkräume sprengende Blechlawine gen Dangast. Eine Vorform der „Selfie-Bewegung" fand sich in fröhlicher Stimmung am Phallus ein und man, ob Rentner, Kegelclub oder Teenie, ließ sich mit ihm ablichten.

Aber alle Proteste verhallten, denn kommerziell waren diese Tage für die Gastronomie und Budenbesitzer in Dangast ein voller Erfolg. Außerdem gehörte das Strandstück, auf dem der erigierte „Riese" stand, dem Kurhausbesitzer und Galeristen Karl-August Tapken. Geheiligter Privatbesitz, da kann man nichts machen.

Mittlerweile wird der unscheinbare Phallus sogar mal übersehen. Kleinkinder spielen

Ganz rechts im Bild der Stein des Anstoßes.

ihm zu Füßen (obwohl „Füße“ hat er keine) mit ihren Schäufelchen und Eimerchen im Sand. Er gehört unbestritten dazu.

Der Halbmond auf dem Packhaus in Thedinghausen

Es ist eine Geschichte wie aus einem Roman: 1855 wird dem Packhaus am Rathausplatz in Thedinghausen ein Glockentürmchen als Dachreiter aufgesetzt und auf der Spitze dieses Türmchens obendrein ein zierlicher Halbmond angebracht. Der wohlhabende Eigentümer Dr. med. Wilhelm Grimm wollte seine Großmutter väterlicherseits posthum ehren, die er selbst nur aus den elterlichen Erzählungen kannte.

Anna Charlotte Rhebisch stammte aus einer wohlhabenden Familie in Otschakow (heute: ukrain. Otschakiw), einer damals osmanisch dominierten Stadt und Festung am Schwarzen Meer, östlich von Odessa. Während des russisch-türkischen Krieges wird Otschakow 1737 erobert und die Festung geschleift. Übrigens will bei dieser historisch verbürgten Eroberung ein nicht ganz zuverlässiger Zeitzeuge aus Deutschland auf einer Kanonenkugel auf die Festung zugeflogen sein, wie ein Film mit Hans Albers nachträglich zu beweisen scheint. Doch zurück zur historischen Realität!

Ein hübscher Teenager aus gutem Hause wird zusammen mit vielen anderen Personen in der eroberten Stadt gefangen genommen. Prinz Anton Ulrich, ein Offizier aus braunschweigischem Adel in russischen Diensten, darf sich einige Gefangene als Kriegsbeute aussuchen. Er wählt neben anderen das charmante Mädchen Abbas Cachiane Rhebisch aus und lässt sie in die russische Hauptstadt nach St. Petersburg bringen. Dort führt sie sich gut ein, lernt mehrere Sprachen, darunter auch Deutsch, und lässt sich schließlich christlich taufen. Mit der Taufe nimmt sie den Namen Anna Charlotte Rhebisch an.

Warum steckt ein Halbmond auf dem Packhaus?

Der Prinz, der nach einiger Zeit mit ihr nach Deutschland zurückkehrt, empfiehlt sie in Blankenburg seiner Großmutter, der Herzogin Christine Louise, als Gesellschafterin. Die Herzogin ist hellauf entzückt von der gebildeten jungen Frau und möchte ihr eine glückliche und sorgenfreie Zukunft bescheren. Sie soll deshalb, versehen mit einer fürstlichen Aussteuer und zusätzlichen finanziellen Zuwendungen, den Pastor Christian Moritz Grimm ehelichen. Doch die junge Frau hat intrigante Neider unter der Entourage der Herzogin.

Als ihre großmütige Gönnerin, die Herzogin, unerwartet vor der bevorstehenden Hochzeit stirbt, gelten die versprochenen Abmachungen plötzlich nicht mehr und mit den großzügigen Schenkungen wird es nichts.

Anna Charlotte Rhebisch heiratet den evangelischen Pastor trotzdem, vielleicht weil sie ihn wirklich liebt und weil er bei all den hinterhältigen Machenschaften zu ihr steht. Sie begleitet ihn in sein Amt nach Zorge in den Harz, wo er die Seelsorge für die rauen Arbeiter im kräftezehrenden Eisenerzabbau übernimmt.

Fernab von allen höfischen Kreisen führt Anna Charlotte fortan das entbehrungsreiche Leben einer Landpastorenfrau.

Sie gebiert neun Kinder und stirbt 1766 mit nur 44 Jahren. Den Enkel hat das Schicksal seiner Großmutter nachhaltig berührt und dafür steht der Halbmond auf einem Dach, mitten in der deutschen Provinz.

Ottersberg

(Landkreis Verden/Niedersachsen)

Der Ort ist der namensgebende Hauptort für die Einheitsgemeinde Ottersberg, zu der unter anderen auch Fischerhude und Posthausen gehören. Knapp 13 000 Einwohner leben in der Wümme-Niederung oder auf dem Rücken der Zevener Geest. Wie das gesamte Umfeld um Bremen durchlief auch Ottersberg in seiner Geschichte einen regen Wechsel von Herrschern, darunter waren schwedische, dänische und nicht zuletzt Napoleon. Der Bahnhof ist denkmalgeschützt. In Posthausen existiert mit „Dodenhof" eines der größten Einkaufszentren Norddeutschlands.

Das Tourismusportal
Informationen im Internet unter
flecken-ottersberg.de.

Sehenswertes

Der Amtshof

Das Gebäude war in der Vergangenheit eine Burg, die zweimal zerstört und danach wieder aufgebaut wurde. Die jetzige Grundstruktur stammt aus dem Jahre 1585. Der Amtshof besteht aus zwei im Winkel zueinander stehenden Flügeln, wobei ein polygonaler Turm aus dem Winkel vor springt. In den zweigeschossigen, verputzten Backsteinbau führen vier unterschiedlich gestaltete Sandsteinportale. Am Tag des offenen Denkmals ist es für die Öffentlichkeit zugänglich. Seit 1946 wird das Gebäude vom Rudolf-Steiner-Schulverein als Schule genutzt. Auf dem Gelände werden Rosen und ein Schulgarten gepflegt.
Kontakt: Amtshof 5, 28870 Ottersberg.

Rastede

(Landkreis Ammerland/Niedersachsen)

Rastede ist eine erholsame, grüne Gemeinde, schon allein deshalb, weil der 300 ha große Schlosspark bis in den Ortskern reicht, und ist als Ausflugsort staatlich anerkannt. Seine Geschichte ist eng mit den Grafen, Herzögen und Großherzögen von Oldenburg verbunden. Die Nachfahren besitzen noch immer das im Park liegende Schloss. Rasteder Bürger, die sich um die vorletzte Jahrhundertwende herum ein Eigenheim leisten konnten, wohnten in den im Volksmund so genannten Oldenburger Hundehütten, die es noch immer gibt, da der Zweite Weltkrieg in Rastede nicht ganz so stark „tabula rasa" gemacht hat wie anderswo. Was hat man sich darunter vorzustellen? Es sind Häuser mit eineinhalb Stockwerken, die mit dem Giebel zur Straße hin ausgerichtet sind und ein nicht zu steiles Satteldach besitzen. Längst haben Investoren die Gemeinde für sich entdeckt und bauen moderne Residenzen, die mit „Hundehäusern" (O-Ton des Philosophen Karl Jaspers in „Schicksal und Wille") wenig gemein haben, eher etwas mit gläsernen Kuben.

Touristinformation Rastede
Baumgartenstr. 10
26180 Rastede
04402/86 38 550
info@residenzort-rastede.de
rastede-touristik.de

Gästeführungen
Im Angebot der Touristikinformation Rastede sind Führungen durch den Ort, das Palais und den Palaisgarten, die St.-Ulrichs-Kirche samt 950-jähriger Krypta, rund um den Denkmalsplatz und durch den Schlossgarten, durch den

Kögel-Willms-Heilpflanzengarten und zu den Klinkervillen des Orts. Besonders stimmungsvoll: eine Fackelwanderung durch den Schlosspark, die mit einem Glühwein am Mühlenhof endet.

Sehenswertes

Das Schloss

An der Stelle eines Benediktinerklosters, das zu einer Festung ausgebaut worden war, errichteten die Grafen von Oldenburg eine Sommerresidenz, die zeitweise – unter dänischer Herrschaft – dem Verfall preisgegeben war. 1777 erhielt unter Herzog Peter Friedrich Ludwig das Schloss durch einen grundlegenden Umbau seine frühklassizistische und 1833 unter seinem Nachfolger die heutige rein klassizistische Gestalt. Es steht im Schlosspark in der Nähe des großen Turnierplatzes. Es befindet sich noch immer im Besitz des Hauses Oldenburg und ist fremden Besuchern nicht zugänglich.

St.-Ulrichs-Kirche mit Krypta und abgesonderten Glockenturm

Außerhalb des Schlossparks, aber ebenfalls in unmittelbarer Nähe zum Turnierplatz erhebt sich inmitten eines Friedhofs die St.-Ulrichs-Kirche. Rastede bezieht sein Gründungsdatum als Ort auf das Jahr ihrer Errichtung um 1059. Sie ist durch ihren aufragenden Turm aus frühen Zeiten, erkennbar an den Feldsteinen im Sockel, ein Wahrzeichen der Stadt. Das historische Kleinod des Gotteshauses ist seine frühromanische Hallenkrypta aus der eigenen Gründerzeit. Sie gilt als der älteste erhaltene Kirchenraum im Oldenburger Land. Seit dem 18. Jahrhundert diente sie dem Hause Oldenburg als Grablege, von der noch ein Barocksarkophag und ein um die Jahrtausendwende neu eingerichtetes Ossarium zeugen. Zusätzlich zum Kirchturm und abgetrennt vom Kirchenschiff gehört zur Kirche noch ein Glockenturm. Die älteste der drei Glocken wurde in dem Jahr gegossen, als Kolumbus unwissentlich Amerika entdeckte.

Kontakt: Denkmalsplatz 5, 26180 Rastede, 04402/987370, ev-kirche-rastede.de und rastede.kirche-oldenburg.de

Museen

Das Palais Rastede

Gegenüber dem Schloss Rastede befindet sich in einem fünf Hektar großen englischen Landschaftsgarten mit altem Baumbestand das Palais, das im Besitz der öffentlichen Hand ist und von einem Kulturkreis unterhalten wird. Sein heutiges Aussehen geht auf einen Umbau während der Gründerzeit zurück und zeigt den eklektizistischen Baustil des Historismus. Beim Umbau wurde ein zweites Geschoss aufgesetzt und der Mittelrisalit mit einer Kuppel überwölbt. Neben der Dauerausstellung mit dem Titel „Rastede – eine Sommerresidenz“ werden regelmäßig Kunstausstellungen durchgeführt. Der Kulturkreis organisiert auch Vorträge, Lesungen, Kammerkonzerte und Theateraufführungen. Das Zimmertheater Orlando, vermutlich das kleinste Niedersachsens, führt seine Stücke seit über 20 Jahren vor 30 Zuschauern auf.

Kontakt: Kunst- und Kulturkreis Rastede, Feldbreite 23, 26180 Rastede, 04402/81552, kkr-rastede.de

Das Bauernmuseum

Im Museum wird auf einer 2.500 m² großen Ausstellungsfläche eine einzigartige Sammlung von landwirtschaftlich-technischen Geräten gezeigt. Bis zu 10 000 Exponate aus 200 Jahren technischer Entwicklung im Agrarbereich wurden von der Besitzerfamilie Brötje im ehemaligen Bauernhof zusammengefasst. Dieser selbst ist ein eindrucksvoller Fachwerkbau, der einer Inschrift zufolge als „Jan Pastor sin Hus“ 1666 errichtet worden sein könnte.

Das Schloss.

Kontakt: Raiffeisenstr. 60, 26180 Rastede, 04402/82192, bauernmuseum-rastede.de

Freizeit und Natur

▸ Der Schlosspark mit Ellernteich
Als die adeligen Herrschaften des Hauses Oldenburg das Schloss als Sommerresidenz nutzten, verbanden sie den Park Hagen und den Eichenbruch und gestalteten den damit geschaffenen 300 ha großen Schlosspark zu einem großzügigen englischen Landschaftsgarten mit reichem Baumbestand und romantischen Gewässern aus. Aus dem Ellernteich hinter dem Turnierplatz schießt zu bestimmten Zeiten in der warmen Jahreszeit eine Fontäne in die Höhe. Im Süden betritt man den Park durch das in jüngerer Zeit wieder geschaffene Hirschtor, wo man auch seinen Wagen abstellen kann. Heute kann man auf ausgeschilderten Pfaden Rundgänge zu Fuß oder Radtouren von zwei bis zehn Kilometern Länge unternehmen. Neben den Fußwegen kann man Hindernisse entdecken, die für den Geländeritt aufgestellt wurden. Im Südteil des Parks sind die größten Ansammlungen von Azaleen und Rhododendren vorzufinden. Übers Handy kann man beim Spaziergang die Nummer 04402/9833581 plus eine Zusatznummer von -01 bis -16 anrufen, über die man dann Näheres z. B. über das Hirschtor (-02), den Venustempel (-10) oder die Wassermühle (-12) erfährt.

▸ Kögel-Willms-Heilpflanzengarten
Ein privater Verein hat sich zum Ziel gesetzt mit einem Kräutergarten die Kenntnis heimischer Heilkräuter und ihrer Anwendung zu fördern. Die Grundidee entsprang daraus, dass es in Rastede über 400 Jahre lang ein Benediktinerkloster gab, dessen Mönche sich besonders der Heilung von Kranken gewidmet haben. Wie die Mönche legten die Mitglieder des Vereins einen „hortus sanitates“, also einen Gesundheitsgarten, an und informieren seither Interessierte über die Wirksamkeit der angepflanzten Kräuter in Seminaren und durch Führungen.
Kontakt: Kögel-Willms-Str. 2, 26180 Rastede, 04402/83259, heilpflanzen-rastede.de

▸ ☺ Loyer Garten-Eisenbahn-Park
Auf eintausend Quadratmetern Fläche steht im Ortsteil Loy eine Miniaturstadt, auf deren Terrain eine Schmalspurbahn aus Dampflokomotiven im Maßstab von 1:22,5 und bis zu vier Meter langen Zügen auf 500 Gleismetern unterwegs ist. Zum obligatorischen Dampf der Loks gesellen sich die typischen Eisenbahngeräusche, die das authentische Ambiente im Kleinen reproduzieren. Die Miniaturstadt heißt nach dem Besitzer der Bahn, Grote, selbstverständlich Grotestadt.
Kontakt: Ringstr. 284, 26180 Rastede-Loy.

▸ Der Trinkwasser-Lehrpfad Nethen
Wer einmal ganz grundsätzlich wissen möchte, wie Trinkwasser gewonnen wird, welche Prozesse es durchläuft, bis es bei uns im Waschbecken ankommt und was getan wird, um Brauchwasser wieder zu reinigen, kann sich kostenlos beim Trinkwasser-Lehrpfad im Ortsteil Nethen informieren. Auf der Webseite gibt es ein Kontaktformular, mit dem man sich für eine zusätzliche kostenlose Führung durch das Wasserwerk gleich nebenan anmelden kann, entweder als Gruppe oder einzeln. Einzelpersonen werden dann einer bereits angemeldeten Gruppe zugeteilt.
Kontakt: Am Wasserwerk 5, 26180 Rastede-Nethen, ☏ 04401/916156, 🌐 oowv.de/wissen

▸ ☺ Das Hallenbad im Palaisgarten
Wenn die Glaswände leicht beschlagen sind, wirkt das zentral gelegene Hallenbad mit seinen getönten Scheiben von außen fast wie ein verwunschenes Aquarium, so dicht ist es von Bäumen und Buschwerk umstanden.
Sein Schwimmerbecken ist 25 m lang und halb so breit und hat eine Temperatur von 26 °C. Das Nichtschwimmerbecken ist gleich noch mal zwei Grad wärmer. Der Whirlpool im Wintergarten mit freiem Blick nach draußen hat mollige 32 °C. Außer einer Spaßrutsche und Spaßduschen gibt es noch ein Dreimeterbrett und eine Gegenstromanlage.
Kontakt: Schloßstr. 11, 26180 Rastede, ☏ 04402/83540, 🌐 baeder-rastede.de

Feste und Veranstaltungen

▸ Auf dem Turnierplatz und im Schlosspark
Zwischen Schlosspark und St.-Ulrichs-Kirche wurde kurz nach dem Zweiten Weltkrieg ein großzügig bemessener Turnierplatz angelegt. Ursprünglich vor allem für reiter- und ritterliche Veranstaltungen vorgesehen, dient er längst als Mehrzweckgelände und es findet vom **Flohmarkt** (dreimal im Jahr) bis zum großen Fest alles statt, was etwas Raum braucht (Friedhofsweg 3A, 26180 Rastede).
Im Schlosspark und auf dem Turnierplatz gibt es meist am dritten Wochenende im Mai ein vier Tage währendes **mittelalterliches Spektakel** mit den zugehörigen historischen Gewändern, Ständen, Gewerken, dem Händlermarkt, Spielleuten und Musikern. Ritterturniere werden ebenso ausgetragen wie Schwertkämpfe zu Fuß. Markttänze und

Das Hirschtor.

Konzerte bis in die Nacht sorgen für reichlich Unterhaltung und Spannung (mehr dazu unter spectaculum.de).
Ein **Traditionsrenntag** (am 2. Juniwochenende) auf dem Turnierplatz präsentiert Reitpferde und Gespanne im Wettkampf. **Internationale Musiktage** sind für das erste Juliwochenende angesagt. 3000 Musiker und

Der Turnierplatz.

Tänzer aus ganz Deutschland und einigen Nachbarländern reisen an, um drei Tage lang mit ihren Spielmanns- und Fanfarenzügen, ihren Showbands und Musikgruppen die Zuschauer zu begeistern. Ein Brillantfeuerwerk beschließt das Musikfest. Das **Oldenburger Landesturnier** (in der vorletzten Juliwoche) dauert sechs Tage und bietet besten Reitsport. Ein **internationales Grasbahnrennen** (2. Augustwochenende) auf einem 1000 m langen Rundkurs ist eine echte Herausforderung für Mensch und Maschine und nicht zu vergessen, auch für die Zuschauer. Den Weltrekord mit durchschnittlich 143,255 km/h stellte der Brite Kelvin Tatum 2004 in Rastede auf. Anfang September steigt im Schlosspark das dreitägige **Ellernfest** (ellernfest-rastede.de). Es ist ein Volksfest, das am Freitag mit einem Freibierausschank beginnt, am Samstag mit der Ellernprobe fortgesetzt wird und am Sonntag mit einem ökumenischen Gottesdienst in die Endphase geht. Dazwischen gibt es jede Menge Veranstaltungen, sei es Tauziehen, ein Kinderflohmarkt, Kuhfladenroulette oder eine Modenschau.

Rechtenfleth

(Ortsteil der Gemeinde Hagen im Bremischen/Landkreis Cuxhaven/ Niedersachsen)

Das knapp 300 Einwohner zählende Dorf liegt am rechten Weserufer und war einst eine unabhängige Gemeinde, die bereits anno domini 860 urkundlich erwähnt wurde. Ihr außergewöhnliches Glanzstück ist das Hermann-Allmers-Haus.

Siehe unter Hagen im Bremischen i

Sehenswertes

Das Hermann-Allmers-Haus
Hermann Allmers (1821–1902) war ein Dichter und Schriftsteller, der der Natur, der Antike, seiner Heimat und den Menschen seiner Zeit mit großem Wissensdurst begegnete. Er galt zwar als der „Marschendichter", aber darauf beschränkte sich sein Wirken nicht. Er reiste für über ein Jahr nach Italien und machte dort viele bedeutsame Bekanntschaften. Nach Hause zurückgekehrt, begann er 1860 mit dem Um- und Ausbau seines ererbten väterlichen Anwesens. Er holte sich Freunde und Künstler aus der Region, die seine Antikenbegeisterung mit Bebilderungen und Reliefs umsetzten. Arthur Fitger malte beispielsweise seinen Antikensaal aus, damit dort Abgüsse klassischer Statuen stilgerecht präsentiert werden konnten. Allmers' Nachlass enthält über 11 000 handgeschriebene Briefe, neben privaten Korrespondenzen Einlassungen mit Theologen, Wissenschaftlern, Schriftstellerkollegen, aber

auch mit Strafgefangenen. Das Haus ist ein sehenswerter Ort, den man in der Marsch nicht vermuten würde.
Kontakt: Mittelstr. 1, 27628 Hagen im Bremischen, Ortsteil Rechtenfleth.

Ritterhude

(Landkreis Osterholz/Niedersachsen)

Vor den Toren der Stadt Bremen liegt die aus sechs Ortschaften bestehende Gemeinde. Sie hat rund 15 000 Einwohner, von denen mehr als die Hälfte im namensgebenden Hauptort an der Hamme wohnen. Im Süden ist die Wümme die natürliche Grenze des Gemeindegebiets zu Bremen. Auf beiden Flüssen kann gepaddelt und auf und zwischen den Deichen geradelt werden. Ritterhude hat, was nur wenige Städte aufweisen können, mit Sangay eine Patenstadt inmitten des südlichen Archipels der Philippinen.

Siehe unten unter „Hamme Forum" *i*

Museen

▸ Das Naturinformationshaus
Wer wissen möchte, wie der Mensch sich in einer von Mooren, Wasserläufen und periodischen Überschwemmungen geprägten Landschaft im Lauf der Jahrhunderte eingerichtet hat und welche Folgen dies nach sich zog und immer noch zieht, der ist im Naturinformationshaus goldrichtig. Die ständige Ausstellung trägt den Titel „Wasser & Wasserbau in der Hammeniederung" und erläutert zum Beispiel, was die Moorkolonisation bedeutet hat, wie die in der Nähe und mittlerweile unter Denkmalschutz stehende Ritterhuder Schleuse funktioniert und welche Maßnahmen an der Hamme für den Naturschutz unternommen werden.
Kontakt: Niederender Str. 1 ,27721 Ritterhude, ✆ 04292/819531, 🌐 hammeforum.de

Theater und Unterhaltung

▸ Das Hamme Forum
Aus der einstigen, etwas angestaubten Mehrzweckhalle ist das neue Hamme Forum geworden. Es dient der Abhaltung von Tagungen und Seminaren, ist aber besonders auch für jede Form von Enter- und Infotainment gut. Konzerte, Fußballgucken auf Großleinwand, Schlagernächte, Kabarett, das Ohnsorg-Theater, ja, auch Jürgen von der Lippe und viele andere und vieles mehr wird angeboten. „Und vieles mehr" heißt, man ist auch als Institution zur Gästeinformation zur Stelle und organisiert zudem Gästeführungen, Wanderungen, Radtouren und Torfkahnfahrten. Im Touristinfo-Shop kann man Landkarten für individuelle Touren per Rad und per pedes erwerben. Über das Forum gelangt man ins Naturinformationshaus.
Kontakt: Riesstr. 11, 27721 Ritterhude, ✆ 04292/819531, 🌐 hammeforum.de

Rotenburg (Wümme)

(Kreisstadt des Landkreises Rotenburg/Niedersachsen)

Im Wappen des 1929 zur Stadt erhobenen Fleckens Rotenburg (Wümme) erkennt man unschwer eine stilisierte rote Burg, sodass es naheliegend scheint, dass sich der Name der Stadt von diesem Bauwerk ableitet. Hinzu kommt, dass man, durch den Namen aufmerksam geworden, in der ganzen Stadt immer wieder rote oder

rötliche Backsteingebäude, auch ganz moderne, entdeckt. Aber Genaues weiß man nicht. Der Name könnte auch auf die Rodungen zurückgehen, die der Gründung vieler Ortschaften vorausgingen. Die Burg ist jedenfalls bis auf kleinere Überbleibsel am Heimathaus und im Boden versteckte Fundamente verschwunden.
Aus der Ackerbürgergemeinde ist in erster Linie eine Dienstleistungsstadt mit über 20 000 Einwohnern geworden. Es gibt Handwerk und Industrie, aber auffälliger sind die Kliniken und Gebäude der Rotenburger Werke der Inneren Mission und des Agaplesion Diakonieklinikums. In beiden allein sind rund 3500 Menschen beschäftigt. Eine beschauliche Innenstadt mit großer Fußgängerzone lädt zum Verweilen ein. Die stadtnahe Natur macht Lust auf ausgedehnte Spaziergänge und Wanderungen oder erholsame Radtouren.

Kultur und Tourismus
Rathaus
Große Straße 1
27356 Rotenburg (Wümme)
04261/71-0
stadt@rotenburg-wuemme.de
rotenburg-wuemme.de
Öffnungszeiten: Mo–Mi und Fr 8.30–12, Do 8.30–18 Uhr

Stadtführungen
Ausgebildete Gästeführerinnen und -führer offerieren eine umfassende Palette von Angeboten, die zu Fuß, per Rad oder mit dem Bus auf Platt, auf Deutsch oder „in English" unternommen werden können. Darunter sind informative Stadtführungen, historische Rundgänge, begleitete Bustouren und spezielle Kunst- und Kulturführungen. Zugang zu den einzelnen Begleitpersonen mit deren persönlichem Profil erhält man unter tourow.de oder unter rotenburg-wuemme.de

Sehenswertes

Die evangelische Stadtkirche

Einst war die evangelische Stadtkirche für ganz Rotenburg (das noch in den 1940ern zu über 90 Prozent protestantisch war) zuständig. Von daher vielleicht die eher formelle Bezeichnung. Sie gilt unter den neogotischen Kirchen Niedersachsens als besonders, da sie der Architekt Ernst Klingenberg nach dem Vorbild der von Karl Friedrich Schinkel entworfenen Friedrichwerderschen Kirche in Berlin-Mitte konzipiert hat. Der Turm im westlichen Teil der Kirche jedoch stammt noch von der barocken Vorgängerkirche und wurde 1752 aus Feldsteinen errichtet.

Die Kirche mit den gusseisernen Säulen.

Das neue Kirchenschiff und der Chor wurden 1862 gemäß dem Eisenacher Regulativ angefügt. Die Vorschriften dieses Regulativs sahen vor, dass der Altar im Osten, die Orgel im Westen und die Kanzel an der Schnittstelle zwischen Chorraum und Kirchenschiff zu sein habe und dass das Kirchenschiff ein längliches Viereck zum Grundriss haben müsse. Die Bauweise solle „vorzugsweise den sogenannten germanischen (gotischen) Styl" nachbilden. Alles das ist erfüllt.
Darüber hinaus gibt es einen seltenen Modernismus in der Stadtkirche, denn die Gewölbe und Emporen werden von

Das moderne Rathaus.

gusseisernen Säulen getragen, wobei sich dieses für ein Gotteshaus ungewöhnliche Material offen und lediglich durch seine schützende Bemalung verkleidet dem Besucher präsentiert. Bemerkenswert ist noch ein Gemälde in der Vor- bzw. Turmhalle aus dem Jahre 1955. Es wurde vom ortsansässigen und weithin bekannten evangelischen Kirchenmaler Rudolf Schäfer (1878–1961) als Teil einer Gefallenengedenkstätte geschaffen. An der Südseite der Kirche befindet sich ein Kriegerdenkmal.
Kontakt: Am Kirchhof, 27356 Rotenburg.

▸ Der Ehlermannsche Speicher
Der Besitz einer Rotenburger Kaufmannsfamilie, den die Stadt 1980 den Erben abkaufte, drohte zu verkommen und wurde deshalb an eine Investorengruppe weitergegeben. Daraufhin wurden die drei Gebäude saniert und zu neuen Nutzungen freigegeben. So sind jetzt in einem ehemaligen Kornspeicher Wohnungen und ein Café untergebracht. Im Sommer kann man zwischen dem Haupthaus und den ehemaligen Speichern in einem Biergarten sitzen und sich die bis zu 250 Jahre alten Fachwerkgebäude in Ruhe anschauen.
Kontakt: Große Str. 21, 27356 Rotenburg.

Museen

▸ Die Cohn-Scheune
Die Familie Cohn betrieb im Zentrum der Stadt in der Großen Straße 32 einen erfolgreichen Textilhandel – so war ihre Firma die Regionalvertretung für die einst deutschlandweit und darüber hinaus agierende Wirk- und Strickwarenfabrik „Bleyle“ – und wurde durch die Repressalien der Nationalsozialisten in den Konkurs getrieben. Sie wurden aus ihrer Wohnung gejagt und schließlich wie ihre beiden jüdischen Schneider deportiert

Das Speicher-Ensemble.

und ermordet. Nur die beiden Töchter der Familie überlebten den Holocaust, weil sie rechtzeitig ins Ausland fliehen konnten. Die sogenannte Cohn-Scheune wurde in die Straße Am Kirchhof versetzt und so eingerichtet, wie es dem Vorkriegszustand entsprach. Sie dokumentiert als Museum das Leben der Familie Cohn im Speziellen und 200 Jahre jüdischen Lebens in Rotenburg und in der Region im Allgemeinen. Nicht ohne Belang ist der Hinweis, dass es im Rat der Stadt seinerzeit durchaus Widerstände gab, ein solches Museum für wünschenswert zu halten.
Kontakt: Am Kirchhof 1, 27356 Rotenburg, 04261/1528, info@cohn-scheune.de, cohn-scheune.de, **Öffnungszeiten:** Mi und So 14.30–17 Uhr.

Der Kunstturm

In den ehemaligen Schlauchturm der Feuerwehr wurden vier Etagen eingezogen, ein angemessener Eingangsbereich geschaffen und schon war eines der kleinsten Kunstmuseen im Lande Niedersachsen, jedenfalls was die Grundfläche angeht, kreiert. Im 24 m hohen „Leuchtturm der Kunst“ (Bernd Neumann) löst dank des örtlichen Kunstvereins eine eindrucksvolle Ausstellung die nächste ab. Künstler und Künstlergruppen aus der Region, dem übrigen Deutschland und sonst woher kommen ebenso zum Zug wie die unterschiedlichsten Kunstgattungen, seien es Gemälde, Skulpturen oder Reliefs oder besondere thematische Einlassungen.
Kontakt: Nödenstr. 9, 27356 Rotenburg, info@kunstverein-row.de, kunstverein-row.de

Das Museum am Mutterhaus

Da in Rotenburg der Dienst an und die Liebe zu den hilfsbedürftigen Menschen die ganze Stadt mitgeprägt hat und noch immer prägt, ist es sicher wissenswert, wie die 150-jährige Geschichte des Diakonissen-Mutterhauses als einer dieser Institutionen der Mitmenschlichkeit abgelaufen ist. In mehreren Räumen auf zwei Stockwerke verteilt lassen Ausstellungsstücke, Fotos, Texte und interaktive Medien ein Bild entstehen, das Aufschluss über wesentliche Aspekte des Lebens und Schaffens der zunächst in Hamburg und ab 1905 in Rotenburg wirkenden Schwesterschaft gibt.
Kontakt: Elise-Averdiek-Str. 17, 27356 Rotenburg, 04261/77-2206, diako-mutterhaus.de

Das Rudolf-Schäfer-Haus.

Das Rudolf-Schäfer-Haus

In der Fußgängerzone steht das älteste Wohnhaus Rotenburgs. Der Fachwerkbau wurde 1675 errichtet und 1911 vom Kirchenmaler Rudolf Schäfer erworben. Er lebte rund ein halbes Jahrhundert mit seiner Familie in diesem Haus, zu dem auch ein mittlerweile neugestalteter Garten gehört. Der Maler schuf nicht nur unzählige meist religiöse Bildnisse, sondern illustrierte auch theologische Bücher und fertigte Bildmappen für den Religionsunterricht an. Die von ihm gestaltete „Rudolf-Schäfer-Bibel“ liegt im Luther-Museum der Stadt Eisenach aus. Ein Verein betreut sein Erbe und lädt zu Ausstellungen, Vorträgen und Konzerten ein.
Kontakt: Große Str. 15, 27356 Rotenburg, 04261/83125, rudolf-schaefer-verein.de

Das Kaffeemühlenmuseum
Man betritt lesehungrig eine Buchhandlung, in diesem Fall die Buchhandlung „Mauer", und siehe da, das Bunte auf den obersten Regalen sind keine das Grauen heraufbeschwörenden Thriller, sondern über 250 ein Flair von Gemütlichkeit ausstrahlende Kaffeemühlen jeglicher Bauart und aus allen Epochen. Den Grundstock bildeten Kaffeeröster samt Zubehör aus dem Besitz der Großmutter der Ladeninhaberin. Der Besuch zu Ladenöffnungszeiten ist gratis.
Kontakt: Große Str. 38, 27356 Rotenburg, 04261/2660.

Das Sparkassenmuseum
In der Geschäftsstelle der Sparkasse Rotenburg-Bremervörde kann man möglicherweise Geld einzahlen, vielleicht auch auszahlen lassen, ganz sicher aber sich über 170 Jahre Sparkassenwesen der Region informieren. Maschinen, Tresore, Notgeld, alles was im Laufe der Zeit eine Rolle spielte, ist hier versammelt.
Kontakt: Am Pferdemarkt 1, 27356 Rotenburg, 04281/9401004 bzw. 04281/9401110.

Theater und Unterhaltung

Das Heimathaus
Wer ohne große Intentionen ins Heimathaus kommt, kann im zugehörigen Park flanieren und sich anschauen, was im Apotheker- und Bauerngarten gerade grünt und blüht. Wer es mit Sebastian Kneipp hält, kommt zum Wassertreten. Ansonsten sind ständig Ausstellungen, Messen und Märkte angesagt, Lesungen, Vorträge und Konzerte sowieso. Auch heiraten und feiern kann man in den historischen Räumen, denn das Haus gibt es zehn Jahre länger als die Französische Revolution her ist. Außerdem sind über 3000 Gegenstände aus dem Alltags- und Arbeitsleben der Altvorderen in einer großen Sammlung zusammengefasst. Manches darf man sich ausleihen. Ein echtes Heimathaus eben!
Kontakt: Burgstr. 2, 27356 Rotenburg, 04261/4520, heimathaus-rotenburg.de

Freizeit und Natur

Das Erlebnisbad Ronolulu
Sommers wie winters ist das nach Hawaii klingende Erlebnisbad mit seinen elf Schwimmbecken und dem Aloha-Restaurant geöffnet. Der Sprungturm hat ein Fünfmeterbrett. Eine der großen Attraktionen ist die 82 m lange Riesenwasserrutsche.

Die große Rutsche.

Daneben gibt es eine superschnelle Breitrutsche. Selbstverständlich ist ein Sauna- und Wellnessbereich vorhanden. Das Lokal hat eine Terrasse und im Saunabereich eine Bar.
Kontakt: Nödenstr. 9, 27356 Rotenburg, 04261/67570, ronolulu.de

Der Große Bullensee
Der umwaldete See liegt rund fünf Kilometer südlich von Rotenburg in einem Naturschutzgebiet und ist ein Gletscherrelikt der letzten Kaltzeit. Er ist als Badesee freigegeben und

wird an den Wochenenden überwacht. Die Wassertiefe beträgt bis zu 13 Metern. Es gibt jedoch in Ufernähe einen breiten Streifen, der für Nichtschwimmer geeignet ist, und sich an heißen Tagen bis auf 30 °C aufwärmt. Das Wasser ist naturtrüb und sieht moorig dunkel aus. Die Unbedenklichkeit für Badende wird einmal im Monat überprüft.
Fische kommen in dem sauren Wasser mit seinem hohen Huminstoffgehalt nicht zurecht. Haustiere wie Hunde dürfen sich aus Naturschutzgründen nicht auf dem Gelände oder im Wasser aufhalten. Da das Terrain auch als Naherholungsgebiet ausgewiesen ist, wurde eine Wochenendhaussiedlung zugelassen. Im reinen Naturschutzgebiet um den Kleinen Bullensee herum gibt es harmlose Ringelnattern und giftige Kreuzottern.
Kontakt: Am Großen Bullensee, 27356 Rotenburg, 04266/9831500.

Veranstaltungen und Feste

In Rotenburg (Wümme) sind ständig wiederkehrende Feste meist als Markt aufgeführt. Im Jahresablauf gehören folgende Märkte zu den attraktivsten: Der **Frühlingsmarkt** findet am 2. Wochenende im Mai auf dem Marktplatz, dem Lohmarkt und auf dem Birkenweg statt **(Öffnungszeiten:** tägl. 13–24 Uhr). Mit dem **Hökermarkt** ist ein Flohmarkt verbunden, bei dem auch Privatpersonen Stände anmelden können. Insgesamt sind am 1. Samstag im Juli über 250 Stände vom Neuen Markt bis zum Pferdemarkt und Am Wasser, in der Kirchstraße und der Goethestraße aufgebaut **(Öffnungszeiten:** 9–16 Uhr).
Beim **Kartoffelmarkt** am letzten Sonntag im September wird zum Höhepunkt des Festes eine Kartoffelkönigin gekrönt. Der **Herbstmarkt** findet am 2. Wochenende im Oktober auf dem Marktplatz, dem Lohmarkt und auf dem Birkenweg statt **(Öffnungszeiten:** tägl. 13–24 Uhr). Traditionell gibt es um den 6. Dezember herum einen dreitägigen **Nikolausmarkt** in der Innenstadt. Inwieweit er mit dem erstmals 2019 auf drei Wochen ausgedehnten **Weihnachtsmarkt** zusammengefasst wird, muss sich noch erweisen. Der Weihnachtsmarkt 2019 war jedenfalls für die Zeit vom 1.–22. Dezember auf dem Neuen Markt in Aussicht gestellt.

Schwanewede

(Landkreis Osterholz/Niedersachsen)

Die Gemeinde besteht aus elf Ortschaften und erheblich mehr Ortsteilen. Der ehemalige Bundeswehrstandort mit seinen gut 20.000 Einwohnern gehört zu den wenigen Siedlungen auf dem Lande, die über ein großes Kino verfügen.

Touristikverein Schwanewede e. V.
Damm 6
28790 Schwanewede
04209/7449
info@touristikverein-schwanewede.de
touristikverein-schwanewede.de

Gästeführungen
Die Auswahl an Führungen per Rad, mit der Kutsche und zu Fuß ist groß. Vom Dorfspaziergang bis zur Wildkräuterführung, von der Mühlenführung bis zur Führung durchs Wasserwerk ist alles dabei, selbst eine Biogasanlagen-Führung.

Museen

▸ Das Beckedorfer Schmiedemuseum
Die 1802 gegründete Waldschmiede im Ortsteil Beckedorf präsentiert alle wesentlichen Werkzeuge, die ein Schmiedemeister von altem Schrot und Korn für seine Arbeit benötigt. Sie ist in ein Museum umgewandelt worden und führt einmal in der Woche vor, was Schmieden heißt. Jedes Jahr

am 1. Mai gibt es ein Schmiedefest, bei dem nicht nur mit Hammer, Amboss, Esse und Blasebalg gearbeitet, sondern auch kräftig beim Schmiedegrill zugelangt wird. Außerdem gibt es manchmal in der Räumlichkeit eine Ausstellung.

Kontakt: An der Waldschmiede 2, 28790 Schwanewede-Beckedorf, 0421/627975, beckedorfer-schmiedemuseum.de

Stuhr

(Selbstständige Gemeinde im Landkreis Diepholz/Niedersachsen)

Stuhr besteht aus acht Ortsteilen, die bis 1974 selbstständige Ortschaften waren. Die Einwohnerzahl hat spätestens 2015 die 33 000 überschritten, wobei allein der Ortsteil Brinkum als größter ein Drittel der Einwohner stellt. Die unmittelbare Nähe zu Bremen verwischt manchmal die Zugehörigkeiten, sodass Stuhr die Bremer Telefonvorwahlnummer hat und sich ein Teil der Landebahn des Bremer Flughafens auf Stuhrer Territorium erstreckt. Die Gemeinde ist von teilweise geschützten Wiesen, Wäldern und Gewässern umgeben, sodass der Storch kein seltener Gast und der Besucher in dieser Region gern unterwegs ist.

Gästeführungen
Wer Stuhr mit kompetenter Begleitung kennenlernen will, wende sich an Frau Edith Sindermann (0421/56 06 39), an Frau Ingrid Kavanagh (0421/89 89 98 47) oder nach 18 Uhr an Herrn Alexandre Peruzzo (04206/94 62). Ein Programm der Gästeführungen findet man auf der Seite für Gästeführungen unter stuhr.de

Sehenswertes

Die Kirche St. Pankratius in Stuhr

Der Ortsteil Stuhr beherbergt eine einschiffige Backsteinkirche mit einem wuchtigen Turm, der das Ortsbild beherrscht. Es ist das steinerne Nachfolgegebäude einer Holzkirche aus dem 12. Jahrhundert. Am Gotteshaus lassen sich die drei wesentlichen Bauabschnitte gut ablesen. Zunächst wurde der romanische Chor in noch bescheidenen Dimensionen errichtet, danach das Kirchenschiff mit ersten Anzeichen der Gotik in der Gewölbekonstruktion und schließlich der mächtige Turm fast zwei Jahrhunderte später. Der Flügelaltar wurde vermutlich am Anfang des 16. Jahrhunderts in Bremen gefertigt. Ebenso alt und älter sind die bei einer Restauration freigelegten Wandmalereien, die in der Reformationszeit, in der manchmal bilderstürmerische Züge ausgelebt wurden, übertüncht worden sind. Besonders anschaulich sind die Figuren der Orgelempore aus dem Jahre 1760.

Das Mahnmal in Obernheide

Vom ehemaligen Außenlager des KZ Neuengamme in Oberheide ist nichts geblieben als ein freie Fläche und die Erinnerungen der Überlebenden – 800 damals junge jüdische Frauen, die aus Auschwitz und anderen Lagern abkommandiert wurden, um im von Bomben verwüsteten Bremen für eine kraftlose Suppe und unter unsäglichen Bedingungen täglich Trümmer zu beseitigen. Eine schulische Projektgruppe aus Stuhr hat sich auf Spurensuche begeben, die Überlebenden befragt und versucht, sich das Geschehen zu vergegenwärtigen. Ein Augenzeugenbericht (Lilly Kertesz „Von den Flammen verzehrt“) ist als Buch im Bremer Donat-Verlag erschienen. Ein nachdenklich stimmendes Mahnmal, jeglichem äußeren Pathos abhold, markiert den Ort des Grauens.

Kontakt: Obernheider Straße, 28816 Stuhr, 0421/5695-246, stuhr.de

Die Klosterkirche.

▸ Die Klosterkirche St. Marien in Heiligenrode

Die Errichtung der Kirche im gotischen Stil geht auf die Gründung eines Klosters gegen Ende des 12. Jahrhunderts zurück, das als evangelisches Damenstift bis 1965 Bestand hatte. Außen wird deutlich, mit welchen Verstärkungen man der ungewissen Statik des Gebäudes zu begegnen suchte. Auch der nicht ausgeführte Turm, der unter dem Kirchendach endet, ist ein Hinweis auf tatsächliche oder befürchtete statische Probleme. Im Innern des einschiffigen Gotteshauses ist am Mitteljoch in einer Wandmalerei aus dem 15. Jahrhundert ein Jesus als Weltenrichter abgebildet, erkennbar an einem Schwert, das neben ihm zu schweben scheint, ebenso wie die Lilie der Gnade oder der Barmherzigkeit. Die hohen und schmalen Spitzbogenfenster im Chor stammen von Gottlieb Pot d'Or und wurden 1964 eingesetzt. Im Zentrum steht ein Jesus am Kreuz, dessen aus seinen Wunden fließendes Blut von Engeln aufgefangen wird.

Die Klostermühle.

▸ Die Wassermühle in Heiligenrode

Die unterschlächtige Wassermühle mit dem großen Wasserrad, so wie sie heute zu sehen ist, ersetzte 1843 die ursprüngliche, irreparabel marode gewordene Klostermühle, die zum Reichtum des Klosters jahrhundertelang beigetragen hatte. Der Mühlenbetrieb wurde 1971 eingestellt, aber durch die Mühlen-Gemeinschaft Heiligenrode restauriert und bis heute funktionstüchtig erhalten. Besonders erfreulich ist, dass neben der intakten Mühle auch alle anderen zugehörigen Gebäude und der Mühlenteich als stimmiges Ensemble ein herausragendes Beispiel für gelungenen Denkmalschutz abgeben. In der gut erhaltenen Mühlenscheune in

Fachwerkbauweise kann man beispielsweise historische Landmaschinen besichtigen und im ehemaligen Müllerwohnhaus sind Ateliers eingerichtet für Künstler, die hier ein Jahr lang im Wechsel ihre Ideen Wirklichkeit werden lassen können. Im Backhaus kann noch heute Brot gebacken werden.
Kontakt: An der Wassermühle 5, 28816 Stuhr.

Ein Konzert auf Gut Varrel.

Theater und Unterhaltung

▸ Das Gut Varrel
Ein ähnliches in Schuss gehaltenes oder gebrachtes Gebäudeensemble wie in Heiligenrode erwartet den Besucher auf Gut Varrel. Auch hier ist der Kristallisationspunkt eine Wassermühle. Daneben gibt es ein Gutshaus, eine Fachwerkscheune, ein Backhaus, eine Remise und ein Spritzenhaus. Außerdem ist Gut Varrel mit einer großen Scheune ausgestattet, die zu einem eindrucksvollen Veranstaltungsort ausgebaut wurde. Unter allen Events im Laufe eines Jahres in dieser riesigen Halle, sticht eine Veranstaltung über die letzten zwei, drei Jahrzehnte heraus: Zum chinesischen Neujahrsfest spielt eines der exzellenten Nationalorchester einer chinesischen Region klassische und moderne Kompositionen aus dem Reich der Mitte. Gut Varrel hatte lange Zeit das Alleinstellungsmerkmal, einziger Spielort eines solchen Orchesters in Deutschland zur chinesischen Neujahrszeit zu sein, nach dem Motto: Budapest, Wien, Zürich, Stuhr, Warschau. Vermutlich kann nach all den Jahren jeder kulturbeflissene Stuhrer den gastierenden Musikern ein herzliches „Gutes Neues Jahr" auf chinesisch wünschen.
Kontakt: Parkplatz Varreler Feld, 28816 Stuhr, ☏ 04221/937192, 🌐 gut-varrel.de

Freizeit und Natur

▸ ☺ Der Kletterwald „Wipfelstürmer" in Stuhr-Neukrug
Für Kinder im Alter von ungefähr sieben bis zwölf Jahren gibt es jede Menge Möglichkeiten, sich als Klettermax oder Kletterfee zu betätigen und zu erproben. Auf den Parcours „Grashüpfer", „Eidechse" und „Fledermaus" werden die Anforderungen an Mut und Geschicklichkeit immer etwas gesteigert und wer am Schluss vor nichts mehr Angst hat, kann sich am 7 m hohen Boulderbaum versuchen oder sich beim Wipfelsprung aus zehn Metern Höhe in die Tiefe stürzen und, weil gesichert, sanft landen. Auch die Seilrutschen machen sehr viel Spaß. Zwischendurch kann man seinen Gleichgewichtssinn an der Slackline üben, Beachvolleyball oder Fußball spielen oder einfach den anderen zugucken.
Kontakt: Dahlienweg, 28816 Stuhr, ☏ 0421/8788816, 🌐 w846x67hk.homepage.t-online.de, meist ist am Ostersamstag „Tag des offenen Waldes" und ab April bis in den Herbst hinein wird geklettert.

Die Discgolf-Anlage in Brinkum
Der nicht mehr ganz neue, aber viel Vergnügen bereitende Sport Golf mit Scheiben hat einen Standort in Brinkum. Die Regeln kann man sich, falls man unsicher ist, runterladen und schon geht es los. Ach so, ja, Scheiben braucht man, aber die kann man recht umstandslos gegen eine Pfandgebühr ausleihen.
Kontakt: Studtriede 36/Ecke Bassumer Straße, 28816 Stuhr, stuhr.de unter discgolf-anlage-brinkum

Das Bremer Abenteuerland
Wenn es draußen stürmt, regnet oder schneit, können sich größere und kleinere Kinder im Indoor-Spielpark witterungsunabhängig in der Hüpfburg, auf der Rollrutsche oder dem Riesen-Wabbelberg vergnügen. Immer wieder kommen neue Attraktionen hinzu. Die Erwachsenen können entweder mitmachen oder zum Beispiel bei einer Massage entspannen. Ein Bistro hilft gegen den Hunger. Mitgebrachtes darf übrigens vor Ort verzehrt werden.
Kontakt: Luxemburger Weg 7, 28816 Stuhr, 04221/3234, bremer-abenteuerland.com

Syke

(Landkreis Diepholz/Niedersachsen)

Früher tauchte der Name der Stadt auf Landkarten manchmal so auf, wie man ihn noch heute ausspricht: Sieke mit langem „i". Der Name bedeutet Quellgrund, ein Ort also, an dem ehemals offensichtlich Wasser aus dem Boden „sickerte". Der Hauptort und 12 weitere Ortsteile bilden die Gemeinde. Syke hat mit über 11 000 von knapp 25 000 Einwohnern insgesamt den größten Bevölkerungsanteil und darf sich seit 1929 Stadt nennen. Im Zentrum lädt eine Art Fußgängerzone zum Flanieren und Verweilen ein. Zwei Parks am Stadtkern machen den Aufenthalt erholsam. Die Stadt und ihre Gönner sorgen mit vielen Installationen und Skulpturen für ein Open-Air-Museum der Kunst in den Anlagen oder auf den Plätzen. Auch die Kulturszene ist äußerst rege. Von den ökologischen Anstrengungen der Stadt ganz zu schweigen.

Tourismus, Kultur und Stadtmarketing
Hinrich-Hanno-Platz 1
28857 Syke (neben dem Rathaus)
04242/164-220
syke.de
tourismus@syke.de
Öffnungszeiten: Mo–Do 6–16, Fr 8–12 Uhr

Sehenswertes

Der Syker Amtshof und das Kornzinshaus
Am südlichen Ende der Hauptstraße, wo der Mühlendamm von Osten her auf sie stößt, steht ein stattliches weißes Gebäude mit einer Fachwerkkonstruktion über dem Parterre, turmartigen Erkern und einem Torhaus. Es handelt sich dabei um den ältesten Behördenstandort der Stadt. Schon im Spätmittelalter war dort der Sitz der Verwaltung. Das älteste Gebäudeteil des jetzigen Amtshofes ist das Pforthaus aus der Zeit um 1740. Seit 1885 war in diesem Torhaus das preußische Landratsamt Sykes untergebracht. Es diente davor aber auch schon als Gefängnis und Amtsgericht. Der Erweiterungsbau mit dem wehrhaft erscheinenden Obergeschossfachwerk stammt aus der Anfangszeit des Ersten Weltkriegs und soll baulich mit seinen Erkern an die frühere Burg anklingen.
Durchschreitet man das Torhaus, stößt man auf den ältesten Profanbau der Stadt: das Kornzinshaus aus dem Jahr 1592. Es hat im

Laufe der Geschichte verschiedenen Zwecken gedient, hauptsächlich als Lagerhaus für die in Naturalien zu entrichtenden Zehntabgaben, aber auch als Back- und Brauhaus mit einem Bier- und Weinkeller. In der Mitte des 19. Jahrhunderts wurde das ursprünglich 30 m lange Gebäude gekürzt und seines Fachwerkobergeschosses beraubt.

Museen

▸ Das Kreismuseum Syke
Neben einem Hauptgebäude mit einer Fläche von 200 m^2 stehen zahlreiche weitere für einen besonderen Zweck errichtete Gebäude aus der dörflichen Vergangenheit auf dem großen Gelände. Darunter ein Kornspeicher, eine Scheune, eine Werkstatt, ein Backhaus und eine Remise mit alten Fahrzeugen.

Der Backofen.

Das ermöglicht eine große Bandbreite an Themen. Selbst die Umstände der Flucht aus den deutschen Ostgebieten werden anschaulich gemacht. Ein Schwerpunkt liegt auf dem Alltag der Menschen in Handwerk und Haushalt vergangener Zeiten. Zudem ist eine Abteilung der Vor- und Frühgeschichte gewidmet, in der neben Werkzeug-, Münz- und Schmuckfunden auch das Modell eines Hügelgrabes in Originalgröße gezeigt wird. Passend zur aktuellen Diskussion ist eine mit Zinnfiguren nachgestellte Wolfsjagd von vor über 200 Jahren zu sehen. Ein ungewöhnlicher Höhepunkt ist sicher der Dachdeckerfahrstuhl für das Bedachen von Kirchen. Darüber hinaus ist das Kreismuseum ein Ort für zahlreiche Veranstaltungen, darunter auch Theateraufführungen der Syker Theaterwerkstatt.
Kontakt: Herrlichkeit 65, 28857 Syke,
☏ 04242/2527, 🌐 kreismuseum-syke.de

▸ Das Vorwerk
Am Rand einer der grünen Lungen der Stadt, dem Wald Friedeholz, befindet sich das Zentrum für zeitgenössische Kunst. Es ist in einem ursprünglich an anderer Stelle im frühen 18. Jahrhundert errichteten Fachwerkhaus untergebracht. Seit 2007 werden die Werke regionaler, nationaler und internationaler zeitgenössischer Künstlerinnen und Künstler in Gruppen- und Einzelausstellungen präsentiert. Der 2 ha große Garten des Vorwerks dient als Skulpturenpark. Gebäude und Garten werden darüber hinaus für Konzerte und ähnliche Veranstaltungen genutzt.
Kontakt: Waldstr. 76, 28857 Syke,
☏ 04242/577410, 🌐 syke-vorwerk.de

Theater und Unterhaltungen

▸ ☺ Das Syker Theater
Das Theater in Syke bringt für jeden etwas. Auf der großen, modernen Bühne gehört das Volksstück ebenso zum Programm wie das fetzige Musical, der moderne amerikanische Klassiker oder die spritzige Gesellschaftskomödie. Auch Ballett, große Oper und anheimelndes Kindertheater wurden schon präsentiert. Baulich gehört das Theater, das über knapp 600 Zuschauerplätze verfügt, zum Syker Gymnasium, die Aufführungen sind aber keineswegs schülerhaft, da meist gestandene Profis auftreten.
Kontakt: La-Chartre-Str. 1, 28857 Syke,
☏ 04242/164222, 🌐 theater-ensemble-syke.de

Der Baumlehrpfad.

▸ Die Wassermühle Barrien
Die Wassermühle Barrien ist mit ihrer vollständigen technischen Ausstattung einer funktionsfähigen Mühle zunächst einmal Museum, dann auch Galerie für Künstler und Kunsthandwerker (mit gesonderten Öffnungszeiten) und Veranstaltungsort für Konzerte und Kleinkunst aller Art.
Kontakt: An der Wassermühle 4 b, 28857 Syke-Barrien, ✆ 04242/937899, 🌐 wassermuehle-barrien.de

Freizeit und Natur

▸ ☺ Das Freibad Syke
Das kostenlos benutzbare Freibad liegt in der Nähe des Waldgebietes Friedeholz und hat ein unbeheiztes 37-Meter-Becken mit auf bis zu 3,1 m Tiefe abfallendem Boden und ein 0,35 m flaches Babybecken. Neben einer großen Liegewiese gibt es ein Volleyballfeld und einen Kinderspielplatz.
Kontakt: Herrlichkeit 63A, 28857 Syke, ✆ 04242/3000, 🌐 freibad-syke.de

▸ ☺ Der Edgar-Deichmann-Park
Der zum Andenken an einen vertriebenen ehemaligen jüdischen Mit- und späteren Ehrenbürger der Stadt umbenannte Mühlenteich-Park befindet sich im Zentrum von Syke und hat neben der entschleunigenden Erholung in der gepflegten Natur einiges zu bieten. Um ein Gewässer herum kann man flanieren oder sich auf der Liegewiese entspannen. Für die Anhänger Sebastian Kneipps gibt es ein Wassertret- und ein Armtauchbecken. Im hinteren Abschnitt des Parks wartet ein Mehrgenerationenplatz auf sportliche Aktivisten, die die acht wetterfesten Trainingsgeräte und sich in Schwung halten. Ein Boule-Platz lässt mediterrane Spielfreude aufkommen. Ganz nebenbei kann man auf einem Baumlehrpfad auch eine ganze Reihe einheimischer und exotischer Baumarten kennenlernen, so beispielsweise die Kaukasische Flügelnuss. Fast ausnahmslos sind alle „Bäume des Jahres“ seit 1989 vertreten.

▸ ☺ Der Hohe Berg
Zwischen Ristedt und Syke erhebt sich mit gut 58 Metern der höchste Punkt im Landkreis Diepholz und der Wildeshauser Geest. Ein Naturbeobachtungsturm erlaubt sogar den Blick aus 75 Metern Höhe auf die Umgebung. Bei klarem Wetter hat der Sichtkreis einen Radius von 38 Kilometern, sodass man locker bis nach Bremen gucken kann. Es gibt auf dem ehemaligen Militärgelände einen naturbelassenen Teich als Laichgewässer, Streuobstwiesen, deren Früchte von den Besuchern gekostet werden dürfen, ein Feldgehölz, Baumreihen mit „alten“ Birnensorten und geesttypischen Laubbäumen und jede Menge Nisthilfen, Fledermausquartiere und alles, was der Natur guttut. Für Kinder ist außerdem als besonderer Anreiz ein Naturspielplatz mit einer Rutsche und einer Seilbahn geschaffen worden. Auf einem eingezäunten Terrain weiden zudem das Coburger Fuchsschaf und das Pommersche

Landschaf ziemlich einträchtig nebeneinander. Da kann man kaum meckern.

Veranstaltungen und Feste (eine Auswahl)

Beim **Frühlingsfest** (Mitte März) zeigen viele Institutionen, was sie besonders macht. Dazu gibt es Karussellfahren, Ponyreiten und Puppentheater. Auch am Sonntag sind die Läden geöffnet und die Imbissbuden brutzeln und köcheln, was das Zeug hält. Zum **Herbstmarkt** werden die Haupt- und die Bahnhofsstraße sowie der Mühlendamm mit 60 Buden bestückt und zur Flaniermeile, in der es auch mal eng werden kann. Ein Laternenumzug der Jüngsten bei Einbruch der Dämmerung sorgt für feierliche Stimmung und ein Feuerwerk über dem Mühlenteich beschließt als krönender Höhepunkt am Sonntagabend den Markt (am vierten Wochenende im Oktober).
Am Anfang des Sommers lädt das **Jazz Folk Bike Festival** (jazzfolkbike.de) auf ein langes Wochenende in die angesagten Lokalitäten in Syke und Umgebung zu Jazz, Folk und Blues ein, und da die Orte nicht weiter als maximal sieben Kilometer auseinanderliegen, wird empfohlen, das Fahrrad (daher „Bike" im Titel) als Transportmittel zu benutzen. Quasi gewissenhafter Genuss ohne Umweltreue.

Tarmstedt

(Landkreise Rotenburg (Wümme)/ Niedersachsen)

Das 3900-Seelen-Dorf ist der Hauptort der gleichnamigen, fast dreimal bevölkerungsreicheren Samtgemeinde, die aus acht Ortschaften besteht und sich selbst als „junges Erholungsgebiet" bezeichnet. Tarmstedt ist ein besonderes Beispiel für organisatorische Kompetenz. Jährlich wird die größte Regionalmesse NDD präsentiert. Das Motto lautet: „All veer Doog geit dat hoch her in Tarms."

Tourist-Information SG Tarmstedt
Hepstedter Str. 9
27412 Tarmstedt
04283/89 319
tourisinfo@tarmstedt.de
tarmstedt.de
Öffnungszeiten: Mo–Fr 8–12, Di 8–12 und 13.30–16, Do 8–12 und 13.45–18.15 Uhr

Veranstaltungen und Feste

Die Tarmstedter Ausstellung
Seit 1949 gibt es diese älteste Regionalmesse Norddeutschlands. Sie ist spezialisiert auf alles, was mit Landwirtschaft und Agrartechnologie zu tun hat. Über 750 Aussteller präsentieren ihre Lösungen, übrigens auch für Heim und Garten, für Freizeit und Hobby oder für Energiefragen. Auch die Pferdezucht spielt eine große Rolle. Neben dem Fachpublikum kommen an den vier Tagen im Juli über 100 000 Besucher, die unterhalten sein wollen. Vom Riesenrad bis zur Puppenbühne ist für jeden Geschmack etwas dabei. Dazu gibt's Livemusik an allen Abenden.
Kontakt: Ausstellungs-GmbH, Wilstedter Str. 2, 04283/329, tarmstedter-ausstellung.de

Rock den Lucas
An zwei Tagen im August geht auf dem Ausstellungsgelände in Tarmstedt die musikalische Post ab. 90 ehrenamtliche Helfer geben sich dabei alle Mühe, dass die rund 2500 Besucher dieses kleinen, aber feinen Festivals auf ihre Kosten kommen. 13 Bands der Richtung Rock und Punk und so waren 2019 dabei.
Kontakt: Wendohweg 1, 27412, Tarmstedt, rockdenlucas.de

Thedinghausen

(Landkreis Verden/Niedersachsen)

Historisch gesehen fällt Thedinghausen etwas aus dem Rahmen, was man schon an seinem aufrecht stehenden goldgelben Löwen im Wappen sehen kann. Nicht dass Löwen in Wappen etwas Ungewöhnliches wären, aber hier verweist er darauf, dass Thedinghausen bis ins 20. Jahrhundert mit der Braunschweig-Wolfenbütteler Linie und nach dem Ende des Feudalismus noch verwaltungstechnisch mit der Löwenstadt verbunden war. Daher gibt es auch mitten in dieser ehemaligen Enklave die Braunschweiger Straße und daher den Braunschweiger Löwen im Wappen. Thedinghausen bietet für Besucher eine angenehme Mischung aus schmuck restaurierten Gebäuden und einer abwechslungsreichen Umgebung. Man kann auf einer Vielzahl von Rad- und Wanderwegen erholsame und zugleich anregende Touren unternehmen.

Tourist-Information der Samtgemeinde Thedinghausen
Braunschweiger Str. 1
27321 Thedinghausen
04204/88-22
touristik@thedinghausen.de
thedinghausen.de
Öffnungszeiten: Mo/Mi/Fr 9–13, Di/Do 9–16 Uhr

Gästeführungen
Die Tourist-Information hat einige Führungen im Angebot. Dazu gehören Schlossführungen, Rundgänge durch den Ort und poetische Baumpark-Spaziergänge, außerdem ein kostümierter Rundgang. Hinzu kommen Kinder-, Kirchen- und Mühlenführungen sowie Führungen durch „historische" Personen.

Das Wappen mit dem Braunschweiger Löwen.

Sehenswertes

▸ Das Schloss Erbhof Thedinghausen
Das repräsentative Gebäude wurde zu Beginn des Dreißigjährigen Krieges im Stil der Weserrenaissance am Übergang zum Frühbarock erbaut. Das „Perle der Weserrenaissance" genannte Schloss war als Lustschloss für die Geliebte des Bremer Erzbischofs in Auftrag gegeben worden. Nach dem frühen Tod der Geliebten noch während des Baus änderte der Bauherr die Konzeption und das Gebäude wurde in ein veritables Landschloss umgewandelt. Die östliche Fassade mit den drei vorspringenden Gebäudeteilen, Risalite genannt, und ihren Schmuckelementen beeindruckt bis heute. Seit 1999 ist die Samtgemeinde Thedinghausen Besitzerin des Schlosses. Sie hat veranlasst, dass umfangreiche Restaurierungsarbeiten vorgenommen wurden, sodass beispielsweise der „Renaissance-Saal" nach alten Vorlagen neu verfliest, die Deckenbalkenbemalung aufgedeckt und in den alten Zustand versetzt und dass das Dach in „Altdeutscher Deckung" erneuert wurde. Das inzwischen 400 Jahre alte Gebäude kann besichtigt werden. Es ist darüber hinaus zu einem beliebten Veranstaltungsort geworden.
Kontakt: Braunschweiger Str. 1, 27321 Thedinghausen, 04204/8822.

Das Schloss.

▸ Der Rathausplatz mit Rathaus, Packhaus, Scheune und Taubenturm

Im Ortskern von Thedinghausen versammelt der Rathausplatz um sich herum ein historisches Ensemble von Gebäuden, das dem Platz ein Flair wie aus einer anderen Zeit gibt. Das Rathaus, so wie es heute vor dem Besucher steht, ist das Resultat eines Umbaus aus dem Jahre 1973. An derselben Stelle stand mit der sogenannten Poggenburg ein Gebäude, das in seiner wechselvollen Vergangenheit vieles war, aber trotz des Namens wohl nie eine Burg. Die anderen Gebäude, wie beispielsweise das Packhaus und die Rathausscheune, entstanden um das Jahr 1800 herum oder kurz danach. Am oktogonalen Taubenturm, der wegen seiner Form ein kleiner Hingucker ist, hat man eine bronzene Tafel angebracht, die an die während der Nazizeit deportierten und ermordeten Mitglieder der jüdischen Gemeinde Thedinghausens erinnert.

Kontakt: Braunschweiger Str. 10, 27321 Thedinghausen.

▸ Das alte Amtsgericht

Was heute als Jugendzentrum dient, ist 1846/47 erbaut worden und hat bis zum Ende des Zweiten Weltkriegs als Amtsgericht fungiert. Es steht an einer Stelle, an der es tatsächlich einmal eine hart umkämpfte Wasserburg zwischen alter und neuer Eyter gegeben hat. Der Backsteinbau ist imposant und scheint die Jugendlichen doch nicht zu schrecken.

Kontakt: Am Burgplatz 6, 27321 Thedinghausen.

Museen

▸ Das Imkermuseum
Wer wissen möchte, was bei der Honigerzeugung alles berücksichtigt werden muss, bekommt hier fachliche Einblicke. Außerdem sind einige besondere Exponate zu besichtigen: über 40 Bienenkörbe, Honigtöpfe und alle Gerätschaften, die man als Imker braucht. Und weil jemand aus der Stadt so etwas vielleicht noch nie gesehen hat, werden auch Wespen- und Hornissennester gezeigt.
Kontakt: Adolf und Hannelie Scherbinske, Helmstedter Str. 18, ✆ 04204/7392.

Freizeit und Natur

▸ ☺ Der Baumpark
Zum Schloss Erbhof gehört ein Terrain, das parkähnlich mit 450 Arten und Sorten von 71 ausgeschilderten Baumgattungen bepflanzt wurde. Der Schwerpunkt liegt auf seltenen mitteleuropäischen Laubbäumen. Zum Vergleich hat man Vertreter derselben Gattung auch aus anderen Weltgegenden hinzugefügt. Durch dieses Arboretum führt ein 800 m langer Rundweg. Für Kinder gibt es einen kleinen Abenteuerspielplatz, für Liebhaber des Petanque-Sports einen Boule-Platz mit zwei Bahnen.

Veranstaltungen und Feste

Das Schloss Erbhof ist Schauplatz der jährlich stattfindenden **Gartentage,** bei denen Erlesenes und Elegantes der Wohn- und Gartenkultur offeriert wird (Mai/Juni, der jeweils genaue Termin der dreitägigen Veranstaltung unter 🌐 gartentage-thedinghausen.de).
Das **GartenKultur MusikFestival** (August, Näheres unter 🌐 gartenkultur-musikfestival.de) ist ein den ganzen August über in der Region zwischen Nordenham und Thedinghausen stattfindendes Fest und dabei werden meist nur ein oder zwei Konzerte nach Thedinghausen (meist an das Schloss Erbhof und seinen Baumpark) vergeben.
Eine sehr lokale Angelegenheit ist hingegen das **Fährfest** (am 3. Sonntag im August) am Fähranleger in Hagen-Grinden mit Imbissständen. Im Mittelpunkt steht die Fähre „Gentsiet", die zwischen Ahsen-Oetzen und Hagen-Grinden vom 1. Mai bis zum 3. Oktober die beiden Weserufer verbindet und die man unbedingt an diesem Tag benutzen muss. Man kommt vorzugsweise mit dem Fahrrad, wenn man kann.
Vom Freitagabend bis in die Morgenstunden des Montag geht es ausgelassen auf dem **Thänhuser Markt** mit seiner Bio-Erlebnismeile zu (am 3. Wochenende im September). Fahrgeschäfte und Festzelte ziehen Besucher aus der ganzen Region an. Schon am Freitagabend sorgt das Feuerwerk für einen ersten Höhepunkt. 150 Aussteller ermöglichen ein buntes Markttreiben. Überall erschallt Musik, wird gesungen und getanzt. Ein echtes Volksfest eben.
Auf dem Terrain des Schlosses Erbhof findet eine dreitägige Präsentation von Ideen für den eigenen herbstlichen Garten unter dem Titel **Herbstgeflüster Schloss Erbhof** (am letzten Wochenende im Oktober) statt. In weißen Pagodenzelten werden Wohn- und Gartenaccessoires, Schmuck, Mode, Kunst und Feinkost angeboten. Feierlicher und festlicher geht es kaum.
Um die Weihnachtszeit einzuläuten, trifft man sich beim **Nikolausmarkt** am Taubenturm und in der Rathausscheune (am 1. Adventswochenende). So können schon einmal erste Geschenke ausgewählt werden und bevor der Weihnachtsstress so richtig losgeht, kann man sich noch einmal in aller Ruhe mit Freunden und Bekannten austauschen. Am Bastelstand kann man unter fachkundiger Anleitung ein Geschenk selbst herstellen.

Twistringen

(Stadt imLandkreis Diepholz/Niedersachsen)

Experten für vergangene Erdzeitalter und Paläontologie haben mit Sicherheit schon einmal etwas von Twistringen gehört. Was mancher Laie weder weiß noch ahnt: In Twistringen wurden Tonsteine aus der Erde geholt, die als Sedimente der Ur-Nordsee in versteinerter Form die vor 15 Millionen Jahren existente Flora und Fauna des Miozän konserviert haben. Korallen, Muscheln und Schnecken neben anderem Meeresgetier wurden in ihrer ganzen damaligen Vielfalt gefunden und klassifiziert. Über 250 Schneckenarten hat man auf diese Weise entdeckt. Eine davon, die „Hinia twistringensis", wurde noch nirgends sonst entdeckt. Einige der Relikte zeigt man mittlerweile im örtlichen Strohmuseum (s. u.).

Fremdenverkehrsamt Twistringen
Lindenstr. 14
27239 Twistringen
04243/413-120
rathaus@twistringen.de
twistringen.de
Öffnungszeiten: Mo 8–16, Di/Do 8–18, Mi 8–12, Fr 8–15 Uhr

Gästeführungen
Ansprechpartnerin ist Frau Heike Harms, 04243/413-106, h.harms@twistringen.de

Sehenswertes

▸ Die Hünenburg
Im Stadtteil Stöttinghausen gibt es einen Ringwall mit einem Durchmesser von 80 Metern. Es wird vermutet, dass es sich bei ihm um eine frühere Schutzburg handelt, die, wenn auch auch nicht durchgängig, vom 6. bis zum 10. Jahrhundert genutzt wurde. Die Vermutung „Schutzburg" gründet sich darauf, dass die Anlage aufgrund ihrer Lage am Fluss und am Moor nur von einer Seite aus angegriffen werden konnte, also vergleichsweise leicht zu verteidigen war. Die Umwallung hat eine Höhe von drei Metern und misst am Fuß eine Breite von fünfzehn Metern. Eine andere Vermutung geht in Richtung Thingstätte, was der Name des Ortsteils nahelegt. Mittlerweile wurde dem Ringwall ein neues Entree in Form eines hölzernen Torturms verpasst und erste Baulichkeiten wurden im Innern errichtet. Der Ringwall hat sich zudem zu einem Veranstaltungsort für Dorffeste und ähnliche Events gemausert.

Museum

▸ Das Strohmuseum
Offensichtlich hat man in Twistringen schon vor über 300 Jahren eine ungewöhnliche Marktlücke erkannt und eine ganze Industrie auf Stroh gebaut. Wer meint, man habe dabei im Grunde auf Sand gebaut, liegt voll daneben. Denn zeitweise fand ein Drittel der erwachsenen Twistringer Einwohnerschaft Arbeit und Brot in dieser Branche. Vom individuellen Strohhut bis zur Massenware Strohhalm war alles im Angebot, was sich aus Stroh herstellen und an die Kunden bringen ließ.
Darunter waren auch Malotten, mit deren Flechtwerk man Flaschen schützte. Wer weiß, was das angekündigte Verbot der Plastikstrohhalme künftig noch industriell auslösen wird? **Kontakt:** Kapellenweg 2, 27239 Twistringen, 04243/4492, strohmuseum.de

Freizeit und Natur

▸ Der Beerenlehrpfad
Er ist keine 200 m lang und am Ende weiß man nicht alles, aber sehr viel über

heimische Beeren und die Sträucher, an denen sie wachsen. Unter den 85 Sorten sind auch einige, die bei uns längst dazugehören, quasi höchst willkommene Gastgewächse mit unbefristeter Aufenthaltsgarantie. Geht oder fährt man auf dem Radfernweg Bremen-Osnabrück noch etwas weiter, kommt man zu einem Wildrosenpfad, der 2005 auf noch mal fast 200 Metern mit 12 verschiedenen Wildrosenarten und zusätzlich einigen einheimischen Sträuchern bepflanzt wurde.
Kontakt: Abbenhäuser Weg, 27239 Twistringen.

In der Fußgängerzone.

▸ ☺ Der Schwimmpark

Das Freibad verfügt über ein 50-m-Schwimmerbecken, ein Nichtschwimmerbecken mit Rutschen, einen Kinderspielplatz, Volleyballfelder und eine großzügige Liegewiese. Die Wassertemperatur beträgt immer mindestens 23 °C. Für die Kleinsten gibt es eine Badelandschaft.
Kontakt: Jahnstr. 20, 27239 Twistringen, ✆ 04243/3945, 🌐 twistringen.de

Verden (Aller)

(Kreisstadt und selbstständige Gemeinde im Landkreis Verden/Niedersachsen)

Man merkt der Stadt Verden ihre 1200 Jahre lange Geschichte im positiven Sinne an. Nicht nur Bauwerke wie der mittelalterliche Dom und das über 200-jährige Rathaus mit seinem dominierenden Turm, geben der Stadt ein unverwechselbares Gesicht, sondern auch die zum Flanieren und Einkehren anregende Einkaufsmeile strahlt ein angenehmes Flair aus. Sorgfältig restaurierte und erhaltene Bürgerhäuser werden dort nicht etwa von deplatzierten modernen Einsprengseln erschlagen. So kommt es nicht von ungefähr, dass auch an einem Sonntag ein reges Leben in dieser mit Eiscafés bestückten Promenierzeile herrscht.
Erholsam ist es, am Allerufer spazieren zu gehen. Auf einer Insel in Sichtweite tollen zuweilen edle Rösser umher. Dass Verden sich Reiterstadt nennt, merkt man auf Schritt und Tritt. Ins Trottoir eingelassene Hufeisen fallen ebenso auf wie ganze Reihen von Fahrradständern mit durchgeschossenen Reitersilhouetten. Dass es hier ein Pferdemuseum gibt, kann kaum noch verwundern. Verden ist jeden Besuch wert!

Tourist-Information
Große Str. 40
27283 Verden (Aller)
✆ 04231/12345
🌐 verden.de
✉ touristik@verden.de
Öffnungszeiten: Mo–Fr 10–18, Sa 10–13 Uhr

Stadtführungen
In Verden gibt es eine große Auswahl an Stadtführungen: zu Fuß, mit dem Rad, im Bus, im von Pferden gezogenen Planwagen und sogar für den, der nicht mehr gut gehen kann, virtuell. Auch Geschichtsmuffel sollen begeistert werden. Der Nachtwächter ist auch für Kinder da. Eine Biologin erklärt ökologische Zusammenhänge. Aus den rund 30 Angeboten dürfte für jeden das Richtige dabei sein. Mehr unter verden.de auf der Seite für Stadtführungen oder unter stadtfuehrungen-verden.de

Sehenswertes

Der Dom zu Verden

Er dominiert den Süden der Stadt allein durch seine Ausmaße und bauliche Wucht. Fast so, als wäre er für die heutige Stadt zu mächtig geraten. Er ist das fünfte Gotteshaus an dieser Stelle. Sein Dach war rund ein Vierteljahrhundert lang das größte Kirchendach Mitteleuropas, das durch eine zusammenhängende einheitliche Struktur ein ganzes Gotteshaus überdeckte. Ein Modell in der westlichen Vorhalle erläutert dessen Baustufen. Erst der Wiener Stephansdom übertraf darin den Verdener Dom.

Im Dom.

Entsprechend atemberaubend ist der Raumeindruck im Innern und macht den Begriff der Hallenkirche anschaulich.
Die Ausstattung des Doms ist konzentriert und karg, besonders gemessen daran, dass er vor der Reformation 40 Altäre aufwies. An die romanischen Ursprünge des gotischen Doms erinnert sein massiver Turm. Insgesamt nicht nur für Kirchgänger und Architekten ein absolutes Muss!
Kontakt: Lugenstein 10, 27283 Verden, 04231/2495, kirche-verden.de,
Öffnungszeiten: außerhalb der Gottesdienste tägl. 9–16, im Sommer bis 17 Uhr.

Die Kirche Sankt Johannis

St. Johannis im Nordteil der Stadt wirkt fast wie ein Gegenbild zum Dom. Hier liegt der Impakt des Gebäudes nicht in den Ausmaßen, sondern in der farblichen und plastischen Opulenz der Ausstattung. Erstaunlicherweise wurde das meiste davon erst nach der nicht gerade bilderfrohen Reformation geschaffen. Sei es das fein ziselierte Altarbild, sei es die symbolisch mit den Reliefs der Evangelisten ausgestattete Kanzel oder seien es die zarten mittelalterlichen Wandmalereien auf den Pfeilern, überall wird man zum genauen Hingucken angeregt. Besonders anschaulich sind die fünf Gemälde am romanischen Tonnengewölbe im Altarraum und natürlich das dem Besucher sofort ins Auge fallende Stuckrelief auf dem Gewölbebogen davor. Dieses „Jüngste Gericht" steckt voller dramatischer Akzente und hat bisweilen sogar ein Quäntchen Humor. Schauen Sie mal genau hin!
Kontakt: Hinter der Mauer 32, 27283 Verden, 04231/2612, stjohannis.com

Das Rathaus

Wenn man von Norden in die Innenstadt eindringt, setzt das Rathaus mit seinem rund hundertjährigen Turm einen markanten Akzent. Er überragt das einstige

Das Rathaus mit Turm.

Viertel der Kaufleute, die ihren Reichtum aus ihrer Lage an der Kreuzung von Handels- und Pilgerstraßen an der Furt über die Aller bezogen. Besichtigungen sind nur im Rahmen von Führungen möglich.
Kontakt: Große Str. 40, 27283 Verden, 04231/120.

Das John-Lennon-Denkmal
Das vermutlich einzige in Deutschland dem früh ermordeten Beatle gewidmete Denkmal geht auf eine Episode in dessen Leben zurück, an die man sich auch in Verden erst 50 Jahre später wieder nachhaltig erinnert hat. 1966 wurden tatsächlich einige Szenen zu Richard Lesters Antikriegsfilm „When I won the War" in der unmittelbaren Nähe des Denkmals mit Lennon als soldatischem Handgranatenwerfer abgedreht. Eine Metallplakette trägt in der Filmrolle die Umrisse seines Gesichts mit seinem typischen Nasenfahrrad.
Kontakt: Am Bollwerk, 27283 Verden

Museen

Das Deutsche Pferdemuseum
In den Pferdeställen und Mannschaftsräumen einer ehemaligen Kavalleriekaserne befindet sich „das bundesweit zentrale Museum zur Kulturgeschichte des Pferdes", wie es in seiner eigenen Info heißt. Das im Expo-Jahr umgesiedelte und gründlich überarbeitete Museum ist nicht nur für Pferdenarren ein echter Glanzpunkt. Exponate und Mitmachmöglichkeiten vermitteln Eindrücke und Kenntnisse vom Urpferd über die Nutzung von Rössern in der Landwirtschaft und dem Verkehrswesen bis hin zum modernen Wettkampfsport. Besondere Stationen sind auf die Interessen von Kindern und Heranwachsenden abgestimmt. Ein 18 000 Bücher und Veröffentlichungen umfassendes Archiv kann zur Vertiefung des hippologischen Wissens genutzt werden.
Kontakt: Holzmarkt 9, 27283 Verden, 04231/807140, dpm-verden.info

Das Pferd vor dem Museum.

Das Domherrenhaus – Historisches Museum
Das wohl sensationellste Exponat des Museums, dessen Fundstücke rund 120 000 Jahre in die Vorgeschichte zurückreichen, ist der Speer eines Steinzeitjägers, der damit einen Waldelefanten erlegt hat. Außerdem wird in dem 1708 erbauten Haus Stadtgeschichte präsentiert, z. B. mit einem Modell, das Verden im Jahre 1663 zeigt. Ausstellungsstücke zeigen die Gerätschaften der Wohn-, Alltags- und Arbeitswelt. Spielzeug ist ebenso dabei wie ein Zinnfigurenkabinett. Sonderausstellungen erweitern den Sichtkreis. Der Innenhof des herrschaftlichen Anwesens kann von 10–17 Uhr kostenfrei zur Erholung genutzt werden.
Kontakt: Untere Str. 13, 27283 Verden, 04231/2169, domherrenhaus.de

Das Ackerbürgerhaus
Das 1577 erbaute Fachwerkhaus hat über die Jahrhunderte sein Aussehen bewahrt und gehört zu den schmuckvollsten niederdeutschen Hallenhäuser seiner Zeit. Im ersten Stockwerk ist eine Außenstelle des Historischen Museums untergebracht. Bei seiner Restaurierung hat man die wertvollen ursprünglichen Wandmalereien freigelegt und festgestellt, dass sogar der Eichenbohlenboden noch original ist.
Kontakt: Strukturstr. 7, 27283 Verden.

Theater und Unterhaltung

Die Stadthalle Verden
Alles, was Rang und Namen im Unterhaltungsgeschäft hat, tritt irgendwann in der Stadthalle auf – es gibt Konzerte, Comedy, Ballett, Musical und alles, was erfreut. Wenn es in seinen Kalender passt, erscheint auch Herr Holm. Für Freunde des Theaters lässt man sich im Rahmen des Theaterabos glanzvolle aktuelle oder klassische Inszenierungen aus den deutschsprachigen Metropolen der dramatischen Kunst in die Halle kommen. Man will ja nichts versäumen!
Kontakt: Holzmarkt 15, 27283 Verden, 04231/961317, stadthalle-verden.de

Die Aller Bühne
Engagierte Schauspieler inszenieren im Landhotel „Zur Linde“ auf der linken Allerseite mit der Unterstützung ehrenamtlicher Helfer jährlich ein Lustspiel.
Kontakt: Thedinghauser Str. 16, 27283 Verden, 04231/29800, allerbuehne.de

Freizeit und Natur

Der Magic Park
Der Freizeitpark legt Wert darauf, sich von anderen dadurch zu unterscheiden, dass in ihm das Märchen- und Zauberhafte im Vordergrund steht. Für diejenigen, die Spaß an abenteuerlichen Fahrten haben, stehen jede Menge Attraktionen zur Verfügung, u. a. jeweils eine Wildwasser-, Achter- und Draisinenbahn, mehrere Karussells und Trampoline, außerdem eine Floßfahrt um eine Dino-Insel.
Kontakt: Heideweg 3–7, 27283 Verden, 04321/661110.

Das Verwell-Erlebnisbad
Das Bad verbindet ein Freibad mit einem wohltemperierten Innenbereich. Dort gibt es ein Erlebnisbecken mit Strömungseffekten, ein auf 28 Grad angeheiztes 25-Meter-Sportbecken und einen Dreimeterturm. Außerdem eine 90-Meter-Rutsche. Ein Babybecken hat 32 Grad warmes Wasser. Im Außenbereich stehen im Sportbecken acht Bahnen, drei mehr als innen, zur Verfügung – und ein Sprungturm, abgestuft bis zu 10 Metern Höhe. Vier Saunen vervollständigen das Angebot.
Kontakt: Saumurplatz 1, 27283 Verden, 04231/9566655, verwell.de

Verden ist Reiterstadt.

Veranstaltungen und Feste (eine Auswahl)

▸ Die Domfestspiele

In der Regel alle drei Jahre werden rund um den Dom Festspiele aufgeführt. Im Zentrum steht meist ein Geschehnis, das in irgendeiner, manchmal mysteriösen Weise mit dem Dom, seiner Geschichte, seinen Kirchenherren und den Gläubigen zu tun hat. Es wird aufwendig inszeniert und hält die Stadt in Atem. Aus diesem Engagement hat sich eine weitere Veranstaltung herauskristallisiert: die Allersymphonie, die als Freilichtaufführung am Fluss stattfindet, allerdings nicht jedes Jahr. Näheres unter 🌐 domfestspiele-verden.de

▸ Der Galopprenntag und das Hallenreitturnier

Als Reiterstadt hat Verden sowohl einen Galopprenntag auf seiner Galopprennbahn als auch ein Hallenreitturnier in der Verdener Niedersachsenhalle. Der Galopprenntag findet in der Regel am letzten Sonntag im Mai statt, das Hallenreitturnier unter dem Namen VER-Dinale gegen Ende Januar und Anfang Februar (Näheres unter 🌐 rennverein-verden.de). Beides sind sportliche Höhepunkte, die reitsportbegeisterte Besucher aus Nah und Fern anziehen.

Weyhe

(Landkreis Diepholz/Niedersachsen)

Die im näheren Umkreis von Bremen angesiedelte Gemeinde wurde 1974 aus neun Ortsteilen zusammengeschlossen. Kirchweyhe, Sudweye, Dreye und Leeste wurden bereits im 12. und 13. Jahrhundert urkundlich erwähnt. Während am Ende des Mittelalters Leeste dafür bekannt war, ein Ort der Fuhrleute zu sein, die für Bremer Kaufleute bis nach Süddeutschland Waren beförderten, wurde Kirchweyhe während der frühen Industrialisierung zu einer Gemeinde mit hohem Eisenbahnarbeiteranteil. Heute herrschen in den verschiedenen Ortsteilen neben einigen herkömmlichen Gehöften kleinere Wohneinheiten und Einfamilienhäuser vor. Für eine solide Grundversorgung der Bevölkerung mit Ärzten, Läden und was man so braucht, ist gesorgt. Darüber hinaus ist die Anbindung an das rund 12–15 km entfernte Bremen durch Bahn- und Straßenverbindungen sichergestellt. Pendler, Besucher und Shopper wissen das zu schätzen.

Tourist-Information
Gemeinde Weyhe
Rathausplatz 1
28844 Weyhe
✆ 04203/710
🌐 weyhe.de
✉ tourismus@weyhe.de
Öffnungszeiten: Mo–Fr 9–18 Uhr

Für Gästeführungen zu Fuß oder mit dem Rad kann man sich bei der Gemeinde Weyhe (Abteilung Kultur) anmelden (Adresse und Telefon s. o.). Die E-Mail hierfür lautet ✉ stock@weyhe.de und eine zusätzliche Telefonnummer gibt es auch: ✆ 04203/71-269

Sehenswertes

Die Showeinlagen.

Der Bahnhof Kirchweyhe

Der 1873 eröffnete Bahnhof aus Backstein und im Stil des Historismus erbaut, steht unter Denkmalschutz und wurde 2011 grundlegend renoviert, sodass er wie neu erscheint. Seine heutige Bedeutung besteht vor allem in der Anbindung Weyhes an Bremen, Osnabrück und die Nachbargemeinden. Vor der Elektrifizierung war er einer der größten Rangierbahnhöfe im norddeutschen Raum mit zwei Ringlokschuppen und 24 Stellplätzen. 88 Dampflokomotiven waren hier zu Hause. Fast die Hälfte der Kirchweyher Bevölkerung (von seinerzeit rund 3000 Einwohnern) war damals bei der Bahn beschäftigt.

Die Felicianus-Kirche

Die neogotische Kirche aus dem Jahre 1863 steht, wenn man von Bremen kommt, am Ortseingang von Kirchweyhe. Ihr Turm jedoch ist über 600 Jahre älter und damit auch das älteste Bauwerk der Gemeinde. Sie besitzt seit 2006 eine Orgel der Schweizer Firma Kuhn. Seither gehören Orgelkonzerte zu einem beliebten Musikvergnügen im hohen, hellen Kirchenschiff.
Kontakt: Kirchweg 24, 28844 Weyhe, 04203/783727, weyhe.de

Die Marienkirche

Die evangelische Marienkirche in Leeste wurde 1783 geweiht. Sie verfügt über eine der ältesten Glocken der Region, nach deren Bezeichnung wiederum die Kirche benannt ist. Diese Marienglocke wurde 1516 gegossen oder sie stammt, wie es auf der Inschrift heißt, aus dem Jahre: M:CCCCC:XVI. Als weitere besondere klangliche Ausstattung dient der Kirche eine 1872 von der Firma Furtwängler hergestellte Orgel, die 1956 durch den Wilhelmshavener Orgelbauer Alfred Führer renoviert, erweitert und modernisiert wurde.
Kontakt: Henry-Wetjen-Platz 2, 28844 Weyhe, 0421/803814, kirche-weyhe.de

Museen

Die Wassermühle Sudweyhe

Die Mühle blickt auf eine 750-jährige Geschichte zurück. Jedenfalls wurde 1260 eine erste solche an dieser Stelle urkundlich erwähnt. Jetzt ist sie ein Museum für Mühlengeschichte, das zusätzlich wechselnde Ausstellungen im Obergeschoss organisiert. Die zugehörige Mühlenscheune wurde zu einem kleinen Veranstaltungszentrum ausgebaut. Auf dem Freigelände finden zudem immer wieder Konzerte und andere Freiluftveranstaltungen statt, wie z. B. ein Bildhauer-Symposium.
Kontakt: Im Mühlengrunde 15, 28844 Weyhe-Sudweyhe, 04203/71-129 oder -130, weyhe.de

Der Pingelheini

Die Museumsbahn verbindet Stuhr mit Thedinghausen über die Gemeinde Weyhe.

Die einzelnen Stationen sind Brinkum, Erichshof, Leeste, Kirchweyhe-Ort, Riede und Sudweyhe, wobei bei Redaktionsschluss die Stationen von Stuhr bis Erichshof gesperrt waren. Ursprünglich war der Ausgangspunkt Bremen-Kirchhuchting. Der Zug fährt nur ein- oder zweimal im Monat, kann aber im Ganzen von Gruppen zu Sonderfahrten gebucht werden. Fahrräder, Rollstühle und Gepäck sind frei. Wer die ganze Strecke hin- und zurückfährt, kann etwa drei Stunden in Thedinghausen verweilen.
Kontakt: 🌐 pingelheini.de

Theater und Unterhaltung

▸ **Das Weyher Theater**
Mitten in Kirchweyhe spielt das mit 313 Plätzen größte Privattheater Niedersachsens mit mitreißendem Engagement aller seiner Akteure. Das Ensemble umfasst allein um die zwanzig Schauspielerinnen und Schauspieler. Der Schwerpunkt liegt auf Komödien, die zum Teil vom Intendanten selbst verfasst werden. Hinzu kommen Musicals, Operetten, Revuen (frei nach Heinz Erhardt), Musikabende (Jonny Cash zum Beispiel) oder Kabarett.
Kontakt: Am Marktplatz 15, 28844 Weyhe, ☏ 04203/43900, 🌐 weyhertheater.de

Freizeit und Natur

▸ ☺ **Das Schwimmbad**
Das großzügig angelegte und beheizte Freibad in Weyhe verfügt über ein 50-Meter-Becken mit sechs Bahnen, zwei Nichtschwimmerbecken und ein abgetrenntes Sprungbecken mit einem Fünfmeterturm. Zudem gibt es eine Liegewiese, Tischtennisplatten, ein Beachvolleyballfeld und einen Bolzplatz. Die Kleinen können außerdem in einem eigenen Planschbecken spielen.
Kontakt: Am Neddernfeld 80, 28844 Weyhe, ☏ 04203/1744, 🌐 weyhe.de/freibad

Veranstaltungen und Feste (eine Auswahl)

▸ ☺ **Summer in the City**
An sechs Donnerstagen in den Sommerferien erklingen zwischen 17 und 22 Uhr auf dem Marktplatz in Kirchweyhe bekannte, meist gecoverte Wohlfühlmelodien, um gut in den Feierabend und das nahe Wochenende zu kommen. Dazwischen treten Tanz- und Sportgruppen der Region auf und heimsen den wohlwollenden Beifall der Umstehenden ein. Man trifft sich mit Bekannten und Freundinnen zum Plausch an der Imbissbude oder bei einem Drink und lässt die Spannung des Tages von sich abfallen. Alles sehr unaufgeregt und nett.

Wildeshausen

(Kreisstadt im Landkreis Oldenburg/ Niedersachsen)

Der Luftkurort Wildeshausen liegt auf einem Terrain, das schon weit vor unserer Zeitrechnung besiedelt war. Deutlich wird das an den Megalithgräbern in unmittelbarer Umgebung. 1230 wurde Wildeshausen, heute mit rund 20 000 Einwohnern, in den Rang einer Stadt erhoben. Traditionen werden hochgehalten, so geht die Schützengilde auf eine Gründung im Jahre 1403 zurück. Alt und Neu, Hügel und Ebene wechseln sich in Wildeshausen in einem angenehmen Rhythmus ab. So schaut man am Burgberg hinunter auf den idyllischen See im Kurpark und hat im Rücken das städtische Zentrum. Die jüngere katholische Kirche auf der Höhe, die altehrwürdige evangelische im Tal und dazwischen ein Marktplatz, auf dem man sich gerne trifft, weil er so gastlich und dadurch schön ist.

Verkehrsverein Wildeshausen
Am Markt 1
27793 Wildeshausen
04431/6564
wildeshausen.de
info@verkehrsverein-wildeshausen.de
Öffnungszeiten: April-September: Mo–Fr 9–12.30 und 14–18, Sa 10–12, Oktober–März: Mo–Fr 9–12 und 14.30–17.30 Uhr

Stadtführungen
Der Verkehrsverein vermittelt eine ganze Skala von Rundgängen, darunter einige historische mit entsprechend kostümierten Gästeführerinnen und -führern wie der Nacht-Marie und dem Nachtwächter. Für Kinder gibt es beispielsweise eine Führung, bei der sie sich im Rathaus als Kommunalpolitiker schon einmal Gedanken machen können, wie man die Geschicke der Stadt in die richtigen Bahnen lenkt. Außerdem werden geführte Wanderungen und Fahrradtouren in die Umgebung angeboten.

Sehenswertes

▸ Das Rathaus und das Stadthaus

Im Zentrum der Stadt erhebt sich mit dem Rathaus eines der Schmuckstücke Wildeshausens. Das umfassend renovierte Gebäude stammt in seinen Anfängen aus dem Spätmittelalter, nachdem Wildeshausen im Jahre 1270 die Stadtrechte erhielt, und zeichnet sich durch einen hochgotischen Treppengiebel aus. Er hat die Blickrichtung auf den Markt und die Alexanderkirche. Im Innern ist auf der ersten Ebene die Touristeninformation und ein historisches Trauzimmer untergebracht. Im oberen Stockwerk gibt es einen großen Saal, der zu Ratsversammlungen, Ausstellungen, Vorträgen, Lesungen und ähnlichen Veranstaltungen genutzt wird. Die Stadtverwaltung ist seit 1990 im nahebei gelegenen Stadthaus eingerichtet. Man erkennt es an den Glocken des Glockenspiels und den drei Schächten, die sich jeweils um 10, 12, 16 und 18 Uhr öffnen, um den Weg für einen historischen Figurenumlauf frei zu machen. Dazu spielen die 23 Bronzeglocken im Laufe des Jahres der jeweiligen Jahreszeit entsprechende Melodien. Eine moderne Bronzeskulptur auf dem Marktplatz erinnert an die Überführung der Gebeine des Heiligen Alexander nach Wildeshausen.

Der Umlauf des Glockenspiels.

▸ Die Alexanderkirche mit Remter

In der Stadt und doch etwas abgeschieden gelegen, wie sie ist, ist die Alexanderkirche nicht nur eine Oase der Ruhe, sondern auch eine wahre Augenweide, besonders im Innern. Auf einem am Dom von Osnabrück orientierten Grundriss errichtet, ist sie die einzige Basilika im Oldenburger Land. Ihr Turm ist 55 m hoch und unterstreicht die Bedeutung, die dieser Kirche einst zukam. Eine der drei Glocken im Turm wurde 1448 gegossen. Nach ihrer über vierjährigen umfassenden Restaurierung am Anfang des neuen Jahrtausends, bei der man die farbliche Ausgestaltung aus der Epoche des Jugendstils wieder deutlich sichtbar gemacht hat, ist die Kirche aus spätromanischen Anfängen wieder zu einem Schmuckkästchen geworden.

Der Marktplatz.

Bereits vor dem hohen Mittelalter entwickelte sie sich zu einer Wallfahrtskirche, nachdem Graf Waltbert, ein Enkel des nach langen Auseinandersetzungen mit Karl dem Großen schließlich zum Christentum bekehrten sächsischen Herzogs Widukind, die Reliquie des heiligen Alexander aus Rom nach Wildeshausen überführt hatte. Während der Wirren der Reformation wechselte die Kirche sieben Mal die Konfession. Das überwiegend aus Feldsteinen errichtete Gebäude am südlichen Querschiff der Kirche, ein ehemaliger Speise- und Schlafsaal der Chorherren des Kirchenstifts, der im Deutschen Remter oder lateinisch Refektorium genannt wird, ist über tausend Jahre alt und gehört zu den ältesten bis heute noch bewohnten Gebäuden Deutschlands.

Kontakt: Sägekuhle 7, 27793 Wildeshausen, 04431/2449, ev-kirche-wildeshausen.de

▸ Die St.-Peter-Kirche

An exponierter Stelle in der Nähe des Burgbergs überragt die katholische Saalkirche aus dem Jahre 1824 den Ortskern. Ihr Turm wurde 1902 nachträglich im neoromanischen Stil angefügt. Kurz nach dem Zweiten Weltkrieg wurde der Chorraum vergrößert und 1964 das neogotische Gotteshaus um eine Taufkapelle erweitert. Das Kircheninnere ist licht und hell und wirkt mit seinem zurückhaltenden Schmuck wie die Schöpfung eines modernen Designers.

Kontakt: Burgstr. 17a, 27793 Wildeshausen, 04431/92660, st.peter-wildeshausen.de

▸ Der jüdische Friedhof

Die jüdischen Mitbürger Wildeshausens und der umliegenden Gemeinden, darunter Berne, Delmenhorst, Ganderkesee, Harpstedt und Kirchhatten, beerdigten ihre Toten auf diesem seit 1707 eingerichteten Friedhof, der sich nördlich des Ortskerns befindet. Der älteste erhaltene Grabstein stammt aus dem Jahre 1787, die letzte Beerdigung fand im Jahr des nationalsozialistischen Pogroms 1938 statt. Während des Zweiten Weltkriegs wurden russische Kriegsgefangene beigesetzt, an die ein allgemein gehaltenes Mahnmal erinnert. Der Friedhof mit seinen noch vorhandenen 86 Grabsteinen ist ein geschütztes Kulturgut, was irgendwelche

Was die Jugendstilemporen verkünden.

Barbaren in der Vergangenheit nicht davon abgehalten hat, Grabsteine umzustoßen.
Kontakt: An der Straße nach Neerstedt an der Ecke Delmenhorster Straße/Im Hagen.

▸ Das Pestruper Gräberfeld

Ungefähr 2,5 km vom Wildeshauser Ortskern entfernt in südsüdöstlicher Richtung liegt das größte bronze- und eisenzeitliche Gräberfeld des nördlichen Mitteleuropas. Mehr als 500 größere und kleinere Grabhügel verteilen sich auf circa 30 ha Heidefläche. Die größeren Hügel sind gut einen Meter hoch und haben einen Durchmesser zwischen sechs und zwölf Metern. Einige wenige als Königshügel bezeichnete Gräber haben sogar einen Durchmesser von 30 Metern. Aus den Grabfunden, darunter ein Schwert, ein Flachbeil und der Achsennagel eines Wagenrads, hat man geschlossen, dass es sich um eine zwischen 900 und 200 v. Chr. benutzte Nekropole handeln muss. Meist beherbergt ein Hügel, soweit man sie untersucht hat, nur eine Urne.

▸ Die Kleinenknetener Steine

Südlich des Wildeshauser Ortskerns in einer Entfernung von 3,5 Kilometern befinden sich zwei jungsteinzeitliche Megalithanlagen, eine davon ist ein in Norddeutschland seltenes Dreikammergrab. Das Hünenbett I ist ein Ganggrab von 50 m Länge und sieben Meter Breite. Es besteht aus 85 Findlingsblöcken, deren Gesamtgewicht 3400 t beträgt. Die zentrale, trapezoide Grabkammer ist 6,8 m lang und 2,4 bzw. 2,1 m breit. Die Kammer ist rekonstruiert worden, sodass sie jetzt ungefähr dem Originalzustand entspricht. Das Hünenbett II besteht aus drei länglichen Kammern, die sich innerhalb einer Einfassung in Längsrichtung aneinander anschließen. Diese Anlage ist 34 m lang und bei den Kammern 1 und 3 acht Meter breit. Bei der mittleren, kleineren Kammer 2 beträgt die Breite nur sechs Meter, weshalb man vermutet, dass sie später mangels geeigneter Steine in die bestehende Anlage eingefügt wurde. Die Kammer I erwies sich bei der Untersuchung der Anlage in den Jahren 1934/35 als eine seit der Jungsteinzeit ungeöffnet gebliebene Grabstätte. Man fand Tonscherben, steinerne Werkzeuge und Waffen und zwei Kragenflaschen, die für die spätere Trichterbecherkultur als typisch gelten. Insgesamt stieß man in beiden Anlagen auf 10 000 Keramikfragmente, Bernstein, Beile und Pfeilspitzen aus Flint und einen Kupfergegenstand. Die Funde wurden alle dem Landesmuseum für Natur und Mensch in Oldenburg übergeben.

Gerätschaften für einen guten Brand.

Museen

▸ Das Dampfkornbranntweinbrennereimuseum

Der Name des Museums erinnert stark an den Donaudampfschifffahrtsgesellschafts-

Das Mahnmal auf dem Burgberg.

kapitän und seine ans Wort noch angehängte Mütze oder Pfeife. Es steht zu vermuten, dass solch ein Wortungetüm, das vielleicht noch im Walisischen denkbar ist, vorsichtig ausgedrückt, unter dem inspirierenden Einfluss eines der 200 geistigen Getränke, die einstmals zum Sortiment der Brennerei gehört haben, entstanden ist. Sie wurde 1850 gegründet und 1895 in das heute noch existierende fünfstöckige Gebäude am Rande der Altstadt verlegt. Die 15-PS-Einkolbendampfmaschine, die bis 1972 den gesamten Maschinenpark des Hauses antrieb, funktioniert noch immer. Im Museum kann man anhand der Gerätschaften und der Erläuterungen der begleitenden Führer den kompletten Prozess der Kornbranntweinherstellung kennenlernen und, wer es braucht, ein Schwarzbrennerdiplom ablegen.
Kontakt: Wittekindstr. 2, 27793 Wildeshausen, ✆ 04222/6517, 🌐 brennerei-museum-wildeshausen.de

▸ Das Druckereimuseum
Dort, wo bis 1987 die „Wildeshauser Zeitung" hergestellt wurde, kann man eine komplett eingerichtete Druckerei besichtigen, die auf dem Stand vor der Einführung des Fotosatzes in allen ihren Teilen funktionstüchtig erhalten ist. Man lernt die Entwicklung von 125 Jahren analoger Zeitungs- und Buchdruckerkunst anhand der unterschiedlichen Maschinen und Gerätschaften wie einer hölzernen Spindelpresse, einer Zeilengießmaschine und Setzmaschinen wie Linotype und Typograph kennen. Auch die Utensilien der Buchbinderei sind noch vorhanden.
Kontakt: Bahnhofstr. 13, 27793 Wildeshausen, ✉ info@verkehrsverein-wildeshausen.de

Theater und Unterhaltung

▸ Der Kulturkreis
Für das kulturelle Leben der Stadt zeichnet u. a. der Kulturverein mit seinen verschiedenen Kulturpartnern verantwortlich. Sie organisieren oder betreuen Lesungen, Vorträge, Klassikkonzerte, Jazzsessions, Puppenspielaufführungen, Theaterstücke und vieles mehr an verschiedenen Orten wie beispielsweise in der Alexanderkirche, dem Saal der Musikschule, dem historischen Rathaussaal, in der VHS am Bahnhof, in der Internationalen Kunstgalerie oder an anderen Orten. Gelegentlich auf dem Marktplatz (Informationen unter 🌐 kulturkreis-wildeshausen.de).

Freizeit und Natur

▸ Der Burgberg und der Kurpark
Von der einstigen Burg aus dem 13. Jahrhundert ist nurmehr der Burgberg übrig geblieben. Auf seiner Schulter zum Stadtkern hin erinnert ein Mahnmal an die Toten beider Weltkriege. In der Ebene erstreckt sich der Kurpark nach Osten bis zur Hunte hin. Er lädt zu entspanntem Spazierengehen ein. Eine Konzertmuschel verweist auf die gelegentlich stattfindenden Veranstaltungen. Für Anhänger einer gesunden Lebensweise gibt es ein Wassertretbecken mit Geländer und ein

Becken zum Eintauchen der Arme nach dem Vorbild des katholischen Priesters und bayrischen Naturheilkundlers Sebastian Kneipp.

▸ Der Waldlehrpfad Lehmkuhle und das Arboretum

Auf dem kalkhaltigen Boden im Stadtwald Lehmkuhle wachsen eine Reihe von besonderen Baum- und Waldkräuterarten. Dort wo früher die Bauern Lehm als Baumaterial für ihre Fachwerkbauten und Scheunen und Mergel als Düngemittel für ihre Felder abtragen durften – daher der Name – erläutert ein Waldlehrpfad an 25 Stationen, um welche Baumarten es sich handelt und was ihren Lebensraum ausmacht (Goldenstedter Str. 60, 27793 Wildeshausen, ✆ 04431/6564). Der Stadtwald grenzt an ein Arboretum mit etwa 120 Bäumen. Es wurde zum Ausgleich für Bauland angelegt. Neben heimischen Baumarten und einer Streuobstwiese wurden 3000 Sträucher und ursprünglich nicht in Deutschland vorkommende Bäume wie der Mammutbaum angepflanzt.

▸ ☺ Das Krandelbad

Das Schwimmbad besteht aus einem 2014 neu gebauten Hallenbad und einem damit verbundenen Freibad. Im Hallenbad steht ein 25-m-Becken mit fünf Bahnen nebst Kursbecken zur Verfügung. Im Freibad wird es noch sportlicher. Dort lockt ein 50-m-Becken mit sechs Bahnen. Außerdem gibt es im Freien noch ein Nichtschwimmer-, ein Kleinkind- und ein Sprungbecken mit einem Fünfmeterbrett. Die Liegewiese reicht bis unter das Laubdach eines natürlichen Baumbestands. Das Hallenbad hat demgegenüber eine Sonnenterrasse. In der Umgebung des Bades gibt es mehrere Sportplätze, einen Trimm-dich-Pfad, ein Wellness-Center und ein sogenanntes Kinderspielparadies.
Kontakt: Am Krandel 15, 27793 Wildeshausen, ✆ 04431/4368, 🌐 krandelbad.wildeshausen.de

Veranstaltungen und Feste

▸ Das Gildefest

Jedes Jahr an Pfingsten findet das Gildefest statt. Es wird von der äußerst aktiven Schützengilde der Stadt organisiert und ist mit seinen verschiedenen Wettbewerben (auch für Kinder) ein Schützenfest. Die Schützengilde hat Offiziere und Kompanien. Paraden und Fanfarenzüge gehören zum Bild. Zu besonderen Gelegenheiten gibt es auch ein Gastkönigschießen. Die Huldigung des Schützenkönigs erinnert an feudale Zeiten, wiewohl Schützengilden oft aus einem bürgerlichen Selbstverständnis heraus gebildet wurden, wobei die einen eher liberal und die anderen eher national oder manchmal sowohl als auch ausgerichtet waren. Zum Gildefest, das, abgesehen von seinen tradierten Formen und Förmlichkeiten, Volksfestcharakter hat, kommen Besucher aus der ganzen Umgebung und manchmal auch von weit her. Tradition war hier nie ganz out.
Kontakt: auf der Burgwiese, 27793 Wildeshausen, 🌐 wildeshauser-schuetzengilde.de und 🌐 gildefest.de

Wilstedt

(Gemeinde der Samtgemeinde Tarmstedt/ Landkreis Rotenburg/Niedersachsen)

Die knapp 2000 Einwohner zählende Gemeinde verfügt über gut ausgebaute Wander-, Rad- und Reitwege und ein beheiztes Freibad. Sie macht damit der Bezeichnung der Samtgemeinde als „junges Erholungsgebiet“ auch dank ihrer Gastronomie alle Ehre.

Touristen-Information (s. Tarmstedt) *i*

Veranstaltungen und Feste

▸ Die Olivenölabholtage
Das erste Maiwochenende ist in Wilstedt eine Schlemmersause der feinen Art. Es werden nicht nur die besten Olivenöle aus Spanien, Italien und Griechenland angeboten, sondern alles, was den Gaumen reizt und das Auge betört. Das Ganze ist aufgezogen als ein persönliches Treffen von Produzenten, Vermittlern und Verbrauchern. Vieles dreht sich um die mediterrane Olive, so gibt es auch ein feines Oliven-Speiseeis, aber eben nicht nur. Die Liste der Aussteller ist lang. Es sind Weinbauern, Essigerzeuger, Käseproduzenten, Trüffelanbieter, aber auch Kunsthandwerker, Fachleute für den Gartenbau, ja, selbst Reiseveranstalter, falls Sie mal wieder in Griechenland einen Retsina oder in Spanien einen Sherry trinken wollen.
Kontakt: Am Bogen 5, 27412 Wilstedt, ☏ 04283/981317, 🌐 artefakten.net

Worpswede

(Landkreis Osterholz/Niedersachsen)

Keine Ortschaft im Umland von Bremen ist so bekannt und so besonders wie das mitten im Teufelsmoor am Fuße des Weyerberges gelegene Worpswede. Zu verdanken ist diese weltweite Berühmtheit dem für die damalige Zeit zunächst eher rückwärtsgewandten Geschmack einer Reihe von Künstlern, die der unruhigen Moderne der großen Industriestädte wenig bis nichts abgewinnen konnten.
1884 entdeckte der Maler Fritz Mackensen für sich und seine Arbeit die vom Torfabbau bestimmte Landschaft und Gemeinde mit ihren exotisch anmutenden, schlichten, als urig und naturverbunden empfundenen Moorbauern. Als ihm 1889 Otto Modersohn und Hans am Ende ins Teufelsmoor folgten, bedeutete dies die Gründung einer Künstlerkolonie und den Beginn einer bis heute andauernden starken Affinität des Ortes zu dieser künstlerischen Tradition. Modersohns Frau, Paula Becker-Modersohn, Heinrich Vogeler und Bernhard Hoetger gehören neben vielen anderen zu den wegweisenden Gestaltern moderner Kunst, die sich sehr früh schon innerhalb der Künstlerkolonie zum Jugendstil, zum Expressionismus und anderen Modernismen hin verzweigte.
Vor Ort lassen sich diese Entwicklungen in zahlreichen Gebäuden und Ausstellungen nachvollziehen. Galerien und Ateliers sowie allerorten Kunstgegenstände im öffentlichen Raum geben dem Ortsbild sein Gepräge. Nicht zuletzt haben die privaten Verstrickungen und die zeitweilige Präsenz Rainer Maria Rilkes dazu beigetragen, Worpswedes Namen und Nimbus im Gespräch zu halten. Belletristik und Filmkunst greifen gern Worpsweder Themen auf.

Tourist Information Worpswede
Bergstr. 13
27726 Worpswede
☏ 04792/395 820
🌐 worpswede-touristik.de
✉ info@worpswede-touristik.de
Öffnungszeiten: April–Oktober Mo–Sa 10–17, So 10–15, November–März Mo–So 10–15 Uhr

Hier werden auch Führungen aller Art angeboten: von der Kunstführung und der Ortsbegehung bis zum Ausflug ins Teufelsmoor. Natürlich geht es auch zu Rilke und es gibt auch etwas für Kinder.

Sehenswertes

Der Niedersachsenstein am Weyherberg

Bernhard Hoetger hatte ursprünglich ein Siegesdenkmal auf den erfolgreichen Ausgang des Ersten Weltkriegs für die deutsche Truppen errichten wollen. Es ist 1922 schließlich ein Erinnerungsort für die Kriegstoten geworden, hauptsächlich erkennbar an den 173 Findlingssteinen, die die Namen Gefallener tragen. Das einzige expressionistische Großdenkmal in Deutschland ist knapp 18 m hoch und aus Ziegelsteinen gemauert. Die Umrisse lassen einen gewaltigen Phönix erahnen, der sich, laut Hoetger, zur Sonne erheben will. In den Sockel ist ein Zitat aus dem Johannesevangelium über die größte Freundesliebe eingebracht. Die Nazis haben dieses Monument des als entartet gebrandmarkten Künstlers ebenso wenig angerührt wie die Böttcherstraße in Bremen.

Die Worpsweder Mühle

Auf dem Weg nach Neu Helgoland am Rande der Ortsbebauung erhebt sich auf dem niedrigen Rattenberg ein 16 Meter hoher sogenannter Erdholländer mit drei Mahlgängen. Sein Flügelkreuz hat eine Spannweite von 22 Metern. Das eindrucksvolle Konstrukt aus dem Jahre 1838 steht an der Stelle einer 1701 errichteten Bockwindmühle und ist technisch so in Schuss, dass es jederzeit mit dem Mahlen grober Körner beginnen könnte und es manchmal auch tut. Die Mühle ist am Mühlentag geöffnet.

Die Zionskirche und der Friedhof

Die Zionskirche ist sehr schlicht und wird von säkularen Touristen wohl eher deshalb aufgesucht, weil eines der Konzerte auf der 2004 neu installierten Orgel stattfindet. Das Gotteshaus ist rund 250 Jahre alt und wurde von dem Organisator der Moorkolonisierung Findorff erbaut. In Altarnähe hängt denn auch das Modell eines Torfkahns anstelle der sonst üblichen Votivschiffe. An der Außenwand links des Eingangs findet man eine Replik von Fritz Mackensens „Gottesdienst im Moor".

Der Erfolg dieses Gemäldes wird dafür verantwortlich gemacht, dass es zur Künstlerkolonie in Worpswede kam. Der vielbesuchte Friedhof, eigentlich ein Kirchhof, beherbergt die Gräber ganz vieler Künstler, die mit Worpswede verbunden werden. Das wird am Eingang deutlich, wo zur Orientierung eine Übersicht über die Grabstätten der Künstlerprominenz aufgestellt ist. Die beiden Mitbegründer der Künstlerkolonie, Fritz Mackensen und Hans vom Ende, ruhen hier ebenso wie der Sohn Heinrich Vogelers, Jan Vogeler, der Professor an der Lomonossow-Universität in Moskau war, und Paula Modersohn-Becker.

Worpsweder Prominenz.

Das Grabmal Paula Modersohn-Beckers.

Es heißt, an einem Augusttage im Jahre des Herrn 1900 läuteten plötzlich heftig und außer der Reihe die Kirchenglocken der Zionskirche. Auf den Feldern machte sich Unruhe breit, denn dieses Läuten hieß Alarm: Es brennt! Doch nirgendwo stieg Rauch auf. Was war geschehen? Zwei übermütige und ausgelassene junge Frauen namens Paula Becker und Clara Westhoff, von ihren männlichen Kollegen auch mal als „Malweiber" tituliert, hatten an den Glockenseilen gezogen und damit über die ortsüblichen Stränge geschlagen. Unbefugtes Läuten erfordere eine Strafe, meinten die Kirchenoberen. Da die beiden Damen arm wie Kirchenmäuse waren, zeigten sie sich bereit, als Sühne für ihren lebensfrohen „Unfug" zur Verschönerung des Gotteshauses beizutragen. Die angehende Bildhauerin und künftige Gattin Rilkes, Clara Westhoff, formte kleine Putten und die damals noch umstrittene Mal(schül-)erin, Paula Becker, setzte florale Muster unter die über den Zwickeln der Kirchenemporendecke angebrachten Putten. 1988 hat man diese dekorativen Bildnisse als nachgeholte Wertschätzung der beiden Künstlerinnen wieder freigelegt.

▸ Der Worpsweder Bahnhof

Wer an einem Sonntag mit dem Moorexpress (s. u. Freizeit und Natur) in Worpswede ankommt, trifft auf ein weiteres Kleinod, das die Künstlergemeinde auszeichnet: auf den von Heinrich Vogeler konzipierten und bis ins Mobiliar und den Wandschmuck hinein gestalteten Jugendstilbahnhof. Man war sich seinerzeit im Ort einig, dass die Modernisierung der Verkehrswege behutsam mit der Landschaft vonstattenzugehen habe und nicht irgendein unansehnliches Bahnhofsgebäude ins Moor gesetzt werden dürfe. Daher der damalige Auftrag an Heinrich Vogeler. Heute ist der im Sinne seines Schöpfers mehrfach restaurierte Bahnhof Restaurant und Stätte für kleine kulturelle Aufführungen.

Kontakt: Bahnhofsstr. 17, 27726 Worpswede, ☏ des Restaurants: 04792/9878333, 🌐 reataurant-worpsweder-bahnhof.de

Museen

▸ Der Barkenhof

Der künstlerische Tausendsassa Heinrich Vogeler erwirbt 1894 ein reetgedecktes Rauchhaus und verwandelt es sukzessive in das bauliche Kleinod, das es im Wesentlichen heute ist. Der Birkenhof wird zeitweilig zum Zentrum der Künstlerkolonie, prägend dargestellt in dem Gemälde Vogelers „Sommerabend", und, als die Gemeinschaft auseinanderbricht, zu einer sozialistischen Fürsorgeeinrichtung, in der die Rote Hilfe die Kinder politisch verfolgter Pazifisten und Kommunisten betreut. Noch während der Weimarer Republik wird das Heim wegen der unliebsamen politischen Ausrichtung geschlossen. 1939 werden Vogelers revolutionäre Fresken im Haus zerstört. Heute

geben die versammelten Exponate einen eindrucksvollen Überblick über das weit gestreute künstlerische Schaffen des einstigen Umgestalters. Sonderausstellungen bieten reichlich Vergleichsmöglichkeiten.
Kontakt: Ostendorfer Str. 10, 27726 Worpswede, 04792/3968, worpswede-museen.de

▸ Das Haus im Schluh
Heinrich Vogelers erste Ehefrau Martha schuf 1920 mit der Umsetzung eines zum Abbruch freigegebenen Niedersachsenhauses an einen abseits des Zentrums ruhig gelegenen Ort, an dem sie mit ihren drei Töchtern leben und arbeiten wollte, einen weiteren Treffpunkt für die Künstler Worpswedes und mit einer Weberei sich selbst finanzielle Unabhängigkeit. Der übergeordnete Zweck des Hauses sollte es sein, die Werke und persönlichen Gegenstände ihres Mannes und Teile des Inventars aus dem Barkenhoff zu sammeln und der Öffentlichkeit zugänglich zu machen. Eine liebevoll gestaltete Ausstellung!
Kontakt: Im Schluh 35–37, 27726 Worpswede, 04792/522, worpswede-museen.de

▸ Die Große Kunstschau
Der äußere Rahmen für die repräsentative Zusammenschau der Werke der Worpsweder Kunstschaffenden, vor allem auch aus den frühen Jahren, trägt unverkennbar die Handschrift Bernhard Hoetgers. Allein schon die Rotunde im Innern mit ihren Lichtverhältnissen kann begeistern. Ganz zu schweigen vom Café „Verrückt".
Kontakt: Lindenallee 5, 27726 Worpswede, 04792/1302, worpswede-museen.de

▸ Die Worpsweder Kunsthalle
Der Druckereibesitzer Friedrich Netzel stellte seine Räumlichkeiten schon früh für Ausstellungen der jungen Künstler zur Verfügung und hat sich über die Jahre eine sehenswerte Sammlung angelegt, die vom Sohn (Friedrich II) und dem Enkel (Friedrich III) fortgeführt wurde. Irgendwann musste ein entsprechendes Gebäude her. Und in diesem bekommt man nun einen historischen Überblick auch über die zweite und dritte Generation Worpsweder Maler.
Kontakt: Bergstr. 17, 27726 Worpswede, 04792/1277, worpswede-museen.de

▸ Das Museum am Modersohn-Haus
Über zwei Stockwerke verteilt sind in einem modernen Anbau zum ursprünglichen Wohnhaus des Künstlerehepaars Modersohn vorwiegend die Werke Worpsweder Künstler der ersten Generation zu sehen, darunter etliche von Paula Modersohn-Becker.
Kontakt: Hemmbergstr. 19, 27726 Worpswede, 042792/4777, museum-modersohn.de

Das Haus im Schluh.

▸ Die Käseglocke
Das so ungewöhnlich wie genial konstruierte Wohnhäuschen im Wald entstand 1926 und

Der Barkenhof.

war ein lange unerkanntes Plagiat, denn der Schriftsteller Edwin Koenemann übernahm die Idee eines solchen Kuppelbaus, die der Architekt Bruno Taut nur aufgezeichnet, aber nie ausgeführt hatte, aus einer Zeitschrift. Um den zentralen Schornstein im Innern herum, zeigt das von Koenemann „Glockenhaus" genannte Häuschen in Form eines Schneckenhauses angeordnete lokale Memorabilien und Produkte des lokalen Kunsthandwerks.
Kontakt: Lindenallee 13, 27726 Worpswede, 04792/950505.

▸ Das Torfschiffswerft-Museum Schlußdorf
Wer einmal abseits der Kunst mehr über den von den ersten Künstlern angetroffenen Arbeitsalltag im Moor erfahren möchte, ist hier richtig. Es geht um die Werkzeuge im Moor, den Transport des Torfes und die Bautechnik der Torfkähne. Ein Café, das Selbstgebackenes anbietet, gibt es auch.
Kontakt: Schlußdorfer Str. 22, 27726 Worpswede, 04792/2575, torfschiffswerft-museum.de

Theater und Unterhaltung

▸ Das Kunstzentrum Alte Molkerei
Seit 1980 gibt es anstelle einer früheren Molkerei ein Kunstzentrum mit Ateliers, Studios und Künstlerwohnungen, um Künstlern eine Möglichkeit zum Arbeiten und Ausstellen ihrer Arbeiten zu ermöglichen. Außerdem gibt es im Komplex ein Antiquariat, das über mehr als 50 000 Bücher verfügt. Hinzu kommen ein griechisches Restaurant und ein Bistro-Café, wobei Letzteres nur Do–So ab 13 Uhr geöffnet ist. 2012 richtete sich im Zentrum zudem noch das Theater Worpswede ein, das seinen rund 100 Besuchern vorwiegend Heiteres und Witziges präsentiert.
Kontakt: Osterweder Str. 21, 27726 Worpswede, 04792/5297936, alte-molkerei-worpswede.de

▸ Die Music Hall
In 25 Jahren ist die Music Hall zu einer Institution geworden, sodass es häufig heißt: zu spät, die Vorstellung ist ausverkauft. In erster

Linie steht sie, wie der Name schon andeutet, für starke Musik unterschiedlichster Genres, aber auch für Kabarett und Comedy, für Lesungen und nicht zuletzt für fetzige Partys wie das Sommerfest mit mehreren Bands. Ab und zu, wenn es das Wetter zulässt, steht auch ein Open-Air-Film auf dem Programm.
Kontakt: Findorffstr. 21, 27726 Worpswede, 04792/950139, musichall-worpswede.eu

Die Bötjersche Scheune
Durch die Sanierung einer dem Verfall preisgegebenen großen Durchfahrtsscheune gegenüber dem Rathaus im alten Dorfkern wurde ein Veranstaltungsort geschaffen, der sich auch aufgrund seiner guten Akustik sehr für Konzerte eignet. Genutzt wird die hohe, lichte Räumlichkeit ihren Möglichkeiten gemäß sehr vielfältig. Die Bandbreite reicht vom Kinderflohmarkt über einen Kongress bis zum avantgardistischen Theaterstück, aber eben auch für musikalische Darbietungen vom Feinsten.
Kontakt: Bauernreihe 3 a, 27726 Worpswede, stiftung-worpswede.de

Freizeit und Natur

Der Moorexpress
An den Wochenenden und an Feiertagen zwischen dem 1. Mai und dem 3. Oktober verkehrt der Moorexpress drei- bis viermal am Tag nach Worpswede: von Bremen oder von Stade. Von Bremen dauert es etwa eine Dreiviertelstunde, von Stade ungefähr eine Stunde länger. Es ist eine gemütliche Art, die norddeutsche Tiefebene kennenzulernen. Ein Waggon nimmt Fahrräder auf und da der Zug quasi überall hält, kann man eine ganz individuelle Radtour planen. Näheres und die genauen Fahrpläne – auch für den Winter – unter evb-elbe-weser.de

Eine Torfkahnfahrt
Wenn man nun schon einmal im Teufelsmoor ist, will man vielleicht auch einmal auf traditionelle Weise durch die Gegend geschippert werden, eben mit einem Torfkahn. Das gängige Angebot besteht in einer Fahrt vom Anleger in Neu Helgoland bis nach Osterholz-Scharmbeck und wieder zurück. Ein besonders stimmungsvolles Angebot ist eine nächtliche Hamme-Fahrt bei Vollmond.
Kontakt: Tickets und nähere Informationen dazu gibt es bei der Worpsweder Touristik-Information oder beim Verein Adolphsdorfer Torfschiffer e. V., Hammeweg 12, 27726 Worpswede, 04792/951200, torfschiffe.de, buchung@torfschiffe.de

Mit dem Kahn unterwegs.

Das Strandbad Neu Helgoland
An der Hamme in Neu Helgoland ist durch großes Bürgerengagement ein Badestrand mit frisch aufgeschüttetem Sand eingerichtet worden. Für Kinder gibt es einen frei zugänglichen Spieleschrank (Hinterher einräumen nicht vergessen!). Hunde dürfen sich auf der gegenüber liegenden Seite

Das Glockenhaus.

austoben. Auf dieser „Hundeseite" findet man flussabwärts in zwei, drei Minuten Entfernung einen metallenen Aussichtsturm, von wo aus man sich die Hamme und die Welt der Moorauen von oben anschauen kann.

Das Strandbad in Neu Helgoland.

▸ ☺ Das Hallenbad Worpswede
Nahe am Zentrum, gut ausgeschildert, befindet sich das Hallenbad mit einem 25-Meter-Becken und auf 29 Grad angeheiztem Wasser. Der Beckenboden ist im vorderen Teil je nach Klientel verstellbar auf 0,30 bis 1,80 Meter. Für die Kleinen gibt es ein extra Planschbecken.
Kontakt: In de Wischen 11, 27726 Worpswede, 04792/1014, gemeinde-worpswede.de

▸ Paddeln
Am Campingplatz Waakhausen kann man Kanus und Kajaks ausleihen. Im Angebot sind 1er- und 2er-Kajaks und 2er-, 3er- und 4er-Kanus. In der Nähe des Campingplatzes fließt die Hamme, auf der man unterwegs sein kann.
Kontakt: Waakhauser Str. 20, 27726 Worpswede, 040/410094922, campingwaakhausen.de

Veranstaltungen und Feste (eine Auswahl)

▸ Der „Frühling in Worpswede"
Das zweitägige Frühlingsfest findet auf der Kulturmeile Worpswedes statt. Künstler und Kunsthandwerker, Gourmet-Köche und Gärtner präsentieren ihre Produkte, Musiker untermalen das Ganze und einen besonderen, für das Teufelsmoor adäquaten Wettbewerb gibt es obendrein: das Große Torfkahn-Ziehen. Auf der Lindenstraße werden in bester Fitzcarraldo-Manier von zwei Mannschaften zwei Torfkähne den Berg hochgezogen (Bergstraße, 27726 Worpswede, an einem Wochenende Ende April von 11–18 Uhr). Offene Ateliers (Anfang/Mitte Juli) und Open Air Galerie (Mitte August) sind weitere Veranstaltungen, bei denen man dem heutigen Kunstgeschehen vor Ort nahekommen kann (Näheres unter worpswede-touristik.de).

▸ Der Weihnachtsmarkt
In der Worpsweder Music Hall (s. u. Theater und Unterhaltung) versammeln sich am zweiten Adventswochenende drei Tage lang im Beisein des Weihnachtsmannes rund 40 Aussteller und Kunsthandwerker und bieten ihre Produkte an. Für köstliche Kulinarik ist gesorgt.

▸ Überregionale Veranstaltungen
Niedersächsische Musiktage unter musiktage.de, das **Literaturfest Niedersachsen** unter literaturfest-niedersachsen.de (beide im September) und das **Garten-Kultur MusikFestival** unter gartenkultur-musikfestival.de (August) sind überregionale Veranstaltungen, die es wert sind, beachtet zu werden.

Sehenswertes

Altstädte und historische Ortskerne

Burgen, Ruinen, Schlösser, Rittergüter

Gedenkstätten und Mahnmale, Denkmäler

Grabstätten, historische Friedhöfe

Kirchen, Kapellen, Klöster, Stifte, Synagogen

Mühlen

Windmühlen

Weitere Sehenswürdigkeiten

Museen

Eisenbahnmuseum, historische Eisenbahnfahrten

Freilichtmuseen

Heimatmuseen, Stadt- und Gemeindemuseen, Regionalmuseen

Kunstmuseen u. -ausstellungen, Galerien, Kunstwege, Kunst- und Künstlerhäuser

Museen zu bedeutenden Persönlichkeiten

Naturkundliche Museen

Technische Museen, Industriemuseen und Handwerksmuseen

Weitere Museen

Freizeit und Natur

Ausgehen

Veranstaltungen und Feste

(Ganzjährig, regelmäßig wiederkehrend)

Weitere Bücher aus dem Wartberg Verlag

Thomas Kahl
Wilhelmshaven – Die Seehafenstadt
Farbbildband
deutsch/english/français
64 Seiten, Hardcover
ISBN 978-3-8313-2768-3

Ulf Kaack
Unsere Kindheit im Norden 50er, 60er, 70er
72 Seiten, Hardcover, zahlr. farb. u. schw.-w. Fotos
ISBN 978-3-8313-2231-2

Henning Jost
Das alte Bremen in Farbe
96 Seiten, Hardcover, zahlr. Farbfotos
ISBN 978-3-8313-3288-5

Alexander Gundermann, Karsten Gundermann
Echt clever! Geniale Erfindungen aus Hamburg
120 Seiten, Hardcover, zahlr. Farb- und S/w-Fotos
ISBN 978-3-8313-2998-4

Wartberg-Verlag GmbH
Im Wiesental 1 | 34281 Gudensberg
www.wartberg-verlag.de
Bücher für Deutschlands Städte und Regionen
Tel. 0 56 03-93 05 0 | Fax 0 56 03-93 05 28
E-Mail: info@wartberg-verlag.de